Service-oriented Business Model-Framework –
die Entwicklung von Geschäftsmodellen in digital
transformierenden Ökosystemen am Beispiel der Elektromobilität

Service-oriented Business Model-Framework – die Entwicklung von Geschäftsmodellen in digital transformierenden Ökosystemen am Beispiel der Elektromobilität

Von der Fakultät für Wirtschaftswissenschaften der Rheinisch-Westfälischen Technischen Hochschule Aachen zur Erlangung des akademischen Grades eines Doktors der Wirtschafts- und Sozialwissenschaften genehmigte Dissertation

vorgelegt von

Diplom-Kaufmann Andreas Pfeiffer

Berichter: Univ.-Prof. Dr. rer. pol. Matthias Jarke
Univ.-Prof. Dr. rer. pol. Frank Piller

Tag der mündlichen Prüfung: 2. März 2018

Diese Dissertation ist auf den Internetseiten der Universitätsbibliothek online verfügbar.

Bibliografische Information der Deutschen Nationalbibliothek
Die Deutsche Nationalbibliothek verzeichnet diese Publikation in der
Deutschen Nationalbibliografie; detaillierte bibliographische Daten sind im Internet
über http://dnb.d-nb.de abrufbar.
1. Aufl. - Göttingen: Cuvillier, 2019

D 82 (Diss. RWTH Aachen University, 2018)

© CUVILLIER VERLAG, Göttingen 2019
   Nonnenstieg 8, 37075 Göttingen
   Telefon: 0551-54724-0
   Telefax: 0551-54724-21
   www.cuvillier.de

Alle Rechte vorbehalten. Ohne ausdrückliche Genehmigung des Verlages ist
es nicht gestattet, das Buch oder Teile daraus auf fotomechanischem Weg
(Fotokopie, Mikrokopie) zu vervielfältigen.
1. Auflage, 2019
Gedruckt auf umweltfreundlichem, säurefreiem Papier aus nachhaltiger Forstwirtschaft.

   ISBN 978-3-7369-7121-9
   eISBN 978-3-7369-6121-0

Für meine Familie

Zusammenfassung

Nicht erst seit der Einführung digitaler Technologien bietet die Umsetzung und Einführung technologischer Innovationen Unternehmen sowohl große Chancen als auch Herausforderungen. Dies zeigt sich auch am Beispiel der Elektromobilität, im Rahmen derer die Digitalisierung über Sektorengrenzen hinweg eine Konvergenz von materiellen und immateriellen Wertschöpfungsnetzwerken hervorruft. Die damit einhergehende digitale Transformation wird als ein wichtiger Einflussfaktor auf die Entwicklung zeitgenössischer Geschäftsmodelle angesehen. Die vorliegende Arbeit stellt einen Ansatz für die Entwicklung von Geschäftsmodellen unter besonderer Berücksichtigung der digitalen Transformation und damit auch der zunehmenden deutlicher hervortretenden Bedeutung von immateriellen Wertschöpfungsanteilen vor. Dabei wird ein Perspektivwechsel im Hinblick auf die Rolle digitaler Technologien im ökonomischen Austausch und auf die Entwicklung von Märkten vorgenommen. Durch Anwendung der paradigmatischen Sichtweise der Service-dominant logic (SDlogic) auf das Geschäftsmodellkonzept wird mit dem ‚Service-oriented Business Model' (SoBM)-Framework ein transzendierender und flexibler Ansatz zur Entwicklung von Geschäftsmodellen in sich dynamisch entwickelnden, digital transformierenden Umfeldern vorgestellt. Das in einem Action-Design-Research-Projekt entwickelte SoBM-Framework stellt Unternehmen geeignete Methoden und Instrumente für die Entwicklung von Marktlösungen in einer digital-vernetzten, physischen Welt zur Verfügung.

Management Summary

Not only since the introduction of digital technologies have the transformation and implementation of technological innovation presented companies with huge chances as well as challenges. Passing sector borders the market emergence of emobility gives example for these, as digitalization enables the convergence of material and immaterial value-creation-networks. This work will present an approach for the development of business models in special consideration of the characteristics of digital transformation and the revelation of the growing influence of immaterial value creation. The work is based on a change of perspectives regarding the role of digital technologies in economic exchange and the development of markets. By using the paradigmatic Service-dominant logic (SDlogic)-point of view and applying it on the business-model-concept the ‚Service-oriented Business Model' (SoBM)-Framework is presented as a transcending and flexible approach for the development of business models in dynamically developing, digitally transforming environments. The SoBM-Framework, which has been developed in an Action Design Research-Project, offers companies appropriate methods and instruments for the development of marketsolutions in a digitally connected, physical world.

Vorwort

Nach einigen Jahren der Berufstätigkeit die Möglichkeit zu erhalten, in das Projekt Promotion einsteigen zu dürfen, habe ich als ein einmaliges Geschenk, aber auch besondere Herausforderung begriffen. Ich möchte mich an dieser Stelle bei allen bedanken, die mich in dieser Zeit begleitet, mir Inspiration und Kraft gegeben haben. Nur dank ihrer Hilfe und materiellen wie immateriellen Unterstützung konnte ich in der gewählten Tiefe und Breite die digitale Transformation in der Elektromobilität begreifen und einen Ansatz für die Ausgestaltung von tragfähigen Geschäftsmodellen entwickeln.

Der erste und größte Dank gilt meiner Familie für ihre Liebe und Anteilnahme, die mich in der Erstellung dieser Arbeit stets begleitet hat. An dieser Stelle möchte ich insbesondere den wissenschaftlichen und praktischen Diskurs mit meiner Frau Friederike anmerken. Als – juristisch vorgebildete – Altsprachlerin und Historikerin ist sie nicht unbedingt und uneingeschränkt der Wirtschaftsinformatik und den Wirtschaftswissenschaften zugetan. Glücklicherweise konnte sie jedoch meine Gedankengänge und theoretischen Konstrukte dank ihres scharfen Verstandes liebevoll auf den Boden der Tatsachen zurückführen.

Der zweite Dank gilt meinem Doktorvater, Prof. Dr. Matthias Jarke, für die Unterstützung meiner Promotion und deren Betreuung. Gemeinsam mit Prof. Dr. Michael Bastian, Prof. Dr. Rüdiger Zarnekow, Prof. Dr. Frank Piller und meinem engen Freund Dr. Karl-Heinz Krempels hat er diese Arbeit nicht nur angeregt, sondern zu ihrem domänenübergreifenden Ergebnis mit sanfter Hand und dem rechten Rat zur rechten Zeit geführt. Sehr danke ich auch Dr. Matthias Herterich, Andreas-Michael Reinhard, Prof. Dr. Thomas Rose, Prof. Steven Alter, Dr. Lutz Göcke, Dr. Christopher Hahn, Prof. Dr. Andreas Knie, Torsten Erdmann, Dr. Jessica Schwanhäuser und Prof. Dr. Michael Gehle (†) für angeregte wissenschaftliche und äußerst menschliche Diskussionen.

Bedanken möchte ich mich an dieser Stelle ebenfalls bei den teilnehmenden Unternehmen und ihren Mitarbeitern, für die Dr. Jussi Paola, Elias Pöyry und Christian Eugster stellvertretend genannt sein sollen. Durch ihren aktiven Beitrag an meinem Design-Science-Research-Projekt haben sie die Entwicklung des ‚Service-oriented Business Modeling' nicht nur ermöglicht, sondern mit Witz und Elan inhaltlich wie konzeptionell bereichert.

Ebensolcher Dank gilt den zahlreichen Experten aus Praxis und Wissenschaft, die gemeinsam mit mir in den ersten Jahren der Elektromobilität an eine neue, nachhaltige Form der Mobilität geglaubt haben. Die mannigfachen und zum Teil kontroversen Diskussionen in kommerziellen und wissenschaftlichen Projekten haben mir den Blick für die digitale Transformation des Serviceökosystems Elektromobilität und die Entwicklung von Geschäftsmodellen erst eröffnet. Stellvertretend sei einer kleinen Auswahl an Personen für ihre Freude und Engagement in der Elektromobilität und für ihren Beitrag zu meiner persönlichen Entwicklung mein herzlicher Dank ausgedrückt: Dr. Peter Asmuth, Markus Bartenschlager, Gilles Bernard, Holger Braess, Onoph Caron, Dr. Abdellah Cherkaoui, Giovanni Coppola, Prof. Dr. Thorsten Beckers, Dr. Michael-Viktor Fischer, Claus Fest, Dr. Alexander Pagnia, Dr. Marcus Groll, Dr. Michael Hajesch, Checrallah Kachou, Prof. Achim Kampker, Ludwig Karg, Ulrich König, Bruno Lebrun, Elbert Lievense, Carolin Reichert, Tomic Ruschmeyer, Dr. Jan Schilling, Wilfried Ulrich, Prof. Dr.-Ing. Dirk Vallée (†), Arjan Wargers. Schließlich danke ich all meinen ehemaligen Kollegen und Mitarbeitern in der Energieversorgungs- und Verkehrsgesellschaft Aachen mbH, den Stadtwerken Aachen (STAWAG), der smartlab Innovationsgesellschaft GmbH, Hubject GmbH, E.ON SE, der TU Berlin und der RWTH Aachen University für ihre Tatkraft und ihren Elan in schönen und herausfordernden Zeiten.

Inhaltsverzeichnis

Abbildungsverzeichnis XV
Tabellenverzeichnis XVIII
Abkürzungs- und Akronymverzeichnis XIX

1 Einleitung 1
    1.1 Forschungsziel 3
    1.2 Forschungsansatz 5
    1.3 Forschungsprozess 6
    1.4 Aufbau der Arbeit 10

2 Service-dominant logic als theoretischer Bezugsrahmen: eine neue Perspektive auf den ökonomischen Austausch im digitalen Zeitalter 11
    2.1 Grundlagen der Service-dominant logic 12
        2.1.1 Grundlegende Begrifflichkeiten 13
        2.1.2 Axiome und grundlegende Prinzipien der Service-dominant logic 15
        2.1.3 Die Entstehung von Serviceökosystemen 22
    2.2 Digitale Technologie und ihre Bedeutung in Serviceökosystemen 23
        2.2.1 Digitalisierung 23
        2.2.2 Digitale Transformation 28
        2.2.3 Digital transformierende Serviceökosysteme 32
            2.2.3.1 Die duale Rolle digitaler Technologie 32
            2.2.3.2 Wirkung digitaler Technologie in Serviceökosystemen 33
        2.2.4 Auswirkungen der digitalen Transformation auf die Gestaltung von Serviceökosystemen 36
    2.3 Relevante Aspekte in der Ausgestaltung von Serviceökosystemen 38
        2.3.1 Gestaltungselemente des ökonomischen Austauschs 41
        2.3.2 Strukturelle und funktionale Eigenschaften digital transformierender Serviceökosysteme 42

3 Stand der Wissenschaft 44
    3.1 Grundlagen zu Geschäftsmodellen 44
        3.1.1 Arbeitsdefinition Geschäftsmodelle 46
        3.1.2 Geschäftsmodell-Frameworks 47

	3.2	Anforderungen an ein Geschäftsmodell-Framework in digital transformierenden Serviceökosystemen 50	
	3.3	Anforderungsabgleich mit dem Stand der service-dominierten Geschäftsmodellforschung 52	
		3.3.1 Status quo: Geschäftsmodell-Frameworks der Service-dominant logic . 53	
		3.3.1.1 Neukonzeptionen von Geschäftsmodell-Frameworks 53	
		3.3.1.2 Anpassungen existierender Geschäftsmodell-Frameworks 56	
		3.3.2 Ergebnisse des Anforderungsabgleichs 60	
	3.4	Forschungslücke und Handlungsbedarf 66	
4	**Service-oriented Business Model (SoBM)-Framework 69**		
	4.1	Geschäftsmodellentwicklung und -konzept 69	
	4.2	Prinzipien der Modellierung 71	
		4.2.1 Prinzipien der Modularität 72	
		4.2.2 Prinzipien der Serviceorientierung 75	
		4.2.3 Prinzipien der Bedarfsorientierung 78	
	4.3	Metamodell 79	
	4.4	Vorgehensmodell 89	
	4.5	Methoden und Instrumente 94	
		4.5.1 Servicedominierte Ökosystemanalyse 95	
		4.5.1.1 Elemente und Beziehungen 97	
		4.5.1.2 Methode und Instrumente 99	
		4.5.1.3 Ergebnisse 103	
		4.5.2 Layered-Modular-Architecture-Analyse 104	
		4.5.2.1 Elemente und Beziehungen 105	
		4.5.2.2 Methode und Instrument 108	
		4.5.2.3 Zusammenfassung 112	
		4.5.3 Wertwahrnehmungsanalyse 113	
		4.5.3.1 Elemente und Beziehungen 114	
		4.5.3.2 Methode und Instrument 116	
		4.5.3.3 Ergebnisse 118	
		4.5.4 Geschäftsmodell-Portfolio-Analyse 118	
		4.5.4.1 Elemente und Beziehungen 120	
		4.5.4.2 Methode und Instrumente 121	
		4.5.4.3 Ergebnisse 126	
		4.5.5 Service-oriented-Business-Model (SoBM)-Analyse 127	

	4.5.5.1	Elemente und Beziehungen 128
	4.5.5.2	Methode und Instrumente 131
	4.5.5.3	Ergebnisse 138

4.6 Zusammenfassung 140

5 Entwicklung des Lösungsansatzes im Untersuchungsgebiet Elektromobilität 142

5.1 Problemstellung im Untersuchungsgebiet Elektromobilität 143

    5.1.1 Das Untersuchungsgebiet Elektromobilität 144

    5.1.2 Betrachtung ausgewählter Systemkomponenten 147

    5.1.3 Herausforderungen in der Ausgestaltung des Serviceökosystems .. 150

    5.1.4 Zusammenfassung 151

5.2 Erster Action-Design-Research-Zyklus: ‚Illwerke vkw Gruppe' 153

    5.2.1 Ausgangslage des Industriepartners 154

    5.2.2 Problemstellung und Vorgehensweise 154

    5.2.3 Geschäftsmodell-Framework des ersten Zyklus 156

        5.2.3.1 Servicedominierte Ökosystemanalyse (Alpha-Version) 157

        5.2.3.2 Layered-Modular-Architecture-Analyse 159

        5.2.3.3 Enhanced Business Model Canvas 162

    5.2.4 Zwischenergebnisse 176

5.3 Zweiter Action-Design-Research-Zyklus: ‚Virta Ltd.' 177

    5.3.1 Ausgangslage des Industriepartners 178

    5.3.2 Problemstellung und Vorgehensweise 178

    5.3.3 Instanziierung am Beispiel ‚Digitale Werbung beim Laden' 181

        5.3.3.1 Servicedominierte Ökosystemanalyse (Beta-Version): Elektromobilität – Parken, digital Werben, Laden und Zahlen 182

        5.3.3.2 Wertwahrnehmungsanalyse: ZOE-FahrerIn mit Ladebedürfnis 187

        5.3.3.3 Service-oriented Business-Model-Analyse: Digitale Werbung beim Laden 190

    5.3.4 Zusammenfassung 195

5.4 Reflexion und Lernen 196

    5.4.1 Elektromobilität als ein Serviceökosystem 196

    5.4.2 Digitale Technologie und ihre Wirkung auf Serviceökosysteme ... 200

    5.4.3 Geschäftsmodellentwicklung in digital transformierenden Serviceökosystemen 204

6	**Schlussbetrachtung**		**209**
	6.1	Wissenschaftlicher Beitrag	211
	6.2	Praktischer Beitrag	212
	6.3	Limitationen und Forschungsausblick	213
7	**Anhang**		**215**
	7.1	Literaturverzeichnis	215
	7.2	Liste der Veröffentlichungen	232
	7.3	Experteninterviews	232

Abbildungsverzeichnis

Abbildung 1:	Forschungsfragen der Arbeit	5
Abbildung 2:	Aktivitäten und Ergebnisse der Arbeit entlang des Action-Design-Research-Projekts	9
Abbildung 3:	Gemeinschaftliche Wertkreation in einem Serviceökosystem	14
Abbildung 4:	Die fünf Axiome der Service-dominant logic	16
Abbildung 5:	Prozess und Beschreibung der gemeinsamen Wertkreation aus Perspektive	23
Abbildung 6:	Zwiebelmodell der Digitalisierung und digitalen Transformation	31
Abbildung 7:	Digitale Technologie in der gemeinsamen Wertkreation und der Institutionalisierung von Problemlösungen	36
Abbildung 8:	Anforderung an das Design unternehmerischer Aktivitäten vor dem Hintergrund digital transformierender Serviceökosysteme aus Perspektive der Service-dominant logic	41
Abbildung 9:	Anforderungen an ein Geschäftsmodell-Framework zur Gestaltung des ökonomischen Austauschs in digital transformierenden Serviceökosystemen	51
Abbildung 10:	Beispiel eines Relationendiagramms	81
Abbildung 11:	Metamodell-Übersicht: Systemelemente und ihre Relationen von Geschäftsmodellen aus Perspektive der Service-dominant logic	82
Abbildung 12:	Instanziierung des Metamodells am Fall ‚IT-System Ladestation'	86
Abbildung 13:	Vorgehensmodell des Service-oriented Business Model-Framework	91
Abbildung 14:	Systemelemente der servicedominierten Ökosystemanalyse als Teil des Metamodells Service-oriented Business Model	98
Abbildung 15:	Die servicedominierte Ökosystembeschreibung als Ergebnis der servicedominierten Ökosystemanalyse	102
Abbildung 16:	Systemelemente der Layered-Modular-Architecture-Methode als Teil des Metamodells Service-oriented Business Model	106
Abbildung 17:	Überführung der Layered Modular Architecture nach Yoo et al. (2010a) in die servicedominierte Layered-Modular-Architecture-Übersicht	107
Abbildung 18:	Wertbeitragspotenzial abgebildet auf der Serviceebene in der Layered Modular Architecture digitaler Technologie am Beispiel von Ladeinfrastruktur für Elektrofahrzeuge	109
Abbildung 19:	Systemelemente der Wertwahrnehmungsanalyse als Teil des Metamodells Service-oriented Business Model	115
Abbildung 20:	Wertwahrnehmungsbox	117

Abbildung 21:	Systemelemente der Geschäftsmodell-Portfolio-Analyse als Teil des Metamodells Service-oriented Business Model	120
Abbildung 22:	Attraktivitäts-Portfolio von Geschäftsmodellideen	125
Abbildung 23:	Systemelemente der serviceorientierten Business-Model-Analyse als Teil des Metamodells Service-oriented Business Model sowie ihre Zuordnung zu den Schichten des Service-oriented Business Model	129
Abbildung 24:	Aggregierte Sicht auf ein Service-oriented Business Model im Excel-basierten Service-oriented Business-Model-Instrument	133
Abbildung 25:	Das Service-oriented Business-Model-Instrument als tabellarische Darstellung inklusive existierender Beziehungen	136
Abbildung 26:	Ablauf der Modellierung in der Service-oriented Business-Model-Analyse	137
Abbildung 27:	Erfüllung der Anforderungen an ein Geschäftsmodell-Framework	141
Abbildung 28:	Alpha-Version der servicedominierten Ökosystembeschreibung am Beispiel der Elektromobilität	158
Abbildung 29:	Alpha-Version der servicedominierten Layered-Modular-Architecture-Übersicht am Beispiel von Ladeinfrastruktur für Elektrofahrzeuge	162
Abbildung 30:	Layer und Betrachtunsperspektiven im ‚Enhanced Business Model Canvas'	163
Abbildung 31:	Business Layer des ‚Enhanced Business Model Canvas' (Original der Alpha-Versionsbeschreibung)	164
Abbildung 32:	Service Layer des ‚Enhanced Business Model Canvas' (Original der Alpha-Versionsbeschreibung)	165
Abbildung 33:	Application Layer des ‚Enhanced Business Model Canvas' (Original der Alpha-Versionsbeschreibung)	166
Abbildung 34:	Business Layer @VKW 2015	169
Abbildung 35:	Service Layer @VKW 2015	170
Abbildung 36:	Application Layer @VWK 2015	171
Abbildung 37:	Business Layer @VKW 2015+	174
Abbildung 38:	Service Layer @VKW 2015+	174
Abbildung 39:	Instanziierung des Vorgehensmodells Service-oriented Business Model-Framework	182
Abbildung 40:	Beta-Version der servicedominierte Ökosystembeschreibung ‚Elektromobilität' auf Basis des Workshops Virta I	184
Abbildung 41:	Wertwahrnehmungsbox ‚ZOE-FahrerIn'	188
Abbildung 42:	Service-oriented Business Model ‚Digitale Werbung beim Laden'	191

Abbildung 43:	Ablauf der Modellierung eines Service-oriented Business Model am Beispiel ‚Digitales Werben beim Laden'	194
Abbildung 44:	Digitale Technologie und ihre Wirkung in Geschäftsmodellen	202

Tabellenverzeichnis

Tabelle 1:	Abgleich der ‚Anforderungen an ein Geschäftsmodell-Framework in digital transformierenden Serviceökosystemen' mit relevanten Geschäftsmodell-Frameworks	66
Tabelle 2:	Verzeichnis der Systemelemente, ihrer Beziehungen und ihrer Notationsregeln	88
Tabelle 3:	Nomenklatur der Ökosystemanalyse gemäß Metamodell	99
Tabelle 4:	Verzeichnis der Systemelemente der serviceorientierten Ökosystembeschreibung	100
Tabelle 5:	Nomenklatur der servicedominierten LMA-Analyse gemäß Metamodell: Beispiele und Herleitung in Anlehnung an Yoo et al. (2010a)	108
Tabelle 6:	Vorteile durch Modellierung im Service-oriented Business Model	140
Tabelle 7:	Ablauf des ersten Action-Design-Research-Zyklus ‚VKW'	156
Tabelle 8:	Angebotsportfolio ‚Electric Charging Services for E-Mobility' @VKW 2015	168
Tabelle 9:	Wertversprechen @VKW 2009	172
Tabelle 10:	Wertversprechen @VKW 2015+	173
Tabelle 11:	Ablauf des zweiten Action-Design-Research-Zyklus ‚Virta'	180
Tabelle 12:	Übersicht Systemelemente der servicedominierte Ökosystembeschreibung	185
Tabelle 13:	Befragte Experten aus den Bereichen Elektromobilität, Service-dominant logic und Geschäftsmodellforschung	233

Abkürzungs- und Akronymverzeichnis

bspw.	beispielsweise
CAPEX	capital expenditures
et al.	et alii
etc.	et cetera
ggf.	gegebenenfalls
i. d. R.	in der Regel
i. S. d.	im Sinne der
LMA	Layered Modular Architektur
LMS	Ladestationsmanagement-System
LMSA	Ladestationsmanagementsystembetriebsanbieter
LS	Ladestation
LSB	Ladestationsbetreiber
OPEX	operational expenditures
SDlogic	Service-dominant logic
SoBM	Service-oriented Business Model
u. a.	und andere(s)
usw.	und so weiter
vgl.	vergleiche
z. B.	zum Beispiel
SOA	Serviceorientierte Architektur
VKW	Illwerke vkw Gruppe

1 Einleitung

Die Einführung von Elektrofahrzeugen wird in Deutschland als wesentlicher Baustein einer nachhaltigen Mobilitätsstrategie betrachtet (Hennings und Linssen 2015, S. 459). Mit der Einführung der Elektromobilität – also der Nutzung von Elektrofahrzeugen zur Befriedigung von Mobilitätsbedürfnissen – gehen verschiedene Chancen, aber auch Herausforderungen einher. So wird der Anfang der 1990er-Jahre und seit spätestens 2008 festzustellende Trend zur Elektromobilität im Wesentlichen auf die Lösungspotenziale für zentrale Umweltprobleme (Luft- und Lärmbelastung) und gesellschaftliche Herausforderungen (u. a. dem Umgang mit der Ressourcenknappheit, Lebensqualität in Ballungsräumen) zurückgeführt. Gleichzeitig treten mit der Einführung der Elektromobilität Herausforderungen zutage, wie beispielsweise durch die Integration der Elektrofahrzeuge in die Energienetze durch die Wirtschaftssektoren (z. B. die Automobil- und Energiewirtschaft), die zuvor keine wesentlichen Berührungspunkte hatten (vgl. u. a. Rehme et al. 2015, S. 410 ff.). Dies zeigt sich u. a. in dem hohen Grad an Komplementarität zwischen den Systemelementen (z. B. Speichertechnologie, Ladelösung, Dichte und technische Eigenschaften des Infrastrukturnetzes). Die daraus entstehende Konvergenz zwischen den betroffenen Sektoren birgt zentrale Herausforderungen in der Ausgestaltung der ökonomischen Austauschprozesse (Göcke 2016, S. 111 f.). So wurde beispielsweise an verschiedenen Stellen darauf hingewiesen, dass die Einbindung des Verkehrssektors in die regenerative Energiewelt der Zukunft lediglich unter Einbeziehung soziotechnischer Aspekte im Sinne der Bildung institutioneller Vereinbarung möglich ist (Göcke 2016, S. 105-119; Rodríguez-Sánchez et al. 2015, S. 10 f.; Wieland et al. 2016, S. 40 ff.). Ebendiese institutionellen Arrangements umfassen neben der Berücksichtigung von technologischen Faktoren (z. B. der Standardisierung von Protokollen) auch die Ausbildung von neuen Geschäftspraktiken. Beide Aspekte erfordern eine umfangreiche Abstimmung von Austauschprozessen durch Marktakteure aus den betroffenen und angrenzenden Wirtschaftssektoren.

Mit dem Einsatz digitaler Technologie wird – wie in anderen Industriebereichen (Berman 2012; Bharadwaj et al. 2013; Lusch und Nambisan 2015, S. 161; Picot et al. 2017; Yoo et al. 2012, S. 1399 ff.) – in diesem Kontext die Erwartung verknüpft, Elektromobilität technisch und wirtschaftlich umsetzbar zu machen (vgl. u. a. Augenstein 2015, S. 27; Hanelt et al. 2015a, S. 1033 ff.; Hildebrandt et al. 2015, S. 1008 ff.; Stryja et al. 2015a, S. 112). Durch die Möglichkeit zur ‚digitalen' Kopplung der Wirtschaftssektoren und die Weiterentwicklung von Austauschprozessen bieten digitale Technologien Chancen für eine generative Entwicklung von Problemlösungen über die Grenzen von Sektoren hinweg (Herterich und Mikusz 2016,

S. 4; Picot et al. 2017, S. 96 ff.; Yoo et al. 2010a, S. 730, 733 f.). Die mit der Einführung digitaler Technologien in den ökonomischen Austausch einhergehenden Veränderungen werden dabei im Weiteren als digitale Transformation bezeichnet.

Neben dem technischen Fortschritt im Bereich der Batterietechnologie werden digitale Transformationen der Automobilindustrie, Mobilitätswirtschaft und Energiewirtschaft als wichtige, sich gegenseitig beeinflussende Treiber der Elektromobilität betrachtet (Augenstein 2015; Göcke 2016; Klör et al. 2014; Schallaböck et al. 2012). Praxis, Wissenschaft und Politik schreiben der Ausgestaltung von Geschäftsmodellen – die letztlich die marktseitige Umsetzung der technischen Innovation Elektromobilität ermöglichen – insbesondere auch unter Einsatz digitaler Technologie eine hohe Bedeutung zu (Abdelkafi et al. 2013, S. 4 ff.; Bohnsack et al. 2014, S. 297 ff.; Göcke 2016, S. V; S. 33, S. 91, S. 105-119; Hanelt et al. 2015a 2015b; Kley et al. 2011, S. 3393; Klör et al. S. 2048 ff.; Westphal et al. 2013, S. 19 ff.).

So verdeutlicht das Beispiel der Elektromobilität allerdings ebenfalls, dass Technologien (bspw. Elektrofahrzeuge, intelligente Steuerungskomponenten in Energienetzen, vernetzte Verkehrsdienstleistungen) keinen Wert für den Nutzer *per se* haben. Vielmehr muss innovative Technologie über die Abstimmung der Marktakteure und ihren Einsatz im ökonomischen Austausch Wirkung und Nutzen entfalten: „The value [of technology] is determined instead by the business model used to bring it to a market" (Chesbrough 2006, S. 43). Das Geschäftsmodellkonzept wird in diesem Kontext als Mediator zwischen technologischer Innovation und ihrer unternehmerischen Umsetzung verstanden (Chesbrough 2006, S. 43). Die Geschäftsmodellforschung stellt Unternehmen hierzu erprobte und praxistaugliche Managementinstrumente in Form von Geschäftsmodell-Frameworks zur Verfügung. Diese unterstützen in verschiedenen Kontexten und aus differenten Perspektiven die Analyse, Strukturierung und Gestaltung von unternehmerischem Handeln an der Schnittstelle zwischen strategischer Planung und operativer Umsetzung (Fielt 2013, S. 99 f.).

Der wissenschaftliche Diskurs und die praktische Erfahrung im Untersuchungsfeld Elektromobilität verdeutlichen allerdings, dass mit der Einbringung digitaler Bestandteile in Technologien (i. S. d. Digitalisierung) und deren Einführung in soziale und ökonomische Austauschvorgänge (i. S. d. digitaler Transformation) Grenzen in existierenden Ansätzen zur Entwicklung von Geschäftsmodellen erreicht werden[1].

---

[1] Siehe hierzu für das Untersuchungsfeld Elektromobilität unter anderem Kley et al. (2011), Kuehl et al. (2015), Klör et al. (2014), Hanelt et al. (2015a), Hildebrandt et al. (2015) und Stryja et al. (2015a).

Es zeigt sich, dass zunehmend eine transzendierende und ganzheitliche Herangehensweise in der Ausgestaltung des ökonomischen Austauschs erforderlich ist, um den konzeptionellen und kreativen Rahmen für die Entwicklung von tragfähigen Marktlösungen in einer digital-vernetzten, physischen Welt bereitstellen zu können. An verschiedenen Stellen wurden entsprechende Forderungen zur Weiterentwicklung von Ansätzen zur Geschäftsmodellentwicklung laut, welche die Ausgestaltung von ökonomischen Austauschbeziehungen in zunehmend komplexen, informations- und netzwerkorientierten Umfeldern unterstützen sollen (Berman 2012; Bharadwaj et al. 2013 S. 477 ff.; Iansiti und Lakhani 2014, S. 5 ff.; Ostrom et al. 2015, S. 148 ff.; Rehme et al. 2015, S. 411 f.; Veit et al. 2014, S. 55 ff.; Wirtz et al. 2016, S. 50 ff.).

Die vorliegende Arbeit folgt diesen Aufforderungen und stellt hierzu ein Geschäftsmodell-Framework vor. Dieses wurde in einem Action-Design-Research-Projekt im Untersuchungsgebiet Elektromobilität entwickelt und validiert. Unter Berücksichtigung des soziotechnischen Kontexts wurde hierbei ein besonderes Augenmerk auf die Identifikation und Nutzung der Potenziale digitaler Technologien gerichtet (Veit et al. 2014, S. 55 ff.; Ostrom et al. 2015, S. 127 ff.). Der entwickelte Ansatz wurde dabei so konzipiert, dass Unternehmen, ausgehend von fokalen Problemlösungskompetenzen, Leistungsprozesse und Partnerschaften, tragfähige Lösungen für ökonomische Problemstellungen in einer zunehmend komplexeren, digital-vernetzten, physischen Welt finden können.

1.1 Forschungsziel

Unternehmen stehen beim Eintritt in den emergenten Markt der Elektromobilität vor der Herausforderung, ihr Leistungsportfolio vor dem Hintergrund eines komplexen, netzwerk- und informationsorientierten soziotechnischen Umfelds zu konzipieren. Hierbei stellen digitale Technologien genauso wie andere gemeinschaftlich erbrachte Wertversprechen einen wesentlichen Bestandteil zukünftiger Angebote zur sektorenübergreifenden Lösung von Problemstellungen dar.

Entsprechend benötigen Unternehmen Methoden und Instrumente, die dabei helfen Chancen der Digitalisierung mit Blick auf Umfang, Reichweite und Agilität der Geschäftstätigkeit nicht nur kontextspezifisch zu identifizieren, sondern auch in die Umsetzung zu bringen (Bharadwaj et al. 2013; Lusch und Nambisan 2015, S. 155 ff.; Ostrom et al. 2015, S. 142 f.). Ziel dieser Arbeit ist es daher, durch Einnahme einer adäquaten Betrachtungsweise und mithilfe geeigneter Konzepte die Verbindung zwischen Chancen von Technologien im Allgemeinen und digitaler Technologie im Besonderen und ihrer ganzheitlichen, marktseitigen Umsetzung herzustellen (Veit et al. 2014, S. 60 f.).

In der Einleitung wurde am Beispiel der Elektromobilität bereits deutlich, dass dieses eine transzendierende und ganzheitliche Herangehensweise erfordert, die den konzeptionellen Rahmen für die Entwicklung von tragfähigen Marktlösungen in einer digital-vernetzten, physischen Welt bietet. In Anerkennung der zentralen Rolle von Services – der Anwendung von Fähigkeiten und Wissen – für die Erzeugung von kontextuellen Gebrauchswerten bei Kunden als wesentlicher Zielstellung des ökonomischen Austauschs bietet die SDlogic eine derartige transzendierende Betrachtungsweise. Durch Fokussierung auf sogenannte operante Ressourcen – eben Fähigkeiten und Wissen – als Quellen von strategischem Nutzen erlaubt sie eine angemessene Beschreibung und Analyse des wirtschaftlichen Austauschs in digital transformierenden Ökosystemen (Lusch und Nambisan 2015, S. 155 ff.; Vargo und Lusch 2016, S. 7-9, 19). Das Geschäftsmodellkonzept bietet auf der anderen Seite ein grundsätzlich wissenschaftlich anerkanntes und in der Praxis verbreitetes Konzept zur Ausgestaltung des ökonomischen Austauschs (Frow et al. 2015, S. 466). Geschäftsmodelle werden dabei als Mediator zwischen technologischen Innovationen und ihrer unternehmerischen Umsetzung verstanden (Chesbrough 2006, S. 43; Zott et al. 2011, S. 1030).

Ausgehend von der SDlogic und dem Geschäftsmodellkonzept liegt dieser Arbeit das folgende Forschungsziel zugrunde:

Die Herleitung eines anforderungsgerechten Ansatzes zur Entwicklung von Geschäftsmodellen in digital transformierenden Serviceökosystemen am Beispiel der Elektromobilität

Geschäftsmodelle werden in der vorliegenden Arbeit auf Basis des aktuellen Stands der Forschung konzeptionell unter Berücksichtigung der Perspektive der SDlogic definiert. Sie werden damit als ein abstraktes Konstrukt zur Beschreibung der konkreten Problemlösungsfähigkeiten eines Unternehmens in Serviceökosystemen verstanden. Anhand des Forschungsziels lassen sich sechs Forschungsfragen ableiten (siehe Abbildung 1).

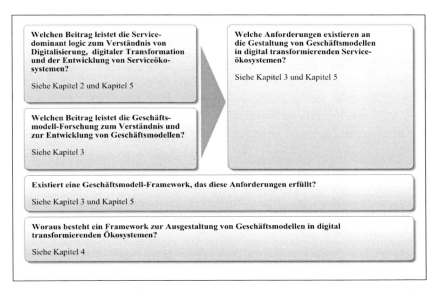

Abbildung 1: Forschungsfragen der Arbeit
Quelle: eigene Darstellung

1.2 Forschungsansatz

Zur Entwicklung eines Ansatzes zur Gestaltung von Geschäftsmodellen wurde auf das Design-Science-Research-Paradigma Hevner et al. (2004) zurückgegriffen. Dieser technologie- und problemlösungsorientierte Forschungsansatz wird insbesondere vor dem Hintergrund der angestrebten Entwicklung eines interdisziplinären Ansatzes zur Gestaltung von Geschäftsmodellen in digital transformierenden Umfeldern als hilfreich angesehen (Ostrom et al. 2015, S. 150).

Das formulierte Forschungsziel und die daraus abgeleiteten Forschungsfragen fordern neben einer Berücksichtigung der existierenden Literatur ebenfalls eine Auseinandersetzung mit dem Betrachtungsgegenstand in der Praxis. So muss der Stand der Forschung zur Digitalisierung, zur digitalen Transformation, zur Entwicklung von Geschäftsmodellen und zum ökonomischen Austausch aus Perspektive der SDlogic auch mit Erfahrung aus dem konkreten betrieblichen und überbetrieblichen Anwendungsfeld untersucht werden. Im Spektrum zwischen verhaltensorientierten und gestaltungsorientierten Forschungsrichtungen in der Wissenschaftsdisziplin stellten Hevner et al. (2004) mit der Design Science Research einen weithin anerkannten und berücksichtigten Ansatz zur gestaltungsorientierten Forschung innerhalb der Wirtschaftsinformatik vor. Dieser Ansatz ist aufgrund seiner Nähe zu praktischen Anforderungen, dem Einbezug wissenschaftlicher Erkenntnisse, der integrativen Absicherung des wissenschaftlichen Diskurses in einem klar strukturierten und abgesicherten Forschungsprozess ideal für das Forschungsvorhaben geeignet (Chen 2011; Österle et al. 2011; Gregor und Hevner 2013). Mögliche Ergebnisse von gestaltungsorientierten Forschungsprojekten reichen damit von IT-Artefakten bis hin zu abstraktem und prädiktivem Designwissen (Sein et al. 2011, S. 40 f.) sowie zu der Kombination von beidem (Kuechler und Vaishnavi 2012, S. 414 f.; Gregor und Hevner 2013, S. 352 f.), die Lösungen für Probleme aus Forschung und betrieblicher Praxis liefern (Hevner et al. 2004, S. 77).

Vor diesem Hintergrund wird die Design Science als adäquates Forschungsparadigma der Wirtschaftsinformatik und als anerkanntes Problemlöseverfahren dieser Arbeit zugrunde gelegt. Der theoretische Beitrag der gestaltungsorientierten Forschung kann entsprechend des Knowledge Contribution Frameworks nach Gregor und Hevner (2013) entweder in einer Verbesserung, einer Erfindung, einer Exaptation oder in einer Design Routine bestehen (Gregor und Hevner 2013, S. 343 ff.). Das Problem der Entwicklung von Geschäftsmodellen ist sowohl in der Praxis als auch in der Literatur bekannt. Die Entwicklung des Geschäftsmodell-Frameworks begründet einen neuen Lösungsansatz für eine identifizierte theoretische Lücke (die Wirkung der Digitalisierung auf den ökonomischen Austausch). Gleichzeitig wird bestehendes Wissen (bspw. Geschäftsmodellansätze, SDlogic, Serviceorientierte Architekturen) auf eine bisher nicht behandelte Problemstellung angewendet bzw. angepasst. Daher liefert diese Arbeit theoretische Beiträge in den Bereichen der Verbesserung und Exaptation (Gregor und Hevner 2013, S. 347).

1.3 Forschungsprozess

Zur Bearbeitung der vorliegend betrachteten Fragestellungen wurde die Action Design Research als anerkannter Forschungsansatz der Design Science Research gewählt (Gregor und Hevner 2013). Diese von Sein et al. (2011) eingeführte Methode vereint dabei zwei Methoden des ‚Engaged Scholarship' (Van de Ven 2007) und berücksichtigt bereits bestehende Vorbilder im Bereich der Entwicklung von Designtheorien (Lindgren et al. 2004; Markus et al. 2002). Action Design Research zielt darauf ab, relevante Ergebnisse durch einen rigorosen und dennoch pragmatischen Ansatz zu erzeugen (Sein et al. 2011, S. 38). Im Gegensatz zu anderen Design-Forschungsansätzen des Design-Science-Research-Paradigmas (bspw. die Design-Science-Research-Methodik nach Peffers et al. 2008) trennt die Action Design Research die Phasen der Demonstration und Evaluation von Artefakten nicht voneinander. Vielmehr sieht sie eine fortwährende Evaluation der betrachteten Artefakte und abgeleiteten Designprinzipien bereits während des Entstehungsprozesses vor. Dies eröffnet u. a. den Vorteil, dass auch die aktive Entwicklung und Evaluierung von neuen Artefakten innerhalb eines Zyklus im direkten Austausch mit Industriepartnern erfolgen kann (Vaishnavi und Kuechler 2015, S. 62). Durch die Ausarbeitung des vorhandenen Wissensstands wird mit dem Aufbau und der Bewertung innovativer Artefakte dabei prädiktives Designwissen entwickelt. Dergestalt können innovative und nützliche Lösungen für Klassen von Problemen entwickelt werden, die für die Praxis relevant sind und identifizierte Problemklassen lösen (Sein et al. 2011; Hevner et al. 2004).[2]

Action-Design-Research-Projekte sind nach Sein et al. (2011) in vier Phasen (engl. ‚stages') strukturiert, denen jeweils eine Reihe von Schritten (‚tasks') zugeordnet ist (Sein et al. 2011, S. 44 ff.). Diese können eng miteinander verflochten sein und führen im Ergebnis zum Aufbau von prädiktivem Designwissen (Sein et al. 2011, S. 40). In der ersten Phase ‚Formulierung des Problems' (engl. problem formulation) wird anhand einer praktischen Problemstellung die Forschungsfrage begründet und bildet die Motivation für die Forschung. Dabei wird das Problem als eine Instanz einer Klasse von Problemen definiert. Die zweite Phase ‚Entwicklung, Intervention und Evaluation' (engl.: building, intervention, and evaluation (BIE)) inkludiert mehrere Zyklen. In diesen wird zunächst das initiale Artefakt erstellt und anschließend im organisationellen Umfeld genutzt und zyklisch evaluiert sowie verbessert. Die dritte Phase des ‚Reflektieren und Lernens' (engl. reflection and learning) wird parallel zu den beiden ersten Phasen durchgeführt. Hier finden erforderliche Anpassungen am Design sowie eine Evaluation der – das Artefakt beschreibenden – Designprinzipien statt. Der Forscher bewegt sich „conceptually from building a solution for a particular instance to applying that learning to a broader class of problems" (Sein et al. 2011, S. 44). Dabei ist die bewusste Reflexion über das Problem, die gewählten Theorien und das entstehende Artefakt von entscheidender Bedeutung dafür, neue Beiträge zur Wissensbasis zu identifizieren. Darüber hinaus können auf diese Weise Anpassungen am Forschungsprozess auf Grundlage der (Zwischen-)ergebnisse vorgenommen werden. Die vierte Phase ‚Formalisierung des Gelernten' (engl. formalization of learning) dient der Generalisierung der Ergebnisse. Dabei werden die Ergebnisse der differenten Designschritte reflektiert, um die Erkenntnisse der empirischen Arbeit auf eine breitere Klasse von Problemen anwendbar zu machen. So werden Beiträge der empirischen Arbeit für Theorie und Praxis identifiziert und aufbereitet.

---

[2] Zwar ist die Action Design Research ursprünglich auf die Entwicklung von IT-Artefakten ausgerichtet. Die Ergebnisse der vorliegenden Arbeit zeigen aber, dass nicht nur reine IT-Artefakte, sondern auch Methoden und Instrumente im Sinne von abstrakten Artefakten mit geringem IT-Anteil (bspw. Excel-Artefakte) und Methoden (wie ein Geschäftsmodell-Framework) mithilfe der Action Design Research entwickelt und evaluiert werden können (Gregor und Hevner 2013).

Abbildung 2 erläutert, wie die einzelnen Phasen der Action Design Research im Untersuchungsgebiet Elektromobilität in zwei Zyklen durchlaufen worden sind, um das gesteckte Forschungsziel zu erreichen (siehe Kapitel 5). So zeigt die Abbildung auf, welche Ergebnisse in den jeweiligen Phasen erreicht und wie das Geschäftsmodell-Framework ‚Service-oriented Business Model' – inkl. der zur Anwendung notwendigen Methoden und Instrumente – entwickelt worden ist.

Problemstellung
- Formulierung der Problemstellung an konkreten Fragestellungen im Untersuchungsgebiet Elektromobilität (Kapitel 5.1 und Kapitel 5.2)
- Identifikation der Forschungslücke anhand der Literaturanalyse und auf Basis der Empirie (Kapitel 2, Kapitel 3 und Kapitel 5)
  (1) Elektromobilität (2) Geschäftsmodelle
  (3) Digitale Technologie und digitale Transformation
  (4) Service-dominant logic
  (5) Serviceoorientierte Architekturen
- Experteninterviews und Austausch in der wissenschaftlichen Gemeinde (Kapitel 5)

- Wahl der Service-dominant logic als theoretischer Bezugsrahmen (Kapitel 2)
- Annahmen über die Anforderung an die Entwicklung von Geschäftsmodellen in digital transformierenden Serviceökosystemen ausgehend vom Erkenntnissen aus dem Untersuchungsgebiet Elektromobilität (Kapitel 2, Kapitel 3 und Kapitel 5)
- Forschungslücke: Eine angemessene Beschreibung und Analyse des wirtschaftlichen Austausches in informations-, netzwerkorientierten sowie von interdependenten Leistungsverflechtungen geprägten Service-Ökosystemen wird bisher methodisch und instrumentell noch nicht ausreichend unterstützt. (Kapitel 3.4)

Entwickeln, Intervenieren und Evaluieren
- Iterative Entwicklung eines Lösungskonzeptes zur Gestaltung von Geschäftsmodellen in zwei Zyklen und konkrete Ausgestaltung von Geschäftsmodellen in der Elektromobilität
- 1. Zyklus: Entwicklung, Evaluation und Verbesserung eines erweiterten Geschäftsmodell-Frameworks (enhanced Business Model Canvas) mit drei Methoden und Instrumenten zur Unterstützung und Mehrperioden-Betrachtung eines Geschäftsmodells (Kapitel 5.2)
- 2. Zyklus: Entwicklung, Evaluation und Verbesserung des Service-oriented Business Model (SoBM)-Frameworks auf Basis der Service-dominant logic und Verwendung zur Weiterentwicklung eines Geschäftsmodells in der Elektromobilität (Kapitel 5.3)

- 1. Zyklus: Bestätigung und Erweiterung von Annahmen zur digitalen Transformation in der Elektromobilität. Bewertung des enhanced Business-Model-Ansatzes und Verbesserung der entwickelten Methoden und Instrumente (Ökosystemanalyse, LMA-Methode, enhanced Business Model Canvas). Entwicklung des Geschäftsmodells „VKW 2015+" (Kapitel 5.2)
- 2. Zyklus: Bewertung und Verbesserung des Service-oriented Business Model (SoBM)-Frameworks (Metamodell, Modellierungsprinzipien, Vorgehensmodell, Methoden und Instrumente) als Managementinstrument der Service-dominant logic. Entwicklung des Geschäftsmodells „Digitale Werbung beim Laden" (Kapitel 5.3)

Reflexion und Lernen
- Verwerfen der Idee zur Verbesserung existierender Geschäftsmodell-Frameworks (enhanced Business Model Canvas) (Kapitel 5.4)
- Ableitung von Anforderungen an die Entwicklung von Geschäftsmodellen in digital transformierenden Service-Ökosystemen (Kapitel 3.2 und Kapitel 5.4)
- Übertragung der Perspektive Service-Dominant logic und Anwendung des Metamodells Service-oriented Business Model (SoBM) auf das Untersuchungsgebiet Elektromobilität (Kapitel 5)
- Veröffentlichung der Erkenntnisse und Diskurs auf mehreren Konferenzen und in Expertengesprächen Evaluation der Geschäftsmodell-Frameworks und Ableitung von Erkenntnissen
  - Feedback und Reflexion mit Teilnehmern
  - Feedback und Reflexion mit Praktikern und Wissenschaftlern

---

- Feststellung der Zweckmäßigkeit eines auf einem Metamodell und den Erkenntnissen der Service-dominant logic basierenden Ansatzes für die Ausgestaltung von Geschäftsmodellen im Forschungsgebiet (Kapitel 5.2, Kapitel 5.3 und Kapitel 5.4)
- Definition und Charakteristika digitaler Technologien und der digitalen Transformation in Serviceökosystemen (Kapitel 2 und Kapitel 5)
- Anforderungen an die Gestaltung von Geschäftsmodellen in digital transformierenden Serviceökosystemen am Beispiel der Elektromobilität (Kapitel 5.1 und Kapitel 5.4)

Formalisierung
- Anforderungen an die Entwicklung von Geschäftsmodellen in digital transformierenden Ökosystemen (Kapitel 2.3, Kapitel 3.2)
- Anwendung der Service-dominant logic in einem praxisorientierten Managementinstrument „Service-oriented Business Model (SoBM)-Framework" für die Ausgestaltung des ökonomischen Austausches in digital transformierenden Service-Ökosystemen. Das, entlang von Anforderungen an die Ausgestaltung von Geschäftsmodellen in digital transformierender Service-Ökosysteme entwickelte, Framework besteht aus einem Metamodell, acht Modellierungsprinzipien, einem Vorgehensmodell, fünf Methoden und Instrumenten (Kapitel 4).

Abbildung 2: Aktivitäten und Ergebnisse der Arbeit entlang des Action-Design-Research-Projekts

Quelle: in Anlehnung an Sein et al. 2011, S. 41

1.4 Aufbau der Arbeit

Die vorliegende Arbeit untergliedert sich in sechs Kapitel. Im Anschluss an den einleitenden Teil wird im zweiten Kapitel die paradigmatische Sichtweise der SDlogic als theoretischer Bezugsrahmen vorgestellt. Dieser ist durch eine ganzheitliche, integrative und beziehungsorientierte Betrachtungsweise des ökonomischen Austauschs gekennzeichnet. Ausgehend von einer Definition sowie Erläuterung der Digitalisierung und der digitalen Transformation, werden Auswirkungen auf Serviceökosysteme und zentrale Aspekte in der Ausgestaltung von Serviceökosystemen dargestellt.

Auf Basis der existierenden Literatur wird im dritten Kapitel in die Grundlagen zur Entwicklung von Geschäftsmodellen und Geschäftsmodell-Frameworks eingeführt. Durch Zusammenführung des Stands der Forschung zu Geschäftsmodellen und der identifizierten Aspekte der digitalen Transformation aus der paradigmatischen Perspektive der SDlogic wird schließlich ein Anforderungskatalog an die Gestaltung von Geschäftsmodellen in digital transformierenden Serviceökosystemen' vorgestellt und mit dem Stand der Forschung innerhalb der SDlogic abgeglichen. Hiervon ausgehend werden Forschungslücken und bestehende Handlungsbedarfe aufgezeigt.

Aufbauend auf den theoretischen Erkenntnissen und praktischen Erfahrungen aus den Action-Design-Research-Zyklen wird im vierten Kapitel das ‚Service-oriented Business Model-Framework' als Formalisierung der Forschungsergebnisse vorgestellt. Das aus Perspektive der SDlogic entwickelte Framework besteht aus servicedominierten Modellierungsprinzipien und einem Metamodell, das alle relevanten Geschäftsmodellelemente und ihre Beziehungen zueinander einschließt. Daneben umfasst es die Beschreibung eines Vorgehensmodells, das den Entwicklungsprozess leitet. Methoden und Instrumente, die diese Systematik unterstützen und eine auf die Chancen digitaler Technologie ausgerichtete Entwicklung von Geschäftsmodellen ermöglichen, vervollständigen das Managementinstrument.

Das fünfte Kapitel thematisiert die Ausgangslage und Ergebnisse der Action Design Research, die zur Entwicklung des SoBM-Frameworks geführt haben. Das Geschäftsmodell ‚Digitale Werbung beim Laden eines Elektroautos' beschreibt dabei beispielhaft die Instanziierung des SoBMs, bevor die Ergebnisse der Action Design Research abschließend reflektiert werden.

Die Arbeit schließt im sechsten Kapitel mit einem Fazit und einem Ausblick ab.

2 Service-dominant logic als theoretischer Bezugsrahmen: eine neue Perspektive auf den ökonomischen Austausch im digitalen Zeitalter

Mit ihrem Beitrag ‚Evolving to a new dominant logic for marketing' haben Vargo und Lusch (2004) vor etwas mehr als einer Dekade das Konzept der ‚Service-dominant logic' in den wissenschaftlichen Diskurs eingeführt. Im Hinblick auf die Grundlagen und Bedingungen des ökonomischen Austauschs und auf die Entstehung von Märkten leisten sie einen notwendigen Beitrag zum Verständnis einer zunehmend digital-vernetzten und immateriellen Wertschöpfung (Breidbach und Maglio 2015, S. 2).

Insbesondere mit Blick auf die zentrale Rolle der Ressource ‚digitale Technologie' für die Entwicklung von Serviceökosystemen stellt die SDlogic dabei einen netzwerk- und informationszentrierten Erklärungsansatz zur Verfügung. Da dieser Ansatz zudem inhärent auf den Kontext des Austauschs und den Nutzen für den Begünstigten fokussiert ist, führt er auch weg von einer reinen Betrachtung der Funktionen und Attribute des informationstechnologischen Artefakts (Outputs) hin zur Definition eines spezifischen Nutzens in der gemeinsamen Wertkreation (Lusch und Nambisan 2015, S. 156). Aufgrund ihrer inhärenten kompetenz-, prozess- und kontextbezogen Nutzenorientierung wird digitale Technologie damit eher als „computing as a verb or a service rather than the word computer as a noun or a good" (Yoo 2010) verstanden. Auf diese Weise kann die SDlogic als transzendierendes mentales Modell für alle materiellen und immateriellen Formen von Austauschbeziehungen genutzt werden (Akaka und Lusch 2015, S. 454). Dergestalt bildet die SDlogic eine hilfreiche Grundlage zur Ausgestaltung von ökonomischen Austauschbeziehungen in einer digital-vernetzten, physischen Welt (Barrett et al. 2015, S. 137 f., 142 ff.; Caridà et al. 2017; Fielt 2012, S. 15 ff.; Turber et al. 2014).

Dieses Kapitel dient der Einführung in die paradigmatische Sichtweise der SDlogic. Es gibt einen Überblick über den Stand der Forschung und beinhaltet Erläuterungen zu den verwendeten Begrifflichkeiten, Axiomen und grundlegenden Prinzipien. Damit wird ein Verständnis für ökonomische Austauschvorgänge und die Entstehung von Märkten als institutionalisierte Problemlösungen aus Perspektive der SDlogic vermittelt. Dieses ist für die folgende Definition und Betrachtung der Digitalisierung und digitalen Transformation sowie der Wirkung digitaler Technologie aus der paradigmatischen Perspektive notwendig. Das Kapitel schließt mit einer Übersicht über die Anforderungen an die Entwicklung von Geschäftsmodellen aus Perspektive der SDlogic ab.

2.1 Grundlagen der Service-dominant logic

Lusch und Vargo (2004) setzten mit ihrer Konzeption der SDlogic auf den kritischen Diskussionen um die produkt-orientierten Betrachtung ökonomischer Austauschbeziehungen und -prozesse in der Marketingtheorie auf.[3] Durch ihre strukturierte Zusammenfassung und Bewertung gelang es Lusch und Vargo schließlich, eine über das Marketing hinausgehende Diskussion um Austauschprozesse und Innovation in Märkten anzustoßen (Vargo und Lusch 2016, S. 5 ff.). Austausch und Zusammenarbeit von Wissenschaftlern aus verschiedenen Disziplinen führte zu einer deutlichen theoretischen aber auch praktischen Verfestigung der SDlogic. So speist sie sich aus Erkenntnissen der Marketing- und Managementforschung, aber auch der Volkswirtschaftslehre, Informatik und Soziologie[4] und mündet damit in einer ganzheitlichen, beziehungs- sowie ressourcen-orientierten Betrachtung von Märkten und Wirtschaftssystemen. Zunehmend wird die SDlogic und der mit ihr verbundene Serviceökosystemansatz auch als Grundlage für das Verständnis von Innovationen und der Ausgestaltung von ökonomischen Austauschprozessen in digital und nicht-digitalen Umfeldern verwendet (Barile et al. 2016; Barrett et al. 2015; Breidbach und Maglio 2015; Lusch und Nambisan 2015; Lusch und Vargo 2016; Peters et al. 2016). Maglio und Spohrer (2008) konstatieren in ihrer Vision der Service Science: „[The] servicedominant logic may be the philosophical foundation for service science, and the service system may be its basic theoretical construct" (Maglio und Spohrer 2008, S. 18).

Im Weiteren wird zunächst eine kurze Übersicht (siehe Abbildung 3) mit grundlegenden Begrifflichkeiten der SDlogic vorgestellt. Anschließend erfolgt die Erläuterung der elf grundlegenden Prinzipien (engl.: foundational premises) der SDlogic – von denen fünf als übergeordnete Axiome definiert worden sind. Diese bilden die theoretische Verständnisgrundlage für die Ausführungen zur Entstehung von Serviceökosystemen und werden im letzten Abschnitt im ‚Narrativ' der SDlogic beschrieben. Die weiteren Erläuterungen basieren im Wesentlichen auf Vargo und Lusch (2016 2017) sowie den Grundlagenartikeln von Vargo und Lusch (2004; 2008).

---

[3] Vgl. hierzu die Diskussion um eine Lösung des Marketings von der vorherrschenden güter- und transaktionszentrierten Sichtweise bei Grönroos 1978; 1997; Gummesson und Gronroos 2012; Hunt 2002; Lovelock und Gummesson 2004; Payne und Holt 2001; Prahalad und Ramaswamy 2004.

[4] So basiert die SDlogic beispielsweise im Hinblick auf das Verständnis von Ressourcen und ihre Rolle in Austauschprozessen auf dem ‚resource-based view' und erweitert diese (siehe hierzu z. B. Barney 1991; Penrose 1959). Diese Theorie wird zunehmend in einer Reihe von akademischen Disziplinen angewendet und baut insbesondere auf der Arbeit von Penrose (1959) auf.

2.1.1 Grundlegende Begrifflichkeiten

Die SDlogic ist eine ganzheitliche, integrative und beziehungsorientierte Betrachtungsweise von ökonomischen Austauschprozessen (Vargo und Lusch 2008, S. 3). Sie wird zunehmend als valider Gegenentwurf zur sogenannten güter- oder produktzentrierten (engl.: goods-dominant logic) erachtet (Barrett et al. 2015; Peters et al. 2016; Ulaga und Reinartz 2011). Die SDlogic sieht dabei die Aufgabe von Unternehmen nicht als Produzent von Werten, die in Güter oder Dienstleistungen eingebracht werden und anschließend für den Einsatz beim Kunden angeboten werden, sondern in der einer Rolle als Anwender von Wissen und Fähigkeiten in konsumierenden (Wertkreations-)Prozessen anderer Marktakteure. Der Fokus in der Gestaltung ökonomischen Austauschs liegt damit nicht mehr auf der Realisierung einer möglichst hohen Arbeitsteilung, homogenen Leistungsergebnissen, Effizienz und letztlich dem Verkauf von Leistungseinheiten zu hohen Preisen mit dem Ziel der Gewinnmaximierung. Vielmehr impliziert die SDlogic eine interaktive und gemeinsame Wertkreation zwischen Anbietern und Nutzern durch die Integration ihrer Ressourcen und die Realisierung einer möglichst hohen Ressourcendichte (Greer et al. 2016, S. 26). Damit hebt die SDlogic nicht die vom Serviceanbieter (Synonym Anbieter, Servicegeber; engl. service provider) gelieferten Produkte und Dienstleistungen hervor. Vielmehr wird auf die möglichen Effekte, die Ressourcen eines Serviceanbieters durch ihre Integration in die Wertkreation bei anderen Marktakteuren hervorrufen können, abgestellt. Zentral geht es damit um die Frage, wie Marktakteure bei der Lösung ihrer Probleme oder Erreichung von Zielen im Rahmen der gemeinsamen Wertkreation (engl.: value cocreation) unterstützt werden können (Bettencourt et al. 2014, S. 44; Pfisterer 2017, S. 23 f.). Mit dieser Sichtweise löst sich die SDlogic von der Vorstellung, dass Wert einem Produkt oder einer Dienstleistung inhärent ist (Vargo und Lusch 2004, S. 7). Der phänomenologische Wert entsteht erst in der gemeinschaftlichen Integration von Ressourcen mehrerer Akteure während der Nutzung eines Guts bzw. einer Dienstleistung (Lusch und Vargo 2006, S. 284). Der Servicenehmer (Synonym Nutznießer, Leistungsempfänger, Nutzer; engl. service user) ist als Begünstigter einer Ressourcenintegration der alleinige Akteur, der den entstehenden Gebrauchswert (engl.: value-in-context) festlegt. Dabei spielt der gesamte Kontext im Sinne von weiteren Ressourcen und Akteuren eine erhebliche Rolle (Lusch und Vargo 2014, S. 188).

Abbildung 3 beschreibt zusammenfassend die Betrachtung dieser gemeinsamen Wertkreation in einem Serviceökosystem, welcher der reziproke Austausch von Services zentral zugrunde liegt. Die gemeinsame Wertkreation basiert auf der Integration von operanten und operanden Ressourcen durch die beteiligten Akteure, die wechselseitig Services als Serviceanbieter und Servicenutzer austauschen. Ziel ist dabei die Kreation von Gebrauchswerten in der gemeinsamen Wertkreation. Diese wird durch endogen geschaffene Institutionen und institutionelle Vereinbarungen koordiniert.

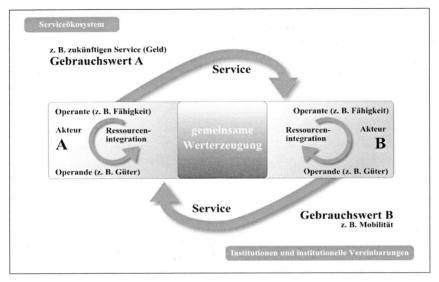

Abbildung 3: Gemeinschaftliche Wertkreation in einem Serviceökosystem
Quelle: in Anlehnung an Vargo 2016

Ein Serviceökosystem (engl. service ecosystem) wird dabei als „relatively self-contained, self-adjusting systems of resource-integrating actors connected by shared institutional logics and mutual value creation through service exchange" (Lusch und Vargo 2014, S. 161) definiert. Damit setzt die SDlogic auf einer netzwerkorientierten und generischen Konzeption von Akteuren (Synonym Marktakteuren) auf und konzipiert sie als generische Serviceanbieter und -nutzer, die in lose gekoppelten Netzwerken von Serviceökosystemen interagieren, um Werte durch die Integration von Ressourcen in gemeinsamen Wertkreationsprozessen zu schaffen.[5]

Service[6] wird dabei als „[...] the application of specialized competences (knowledge and skills) through deeds, processes, and performances for the benefit of an-

---

[5] Im Rahmen der Arbeit wird ein Kunde als wertkreierender (Markt-)Akteur verstanden, der als Servicenutzer Nutzen durch die Integration von Ressourcen erfährt. Ein Anbieter ist ein an der Wertkreation beteiligter Akteur, der durch einen Service Ressourcen für Wertkreation bereitstellt (Pfisterer 2017, S. 7).

[6] Der Verständlichkeit halber und um in der Terminologie der englischsprachigen Grundlagenliteratur zu verbleiben, wird bewusst der eingedeutschte Begriff ‚Service' dem deutschen Be-

other entity or the entity itself" (Vargo und Lusch 2004, S. 2) definiert. Als Ressource wird alles verstanden, was einen Akteur im Zuge des Austauschs von Service unterstützen kann. Hierbei ist die Sichtweise der SDlogic nicht – wie in güterzentrierten Betrachtungsweisen – auf materielle Ressourcen beschränkt, sondern es sind alle immateriellen und materiellen Ressourcen in das Verständnis einbezogen. Ressourcen sind damit „function of human appraisal and thus are often dynamic and potentially limitless" (Lusch und Nambisan 2015, S. 159). Hierbei werden operante Ressourcen (im Weiteren auch als aktive Ressourcen bezeichnet) als nicht-greifbare, dynamische Faktoren (Wissen und Fähigkeiten) verstanden. Operande Ressourcen (im Weiteren auch als passive Ressourcen bezeichnet) hingegen sind statische Einsatzfaktoren (z. B. Rohstoffe, Komponenten, Energie, Geld), die verändert werden müssen, um Nutzen zu bringen.

Institutionen und institutionelle Vereinbarungen koordinieren und beschränken dabei als „[…] humanly devised rules, norms, and beliefs that enable and constrain action and make social life predictable and meaningful" (Vargo und Lusch 2016, S. 11) die gemeinsame Wertkreation und werden gleichwohl in ihr geschaffen sowie verändert. Aus Perspektive der SDlogic wird der Prozess der Institutionalisierung – also die Bildung, Weiterentwicklung und Zerstörung von Institutionen – als Schlüssel zum Verständnis der Struktur und Funktion von Serviceökosystemen betrachtet (Vargo et al. 2015, S. 63). „The nested and loosely coupled nature of institutions propels the ongoing emergence of new value propositions (i.e., technologies) and continually drives the institutionalization of new solutions (i.e., markets)" (Wieland et al. 2016, S. 46).

Nach Einführung in die grundlegenden Begrifflichkeiten werden im Weiteren Axiome und Prinzipien der SDlogic erläutert.

2.1.2 Axiome und grundlegende Prinzipien der Service-dominant logic

Der SDlogic sind 5 Axiome zugrunde gelegt, die im Weiteren vorgestellt und durch 6 Prinzipien konkretisiert werden (siehe Abbildung 4).

---

griff ‚Dienst' vorgezogen. Hierbei wird ‚Service' im Sinne der SDlogic prozessorientiert als ‚Dienst' verstanden und nicht leistungsbezogen als ‚Dienstleistung'.

Axiom 1:	Service is the fundamental basis of exchange
Axiom 2:	Value is co-created by multiple actors, always including the beneficiary
Axiom 3:	All social and economic actors are resource integrators
Axiom 4:	Value is always uniquely and phenomenologically determined by the beneficiary
Axiom 5:	Value cocreation is coordinated through actor-generated institutions ans institutional arrangements

Abbildung 4: Die fünf Axiome der Service-dominant logic
Quelle: in Anlehnung an Lusch und Vargo 2016

1. Axiom – Prinzip 1: Service is the fundamental basis of exchange

Das 1. Axiom beschreibt den zentralen Grundgedanken der SDlogic und hält fest, dass Service die Basis des ökonomischen Austauschs darstellt. Jedem Akteur stehen operante Ressourcen zur Verfügung, die er nutzen kann, um anderen Akteuren für ihn vorteilhafte Services anbieten zu können (Lusch und Vargo 2014, S. 58).

Diesem Axiom liegen weitere implizierte Prinzipien zugrunde, die nachfolgend in einzelnen Facetten erläutert werden. So besagt das zweite Prinzip, dass indirekter Austausch, beispielsweise durch Güter, Geld und/oder Institutionen, die eigentliche Basis des Austauschs lediglich verschleiert. Da Service oftmals durch komplexe Kombinationen von Ressourcen ausgetauscht wird, ist Service als fundamentale Basis des Austauschs nicht immer direkt sichtbar (Lusch und Vargo 2008, S. 7). Am Beispiel des Austauschs von Service im Zusammenhang mit Geld kann diese Grundlage leicht verdeutlicht werden. So stellt Geld nur ein Surrogat für einen zukünftigen Service – also eine indirekte Leistungsbeziehung – dar. In einer hochspezialisierten Welt wäre der direkte Austausch von Services häufig mit einer hohen Komplexität versehen. Geld kann hier als ein Recht auf zukünftigen Service verstanden werden und maskiert damit den Service (Greer et al. 2016, S. 29).

Das dritte Prinzip dient der Abgrenzung der SDlogic von einer güterzentrierten Logik, indem explizit auf die Rolle von Gütern im Austauschprozess eingegangen wird. Aus Perspektive der güterzentrierten Logik sind materielle Produkte fundamentale Bestandteile ökonomischen Austauschs. Mit dem 2. Prinzip wurde bereits deutlich gemacht, dass der Austausch von Gütern als indirekte Bereitstellung von Service zu verstehen ist. Güter werden jedoch weiterhin für den ökonomischen Austausch mit hoher Bedeutung versehen, da sie als Distributionsmechanismen zur Bereitstellung von Service dienen: „The importance of physical products lies not so much in owning them as in obtaining the service they render" (Kotler 1977, S. 8). Der Austausch von Service kann insofern sowohl durch direkte Interaktion zwischen den Marktakteuren als auch indirekt über Güter durchgeführt werden. Als Träger operanter Ressourcen (Wissen und Fähigkeiten) können Güter durch ihre Anwendung in Verbindung mit operanten Ressourcen in der Sphäre des Begünstigten ihre Wirkung entfalten. Im Sinne der Wahrnehmung eines Serviceerlebnisses können über den reinen Service hinaus auch weitere Aspekte in der Sphäre des Begünstigten inkludiert sein, wie beispielsweise Status und Prestige. Güter stellen damit ein komplexes Wertversprechen (engl.: value proposition) in der gemeinsamen Wertkreation dar. Diese Sichtweise ermöglicht es, die Innovation von operanden Ressourcen zum einen als Verbesserung des Serviceerlebnisses durch Bereitstellung von Vorteilen, die zuvor nicht möglich waren, zu sehen. Zum anderen können Innovationen die Ressourcendichte erhöhen, indem Services, die zuvor durch menschliche Akteure erbracht wurden, durch Güter als Distributionsmechanismus bereitgestellt werden.

Das vierte Prinzip hebt die besondere Rolle operanter Ressourcen, also von Wissen und Fähigkeiten, für den Leistungsbereitsteller hervor. Sie werden als fundamentale Quelle von strategischem Nutzen angesehen, sodass ihre Entwicklung und Nutzung zentraler und wettbewerbsrelevanter Gegenstand unternehmerischen Handelns ist. Operante Ressourcen erzeugen in ihrer Anwendung – entweder direkt oder durch Einbezug anderer operanter oder operander Ressourcen Werte und somit Effekte. Dies wird insbesondere dann deutlich, wenn man die Reziprozität des Austauschs von Service aus einer Akteur-zu-Akteur-Beziehung berücksichtigt. So ist der Nutzen von operanden Ressourcen, also solcher Ressourcen, die operante Ressourcen benötigen, um im Austausch von Service Wert entfalten zu können, eingeschränkt. Operante Ressourcen hingegen entfalten ihre Wirkung im Service direkt. Zwar ist in der Gestaltung eines Serviceangebots durch einen Akteur die Berücksichtigung von wettbewerblichen Angeboten relevant, jedoch sollte aus Perspektive der SDlogic die Möglichkeit zur gemeinsamen Wertkreation in der nachhaltigen Ausgestaltung der Wertversprechen im Vordergrund stehen. Insofern stellt die SDlogic auch auf eine strategische Vorteilhaftigkeit und nicht auf kompetitive Wettbewerbsvorteile ab (Lusch und Vargo 2016, S. 8 f.).

Das fünfte Prinzip unterstreicht die transzendierende sowie universelle Betrachtungsweise und Anwendbarkeit der SDlogic auf alle Wirtschaftsbereiche. Alle Ökonomien sind Serviceökonomien, da Services und die operanten Ressourcen, die in ihnen verwendet werden, jegliche ökonomischen Austauschbeziehungen charakterisieren. Insbesondere die zunehmende digitale Vernetzung von Menschen und Dingen, die damit verbundene digitale Transformation der Wirtschaft, die Entflechtung von ökonomischen Prozessen, die höhere Spezialisierung der menschlichen Arbeit und von Organisationen machen hierbei die höhere Relevanz von Services im Verhältnis zu materiellen Produkten – also eine prozess- statt eine leistungseinheitsbezogene Orientierung – deutlich (Barrett et al. 2015; Löbler 2016; Lusch und Vargo 2004a, S. 10; Rai und Sambamurthy 2006; Rust 2004).

2. Axiom – Prinzip 6: Value is cocreated by multiple actors, always including the beneficiary

Das zweite Axiom stellt das Verständnis eines kooperativen, interaktiven, kombinatorischen und netzwerk-orientierten Charakters der Wertkreation heraus. So werden Werte durch mehrere Akteure gemeinsam kreiert, wobei der begünstigte Akteur bzw. Nutznießer stets beteiligt ist. Die darin deutlich werdende Netzwerkorientierung stellt zusätzlich darauf ab, dass Austauschprozesse über rein dyadische Beziehungen hinausgehen (Lusch und Vargo 2016, S. 8 ff.). Wertkreation entspringt zum einen den gemeinsamen Aktivitäten und zum anderen stellt sie eine Kombination von Aktivitäten differenter Netzwerkteilnehmer dar. Generell wird zwischen der gemeinsamen Wertkreation (engl.: value co-creation), des Beitrags zum Wohlbefinden eines anderen (Gebrauchsnutzen), und einer gemeinsamen Produktion (engl.: co-production), der gemeinsamen Erzeugung von Wertversprechen des Servicegebers, unterschieden. So wird davon ausgegangen, dass die Wertkreation zwingend gemeinsam stattfindet. Dies insbesondere, da zumindest das menschliche System von Spezialisierung und damit von gegenseitigen Abhängigkeiten geprägt ist. Gemeinsame Produktion von Werten ist jedoch eher optionaler Natur und abhängig von zahlreichen Faktoren. Hierzu zählen beispielsweise die Bereitschaft und Fähigkeit des Nutznießers, an der Produktion von Wertversprechen des Servicegebers aktiv beteiligt zu sein. „[Value co-production] can occur through shared inventiveness, co-design, or shared production of related goods, and can occur with customers and any other partners in the value network" (Lusch und Vargo 2006, S. 284).

Das siebte Prinzip schließt direkt an diesen Punkt an und hält fest, dass einzelne Akteure keine Werte liefern können, sondern lediglich an der Entwicklung und Bereitstellung von Wertversprechen beteiligt sein können. Damit konkretisiert das siebte Prinzip die Bedeutung der gemeinsamen Wertkreation und führt das Wertversprechen bzw. den Wertvorschlag zur Bezeichnung des Serviceangebots (engl. service offering) einzelner Akteure in der Wertkreation ein (Vargo und Lusch 2004, S. 11; 2016, S. 10; Lusch und Vargo 2014, S. 71-72). Dabei dient das Wertversprechen der Kommunikation darüber, wie das Angebot eines Marktakteurs einem anderen Akteur nutzen wird. Im Einklang mit dem zweiten Axiom ist die Erzeugung von

Wertvorschlägen damit Abbild eines Wertpotenzials, das nicht nur vom Servicegeber, dem Begünstigten, sondern ggf. auch von weiteren Marktakteuren gemeinsam kreiert werden kann. Welcher Gebrauchswert im Rahmen der Wertkreation in der Sphäre des begünstigten Akteurs (bspw. des Kunden) geschaffen wird, hängt jedoch vom Kontext ab. Dieser Kontext wird gebildet durch die Bedürfnisse des Akteurs, vorhandene eigene bzw. einbezogene fremde Ressourcen und marktbezogene und nicht-marktbezogene weitere Akteure (Chandler und Vargo 2011, S. 39, 44 f.; Jacob et al. 2013, 30 f., S. 45 f., Pfisterer 2017, S. 66). Damit wird deutlich, dass Unternehmen nicht zentral Produkte und Dienstleistungen entwickeln und anbieten. Vielmehr entwerfen und kommunizieren sie nach dem Verständnis der SDlogic Wertversprechen. Wertversprechen eines Unternehmens an einen Kunden werden dabei als Kombinationen von Ressourcen abgebildet (Vargo und Lusch 2004, S. 11), die durch Integration in den Serviceaustausch zur Schaffung von Gebrauchswerten bei nutznießenden Marktakteuren beitragen können (Vargo und Lusch 2008, S. 7). Hierbei überzeugt das Wertversprechen, das aus Sicht des Nutznießers das beste Verhältnis zwischen individuellem Nutzen und Gesamtkosten des Marktangebots (Preis, Kosten der Anschaffung, der Nutzung und des Eigentums) besitzt bzw. zur höchsten Ressourcendichte für ihn führt (Vargo und Lusch 2011a, S. 10).

Das achte Prinzip konkretisiert, dass eine service-zentrierte Sichtweise beziehungsorientiert und immer auf den Begünstigten bezogen ist. Ebendiese Betrachtungsweise resultiert daraus, dass aufgrund der reziproken Konzeptualisierung des Austauschprozesses, der Fokussierung auf den Begünstigten und der Definition des Service-Begriffs und das Vorhandenseins geteilter Institutionen von Natur aus relational und auf den Begünstigten abgestellt ist (Vargo und Lusch 2004, S. 12; 2016, S. 10).

3. Axiom – 9. Prinzip: All social and economic actors are resource integrators

Das dritte Axiom der SDlogic hält fest, dass alle sozialen und wirtschaftlichen Akteure im Zuge des Austauschs der Services Ressourcen integrieren. Damit werden die Bezeichnungen ‚Hersteller' und ‚Verbraucher' abgelegt und ein Akteur-zu-Akteur-Ansatz zur Untersuchung von Austauschprozessen und Wertkreation gewählt. Mit der vorliegend deutlich werdenden generischen Akteursbeschreibung löst sich die SDlogic von „der tradierten Vorstellung der Leistungserstellung und -verwertung […], die eine deutliche Trennlinie zwischen Kunden und Anbieterunternehmen zieht" (Kleinaltenkamp 2016, S. 46). Die Ressourcenintegration selbst wird zum zentralen Mechanismus der gemeinsamen Wertkreation. Akteure, die Ressourcen in dem Austausch von Services integrieren, verfügen über eine sogenannte ‚Agency' – eine innere Motivation, sich in die gemeinsame Wertkreation einzubringen und die Fähigkeit, diese Integration auch durchzuführen (Kleinaltenkamp et al. 2012, S. 202). Neben der Fähigkeit, die Ressource überhaupt nutzen zu können, spielt die Verfügbarkeit der Ressourcen für deren Einsatzmöglichkeit durch den Akteur eine entscheidende Rolle. Das Eigentum an Ressourcen hat dabei in der Betrachtung der SDlogic eine weniger hohe Bedeutung. Vielmehr wird auf die Verfügungsrechte im Sinne des Zugangs („Access') abgestellt (Haase und Kleinaltenkamp 2012, S. 151 f.). Man unterscheidet hierbei die private, marktseitige oder öffentliche Verfügbarkeit. Während der Ressourcenintegration vereinigen sich die Aktivitäten der an der Wertkreation beteiligten Akteure zu einem gemeinsamen Prozess, in dem die Akteure den Gebrauchswert des Services zu einem bestimmten Zeitpunkt und im spezifischen Kontext erfahren. Wie bereits im zweiten Axiom aufgeführt, sind die Akteure, sobald sie Wertkreation betreiben und Ressourcen integrieren, Teil einer Netzwerkinteraktion. Die Kombinationsmöglichkeiten sind hierbei nahezu unbeschränkt und bilden ein System von interagierenden Serviceökosystemen (Vargo und Lusch 2011b, S. 184 f.).

4. Axiom – 10. Prinzip: Value is always uniquely and phenomenologically determined by the beneficiary

Das vierte Axiom bezieht sich auf das Ergebnis und die Bewertung von Austauschprozessen. Es weist auf den erfahrungsbezogenen, kontextuellen und bedeutungsbeladenen Charakter von Werten hin. Jeder Akteur nimmt Serviceangebote abhängig von seinen Bedürfnissen, eigenen Ressourcen und seinem Kontext auf verschiedene Art und Weise wahr und integriert diese entsprechend. Damit einhergehend wird Wert einzigartig wahrgenommen und bewertet. Das vierte Axiom steht dahingehend im Einklang mit dem zweiten Axiom und dem siebten Prinzip, da Akteure nur Wertvorschläge für die gemeinsame Wertkreation machen können. Was im Rahmen der Wertkreation mit dem Angebot geschaffen wird, hängt von Kontext, Bedürfnissen und den vorhandenen bzw. einbezogenen weiteren Ressourcen in der Sphäre des begünstigten Akteurs (bspw. des Kunden) ab. Zwar können service-anbietende Akteure das Ergebnis gemeinsamer Wertkreation für den Servicenehmer abschätzen und diese Abschätzung ist umso besser, je intensiver und offener die Diskussion und das gemeinsame Verständnis der Wertkreation ist. Letztlich bewertet aber der begünstigte Akteur jedoch phänomenologisch seinen Gebrauchswert (engl.: value-in-use) zu einem bestimmten Zeitpunkt in seinem spezifischen Kontext (engl.: value-in-context). Daraus ergibt sich im Übrigen, dass die Konzepte Gebrauchswert und kontextueller Wert synonym für denselben Sachverhalt verstanden werden können (Lusch und Vargo 2014, S. 78; Kleinaltenkamp 2016, S. 51). Das vierte Axiom verdeutlicht, dass – wieder im Gegensatz zur güterzentrierten Logik – eine Werthaltigkeit von Gütern oder Dienstleistungen nicht objektiv bewertbar ist.

5. Axiom: Value cocreation is coordinated through actor-generated institutions and institutional arrangements

Das fünfte Axiom geht auf die kollaborative Wertkreation in Serviceökosystemen ein und stellt eine Spezifizierung des zweiten Axioms dar. Im Kern zeigt das fünfte Axiom auf, dass Institutionen die gemeinschaftliche Wertkreation des „service-for-service exchange" koordinieren. So entwickeln, verwalten und steuern Akteure Serviceökosysteme mit dem Ziel, durch gemeinsamen Wertkreation vorteilhafte, unvergessliche Kundenerfahrungen bereitzustellen und so Wertversprechen zu realisieren (Vargo et al. 2010, S. 145). Vargo und Lusch begründen das Axiom damit, dass die Marktbeschreibung auf Akteursebene in ihrer Fokussierung auf interagierende Akteurssysteme – also mehr oder weniger komplexe Netzwerke – die Berücksichtigung koordinierender Institutionen erfordert, um eine kontrollierte und zielorientierte Wertkreation zu gewährleisten. So helfen Institutionen Marktakteuren eine Entscheidung bei limitierten kognitiven Fähigkeiten zu treffen und lenken kognitive und behavioristische Aktivitäten, um kollaborative Wertkreation zu ermöglichen (Vargo und Lusch 2016, S. 11). Im Kontext des Serviceökosystemkonzepts wird dabei unterstrichen, dass die Betrachtung der Praktiken gemeinsamer Wertkreation nicht auf die Dyade von Produzenten und Konsumenten beschränkt ist. Vielmehr stellt sie heraus, dass Märkte – als sogenannte institutionalisierte Lösungen – kontinuierlich durch die Aktivitäten von einer Vielzahl sozialer und ökonomischer Akteure gestaltet und umgestaltet werden (siehe auch Azimont und Araujo 2007). In diesem Kontext baut die SDlogic auf dem „markets-as-practice"-Ansatz nach Kjellberg und Helgesson (2006, 2007) auf und erweitert ihn.[7] Die gemeinsame Wertkreation in Märkten wird durch integrative, normalisierende und repräsentative Praktiken geprägt, die von gemeinsam entwickelten Institutionen ermöglicht und eingeschränkt werden (Wieland et al. 2015, S. 11). Integrative Praktiken ermöglichen es Akteuren, eine Vielzahl von Ressourcen aus differenten Quellen zu nutzen, um Wert für sich selbst und für andere zu schaffen. Normalisierende Praktiken sind diejenigen, die zur Festlegung von Regeln oder sozialen Normen im Zusammenhang mit einem Markt beitragen. Darstellende Praktiken sind jene, die zeigen, was ein Markt ist und wie er funktioniert (Wieland et al. 2015, S. 4). Das Axiom stellt dabei heraus, dass die koordinierenden Mechanismen in Serviceökosystemen nicht

---

[7] Die Ergänzung von Kjellberg and Helgesson (2006, 2007) ‚markets-as-practice framework' erfolgt durch Vargo und Akaka (2012) und Lusch und Vargo (2014), indem sie die Austauschpraktiken zu integrativen Praktiken erweitern. Dadurch wird der Fokus des ökonomischen Austauschs von Gütern und Dienstleistungen nach Kjellberg and Helgesson (2006, 2007) im Sinne der SDlogic erweitert: „Integrative practices, in SDlogic, are practices that enable actors to draw on a variety of resources from multiple sources to create value for themselves and for others and are not restricted to exchanges involving money or other types of economic compensation" (Wieland et al. 2015, S. 4).

a-priori gegeben sind, sondern vielmehr durch Akteure entwickelt und verändert werden können. Ferner wird davon ausgegangen, dass die gemeinsame Abstimmung von institutionellen Regelungen zu kongruenten Erwartungen und kongruenten Verhaltensweisen der Akteure führen und auf diese Weise die gemeinsame Wertkreation insgesamt reibungsloser verläuft (Kleinaltenkamp 2016, S. 55). Damit kommt der „institutionellen Arbeit" (Lawrence et al. 2009) – also allen Aktivitäten, die zur Schaffung, Erhaltung und Ablösung von Institutionen führen – eine wichtige Rolle in der Gestaltung von Serviceökosystemen zu (Vargo und Lusch 2016, S. 17 f.).

2.1.3 Die Entstehung von Serviceökosystemen

Durch Zusammenführung der fünf Axiome lassen sich die Kernideen der SDlogic in einem kurzen ‚Narrativ'(siehe Abbildung 5) zusammenführen (Vargo und Lusch 2016, S. 7). Dieses beschreibt gemeinsamen Wertkreation als institutionalisierte Lösungen von Problemstellungen in Serviceökosystemen: Wertkreation erfolgt durch (soziale und wirtschaftliche) Akteure, die in einem gegenseitigen Austausch von Services durch die Integration von Ressourcen beteiligt sind. Dieser Austausch wird ermöglicht und begrenzt durch die von Akteuren endogen geschaffenen Institutionen und institutionellen Vereinbarungen. Dadurch entstehen verschachtelte und miteinander verzahnte Serviceökosysteme, die den Kontext für zukünftige Aktivitäten gemeinsamer Wertkreation bilden in die die Akteure wiederrum einbezogen sind (Vargo et al. 2015, S. 70). Wie bei Vargo und Lusch (2016) verdeutlicht, können solche Serviceökosystem mit ‚oszillierenden Schwerpunkten' auf verschiedenen Aggregationsstufen beschrieben und analysiert werden. Individuelle und dyadische Strukturen sowie Aktivitäten werden auf Mikroebene (z. B. unternehmensintern, B2B oder B2C), mittlere Strukturen und Aktivitäten (z. B. Industrie, Märkte) werden auf Mesoebene und weitreichende gesellschaftliche Strukturen und Aktivitäten werden auf Makroebene untersucht (Vargo und Lusch 2016, S. 17 f.).

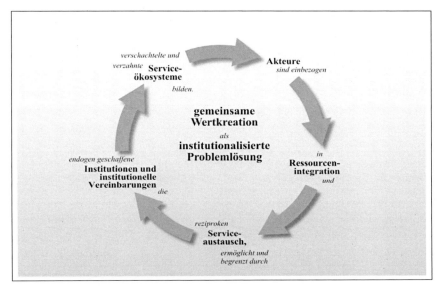

Abbildung 5: Prozess und Beschreibung der gemeinsamen Wertkreation aus Perspektive
Quelle: in Anlehnung an Vargo und Lusch 2016, S. 7

2.2 Digitale Technologie und ihre Bedeutung in Serviceökosystemen

Um die Anwendung der digitalen Technologie im geschäftlichen Kontext zu nutzen, ist es notwendig zu verstehen, was digitale Technologie ist und wie sie in ökonomischen Austauschprozessen Wertbeiträge leisten kann. Daher werden im Weiteren das zugrunde gelegte Verständnis digitaler Technologie, ihrer Eigenschaften und ihre Entstehung (hier als Digitalisierung bezeichnet) definiert, um die theoretische Ausgangsbasis für das Verständnis der Rolle digitaler Technologie in Ökosystemen zu bilden. Hieraus können Parameter und Auswirkungen der digitalen Transformation[8], also der Einbringung von digitaler Technologie in ein Ökosystem, abgeleitet werden.

2.2.1 Digitalisierung

Digitale Technologie oder Informations- und Kommunikationstechnologie lässt sich als „combinations of information, computing, communication, and connectivity technologies" definieren (Bharadwaj et al. 2013, S. 471). Im vorliegenden Ver-

---

[8] Die Begrifflichkeit Transformation wird im diesen Zusammenhang verwendet, um den Prozess des Übergangs bzw. der Veränderung eines Ökosystems, wie er insbesondere durch die Verwendung digitaler Technologie ausgelöst wird, hervorzuheben.

ständnis umfassen sie dabei sowohl digitale (engl. digital artifacts) als auch digitalisierte (engl. digitized artifacts) Artefakte. Dieses Begriffsverständnis geht damit über die reine digitale Materialität von digitalen Artefakten (im Sinne eines immateriellen Objekts) hinaus und umfasst auch eine physikalische Materialität der Träger digitaler Artefakte, der sogenannten digitalisierten Artefakte (Kallinikos et al. 2013; Yoo et al. 2010a, 2010b, 2010c). Damit wird ein durch digitale Technologie ergänztes und mit verkehrlichen und energetischen Infrastrukturen vernetztes Fahrzeug im Verständnis dieser Arbeit selbst zur digitalen Technologie. Hierbei führt die Digitalisierung des Fahrzeugs dazu, dass es über die eigentliche physikalische Funktionalität hinaus (z. B. die Bereitstellung von Mobilität) zusätzliche Dienste bereitstellen kann (z. B. Systemdienstleistungen für die Energieinfrastruktur, Verkehrsinformationen).

Digitale Artefakte sind „composed of distinct parts—objects in their own right—that are organized in some way" (Faulkner und Runde 2013, S. 806) und werden als „structured continuants" (Faulkner und Runde 2013, S. 806), also Objekte, welche über die Zeit fortbestehen, verstanden. Als technologische Objekte erfüllen sie Aufgaben, die ihnen von menschlichen Akteuren zugewiesen werden. Sie sind durch eine nicht-physische Art des Seins gekennzeichnet (Faulkner und Runde 2013, S. 806 f.). Digitale Artefakte ergeben sich aus der Digitalisierung im engeren Sinne (engl.: digitization), d. h. „the encoding of analog information into digital format" (Yoo et al. 2010a, S. 725), oder wie Brynjolfsson et al. (2014) festhalten, als „the work of turning all kinds of information and media – text, sounds, photos, video, data from instruments and sensors, and so on – into the ones and zeroes that are the native language of computers and their kin" (Brynjolfsson und McAfee 2014, S. 85).

Kallinikos et al. (2013) führen Bearbeitbarkeit, Interaktivität, Re-Programmierbarkeit/Offenheit und Verteilbarkeit als Schlüsselattribute von digitalen Artefakten in die Diskussion ein. Diese kennzeichnen im weiteren Verständnis die Natur digitaler Technologie.

Die Bearbeitbarkeit betrifft dabei die Möglichkeit, ein digitales Objekt ständig zu verändern. Dies erfolgt, indem man die konstituierenden Elemente reorganisiert, einzelne modifiziert, neue hinzufügt oder löscht. Dabei wird die logische Struktur, die das Objekt und die Mechanismen der Informationsproduktion und -verarbeitung regelt, nicht beeinträchtigt. Digitale Artefakte sind interaktiv im Sinne davon, dass alternative Möglichkeiten angeboten werden, eingebettete Funktionen zu aktivieren oder gekapselte Informationen anzuzeigen. Ermöglicht durch die „responsive and loosely bundled nature of the items that make up digital objects" (Kallinikos et al. 2013, S. 359) ruft die Interaktion dabei nicht zwangsläufig eine Änderung des Objekts selbst hervor. Offenheit und Reprogrammierbarkeit von digitalen Artefakten beschreiben die Zugänglichkeit und Modifizierbarkeit durch externe digitale Objekte. So kann die logische Struktur von digitalen Artefakten durch andere Objekte, also solche, welche die Informationsproduktion und -verarbeitung regeln und verwalten, modifiziert werden. Dabei ist die Offenheit eng mit dem interoperablen Charakter der digitalen Artefakte verbunden. Als Ergebnis von Offenheit und Interoperabilität sind digitale Artefakte selten in nur einer einzigen Ressource enthalten. Vielmehr sind sie durch eine verteilte Natur gekennzeichnet und in der Zusammenstellung von Funktionen, Informationen oder Komponenten enthalten, die über digitale Ökosysteme verbreitet sind. Damit sind sie nicht an eine Entität gebunden und existieren in differenten Kombinationen von digitalen Objekten. Daraus ergibt sich, dass sie grenzenlos, fließend und gestaltbar sind (Kallinikos et al. 2013, S. 367).

Im Gegensatz zu digitalen Artefakten handelt es sich bei digitalisierten Artefakten[9] um Objekte, die aus einer strukturierten Anordnung von nicht-physischen (digitalen) und physischen Objekten bestehen (Yoo 2010, S. 216). Sie sind das Ergebnis der Digitalisierung im weiteren Sinne, d. h. der Einbettung von digitalen Artefakten in materielle technologische Objekte. Dieser Prozess der Digitalisierung im weiteren Sinne führt dazu, dass digitale Artefakte in der physischen Umwelt fassbar und in Ökosystemen anwendbar werden. So haben digitale Artefakte wie Bitstrings, als eine Sammlung von Einsen und Nullen, als solche keine räumlichen Attribute und benötigen materielle, technische Objekte, wie Computer oder andere nicht-materielle Objekte wie Betriebssysteme, um nutzbar zu werden.

Yoo et al. (2010b) weisen darauf hin, dass die Einbringung von digitalen Artefakten in physikalische Gegenstände dazu führt, dass Eigenschaften digitaler Artefakte auf digitalisierte Artefakte übergehen. So sind auch digitalisierte Artefakte aufgrund ihres digitalen Anteils programmierbar. Je nach Ausgestaltung des digitalen Artefakts kann daher neue Funktionalität auch nach der physischen Produktion im digitalisierten Artefakt integriert werden (Yoo et al. 2010b, S. 9 ff). Insgesamt sind digitalisierte Artefakte infolgedessen genauso wie digitale Artefakte von einer ambivalenten Ontologie gekennzeichnet (Kallinikos et al. 2013, S. 366 ff.). Sie sind zum Produktionszeitpunkt unvollständig und befinden sich potenziell kontinuierlich in der Entwicklung. Entsprechend sind auch digitale Infrastrukturen davon gekennzeichnet, dass sie „are built on the notion that they are never fully complete, that they have many uses yet to be conceived of, and that the public and ordinary organ-

---

[9] Im Englischen wird hier von ‚digitized' oder ‚digitalized artifacts' gesprochen. Diese sprachliche Feinheit geht jedoch im Deutschen unter.

izational members can be trusted to invent and share good uses" (Zittrain 2008, S. 43).

Ebendiese Eigenschaften werden als Grundlage der Generativität digitaler Technologie angesehen. Generativität beschreibt hierbei die „overall capacity of a technology to produce unprompted change driven by large, varied, and uncoordinated audiences" (Zittrain 2006, S. 1980). Sie bildet die Basis für eine Vielzahl von Innovationen von Produkten, Dienstleistungen (Boland et al. 2007; Tilson et al. 2010; Yoo et al. 2010b; Zittrain 2006) und Geschäftsmodellen (Pfeiffer und Jarke 2017). Neben einer technischen Dimension der spontanen Veränderung von Technologie hat technologische Generativität eine Hebelwirkung auf Aufgaben und Prozesse im Hinblick auf deren Anpassungsfähigkeit und Zugänglichkeit. Sie wirkt damit auch auf inter- und intraorganisationale ökonomische Austauschprozesse (Akram 2013, 57 f.). Dies begründet ihren Einfluss auf die Werterzeugung, auf möglichen Wertangebote und letztlich die Wertwahrnehmung aufseiten des Nutzers von digitalisierten Produkten und Dienstleistungen (Akram 2013, S. 55 ff.; Bharadwaj et al. 2013, S. 475, 479; Barrett et al. 2015). Generativität ermöglicht es somit, dass verschiedenste Akteure Dienste, Anwendungen und Inhalte erzeugen, verteilen und weiterverarbeiten können (Tilson et al. 2010). So steigert digitale Technologie das ‚Service'-Potenzial von materiellen Dingen. Die Übertragung von Dienstleistungen auf den Kunden (customer self-service) wird möglich und Chancen zur Zusammenarbeit steigen. Darüber hinaus sinkt durch Einsatz digitaler Technologie der über Unternehmensgrenzen hinweg entstehende Koordinations- und Kommunikationsaufwand, was die gemeinsame Werterzeugung nicht nur kostenseitig erleichtert, sondern insbesondere teilweise erst ermöglicht (Vargo und Lusch 2011a, S. 13).

Yoo et al. (2010a) weisen darauf hin, dass durch die fortschreitende Digitalisierung und durch die Übertragung der Eigenschaften digitaler Artefakte auf materielle Objekte eine neue „Layered Modular Architecture" (LMA) sogenannter ‚durchdringender' digitaler Technologie (engl. pervasive digital technology) entstanden ist. Diese Architektur nutzen Yoo et al. (2010a) als Konzept, um die generative Wirkung und den Beitrag von digitaler Technologie in ökonomischen Austauschprozessen zu erklären und davon ausgehend Gestaltungsansätze zu entwickeln. Die LMA besteht dabei aus einem Kontinuum einer modularen Architektur an einem Ende und einer Schichtmodularchitektur am anderen Ende. Sie wird durch vier lose verbundene, aber voneinander abhängige Schichten dargestellt: Gerät (engl. device), Netzwerk (engl. network), Service (engl. service) und Inhalt (engl. content). Die lose Kopplung der Schichten wird hierbei durch gemeinsame Standards und Protokolle sichergestellt (Yoo et al. 2010a, S. 724 ff.).

Yoo et al. (2010a) konstatieren, dass digitale Technologien, die entsprechend dieser Architektur entwickelt werden, die Möglichkeit eines freien und individuellen Designs zwischen den verschiedenen Schichten und über Produktgrenzen hinweg ermöglicht. Letztlich kann dies als Basis für eine transzendierende und generative Entwicklung flexibler Kombination von digitaler Technologien, die sich in neuen Formen von Produkten und Dienstleistungen niederschlagen, verstanden werden (Yoo et al. 2010a, S. 724 ff.; Lusch und Nambisan 2015, S. 157 f.).

Hierbei bietet die Serviceschicht einer spezifischen digitalen Technologie (d. h. ein kombinierter Satz digitaler und digitalisierter Komponenten) für Akteure die Funktionalität, Informationen unabhängig von den oberen oder unteren Schichten zu erzeugen, zu manipulieren, zu speichern und zu verbrauchen. So vereint die Serviceschicht ‚physikalische' und ‚immaterielle' Funktionalität und stellt die frei kombinierbaren Wertangebote einer bestimmten digitalen Technologie dar (Pfeiffer und Jarke 2017; Yoo et al. 2010a). Da viele digitale Artefakte agnostisch im Hinblick auf ihren Einsatzzweck sind, erlauben sie es mehreren Akteuren (einschließlich nicht-menschlicher Akteure) über die vier Schichten unabhängig von den technologischen Objekten, in die sie eingebettet sind oder dem eigentlichen Besitzer dieser Objekte, zu interagieren (Storbacka et al. 2012; Yoo et al. 2010a). Hierin liegt ein wichtiger Treiber für Generativität und durch digitale Technologie hervorgerufene Transformationsprozesse. Dies eröffnet ein unvorhergesehenes und beispielloses Feld möglicher ‚innovativer' Services, die von und mit digitaler Technologie, durch die Mischung von Input- und Outputelementen über traditionelle Firmen und Industrieebenen hinweg, bereitgestellt werden können. Hieraus ergeben sich neue Möglichkeiten der vertikalen und horizontalen Integration von Produkt- und Dienstleistungsangeboten (Pfeiffer und Jarke 2017; Tilson et al. 2010; Yoo et al. 2010a; Kallinikos et al. 2013).

So bildet digitale Technologie durch Generierung von Daten, deren Verteilung und Verarbeitung eine virtuelle Abstraktionsebene und ermöglicht auf diese Weise die Verbesserung existierender und die Erschließung neuer Geschäftsmodelle (Finger und Razaghi 2017; Lusch und Nambisan 2015; Lyytinen und Yoo 2002; Picot et al. 2017). Gleichwohl bildet die Verwendung digitaler Technologie selbst auch einen Teil der Herausforderung, da diese systemgrenzenübergreifend eingesetzt werden muss, dafür standardisiert sein muss und sich aufgrund ihrer Art generativ weiterentwickelt. Insofern kann die Entwicklung von digitaler Technologie aufbauend auf der beschriebenen LMA eine notwendige Bedingung für die erfolgreiche Nutzung der Potenziale digitaler Technologie im tatsächlichen Einsatz betrachtet werden (Akram 2016; Lusch und Nambisan 2015; Pfeiffer und Jarke 2017; Yoo et al. 2010a; Yoo 2013; Herterich und Mikusz 2016, S. 4 ff.). Darüber hinaus kann durch die Schaffung von unterstützenden Umgebungen die weitere Verbreitung und Hebung der Potenziale verbessert werden. Kallinikos et al. (2013) verweisen hierbei auf modulare und granulare Strukturelemente eines Systemumfelds für den Einsatz digitaler Technologien (Kallinikos et al. 2013, Lusch und Nambisan 2015, Yoo et al. 2010a).

2.2.2 Digitale Transformation

Durch die Digitalisierung werden Informationen unabhängig von personellen oder physischen Trägern frei transportierbar, austauschbar und verknüpfbar. Diese Dematerialisierung von Ressourcen auf einer digitalen Abstraktionsebene bietet die Möglichkeit Wertschöpfung und -aneignung in Ökosystemen zu optimieren oder über die Grenzen eines Ökosystems hinweg nutzbar zu machen. Wesentliche Eigenschaften der Digitalisierung bestehen darin, die gemeinsame Wertkreation von Akteuren zu unterstützen, neue Wertschöpfungsmöglichkeiten durch Verbindungen zwischen Ökosystemen zu schaffen und gänzlich neue Wertversprechen in und zwischen Ökosystemen zu ermöglichen (Bharadwaj et al. 2013; Böhmann et al. 2014; Lusch und Nambisan 2015; Picot et al. 2017). Uhl et al. (2014) führen eine breite Palette technologischer Trends und ihren potenziellen Beitrag für unternehmerisches Handeln an. Zu diesen Beiträgen zählen beispielsweise eine erhöhte Innovationsfähigkeit, gesteigerte Kundenorientierung und operationelle Excellence, die u. a. aus den digitalen Trends der sozialen Medien, des Crowd Sourcing, des Internets der Dinge und von Big Data erwachsen (Uhl et al. 2014, S. 2 ff.).

Am Beispiel der Elektromobilität belegen die empirischen Erkenntnisse der Action Design Research (Kapitel 5), dass digitale Technologie aufgrund ihrer beschriebenen Eigenschaften zahllose Möglichkeiten bieten, existierende Problemlösungen zu verbessern oder vollständig neue Wertversprechen in Geschäftsmodellen zu realisieren (vgl. hierzu auch Akram 2016; Lusch und Nambisan 2015). So zeigt die Entwicklung der Informationsgesellschaft, dass digitale Technologien durch die ‚Dematerialisierung' von Informationen die Voraussetzung dafür bilden, neue Fähigkeiten und Wissen zeit- und ortsunabhängig, kostengünstig und domänenübergreifend bereitzustellen (Vargo und Lusch 2011a, S. 12 ff.; Lusch und Nambisan 2015, S. 166 f.).

Diese auf digitaler Technologie beruhenden Chancen müssen allerdings in den konkreten Kontext eines Ökosystems übertragen und genutzt werden. Dieser Prozess wird als digitale Transformation bezeichnet und soll im Weiteren dazu verwendet werden, den Prozess des Übergangs und der Veränderung von ökonomischen Austauschvorgängen durch digitale Technologien in den Fokus der Betrachtung zu stellen (Bruhn und Hadwich 2016, S. 7). So beschreiben Uhl et al. (2014)

digitale Transformation aus einer geschäftsorientierten Perspektive als „a specialized type of business transformation where IT plays a dominant role. In the digital age, new business opportunities arise and enterprises transform their strategy, structure, culture and processes using the potential and power of digital media and the Internet" (Uhl et al. 2014, S. 15). Tilson et al. (2010) folgend wird in dieser Arbeit digitale Transformation[10] etwas allgemeiner und damit umfassender als „a sociotechnical process of applying digitizing techniques to broader social and institutional contexts that render digital technologies infrastructural" (Tilson et al. 2010, S. 2) definiert. Entsprechend wird digitale Transformation als ein Prozess verstanden, der „involves organizing new sociotechnical structures with digitized artifacts as well as the changes in artifacts themselves" (Yoo et al. 2010c, S. 3 f.).

Diese Betrachtungsweise verdeutlicht, dass neben dem Verständnis der Natur von digitaler Technologie auch der konkrete Kontext und die sich daraus ergebende reflexive Weiterentwicklung von digitaler Technologie in der Rekombination mit existierenden Technologien für die Bewertung des Potenzials in Wertschöpfungsprozessen und letztliche Ausgestaltung digital transformierter Ökosysteme von Relevanz ist. Insofern bestimmt nicht die digitale Technologie ‚per se' über ihren Wertbeitrag oder die Veränderung von Ökosystemen, sondern vielmehr warum und wie sie in einem soziotechnischen System eingebracht und verankert wird (Chesbrough 2006, S. 43 ff.).

Digitale Transformation erfordert infolgedessen von Unternehmen die Fähigkeit, den möglichen Einfluss digitaler Technologie auf das bestehende und zukünftige Geschäft zu erkennen und in diesem Kontext digitale Unternehmensstrategien zu entwerfen (Bharadwaj et al. 2013) und die Geschäftslogik und Geschäftspartnerschaft grundlegend neu zu konzeptionalisieren (Kane et al. 2016; Uhl et al. 2014). Hierfür ist es erforderlich, Interaktionen und die Mobilisierung von Ressourcen über Systemgrenzen hinweg sicherzustellen und auf eine gemeinsame Werterzeugung zwischen Akteuren auszurichten (Barrett et al. 2015, S. 145 ff.; Böhmann et al. 2014, S. 86; Lusch und Nambisan 2015, S. 161 ff.). Aufgrund des generativen Charakters digitaler Technologie macht die digitale Transformation damit die Veränderung von individuellen oder kollektiven Handlungsweisen, organisationalen und interorganisationalen Strukturen sowie die Weiterentwicklung der digitalen Technologie selbst notwendig (Bhawarjian et al. 2013; Kane et al. 2016; Bounfour 2016;

---

[10] Tilson et al. 2010 verwenden den Begriff der ‚digitalization' im Gegensatz zur ‚digitization', um den Unterschied zwischen technischem Prozess und soziotechnischem Prozess aufzuzeigen. Da im Deutschen eine begriffliche Unterscheidung nicht möglich ist, wurde hier der Begriff der digitalen Transformation gewählt, um eine begriffliche Konsistenz im Deutschen zu gewährleisten.

Flügge 2016, S. 59; Lucas et al. 2013; Picot et al. 2017, S. 88; Scheer 2016; Yoo et al. 2010b).

Damit begründet sich die ökonomische Relevanz digitaler Technologie durch die zugrunde liegenden Basistechnologien, deren Querschnittswirkung und die ihr innewohnende generative Wirkung (Yoo et al. 2010a; Tilson et al. 2010; Schumpeter 1939, S. 1 ff.; Bresnahan und Trajtenberg 1995, S. 83 ff.). Digitale Technologie zeichnet sich dabei durch ihre nachträgliche Veränderbarkeit, leichte Kombinierbarkeit über Systemgrenzen hinweg und ihre Interaktivität aus (Pfeiffer und Jarke 2017, S. 37 ff.; Yoo et al. 2010a, S. 726). Mit diesen Eigenschaften begründet sie die generative Basis, um neue und verbesserte Problemlösungen in Systemen zu ermöglichen. Das Verständnis der digitalen Transformation als soziotechnischer Prozess berücksichtigt aber darüber hinausgehend die Interdependenzen zwischen Akteuren und den ihnen zur Verfügung stehenden Ressourcen (z. B. Technologie, Wissen, Institutionen). Gleichzeitig bilden gemeinsame Institutionen und soziale Praktiken eine Basis für die Entwicklung neuer Marktlösungen, welche den dynamischen und generativen Charakter digitaler Technologie zur Entfaltung bringen. Daneben wird die Schaffung eines modularen und granularen Systemumfelds als notwendige Voraussetzung für eine optimale Einbringung digitaler Technologie erachtet (Lusch und Nambisan 2015, S. 166 ff.). Eine soziotechnische Betrachtungsweise fokussiert hierbei darauf, ‚was' ein Akteur tatsächlich durch digitale Technologie und die mit ihr verbundene Generativität realisieren kann und ‚wie' digitale Technologie damit seine Fähigkeiten beeinflusst, Wert für sich selbst oder einen anderen Akteur in einem Ökosystem zu schaffen (siehe Abbildung 6). Damit verbunden ist allerdings ebenfalls der Frage nachzugehen, wie man die Generativität digitaler Technologie optimal in ein Ökosystem einbetten kann. Hierbei sei noch einmal auf die begünstigenden Eigenschaften eines modularen und granularen Systemumfelds für den Einsatz von digitaler Technologien verwiesen (Kallinikos et al. 2013; Lusch und Nambisan 2015; Yoo et al. 2010a).

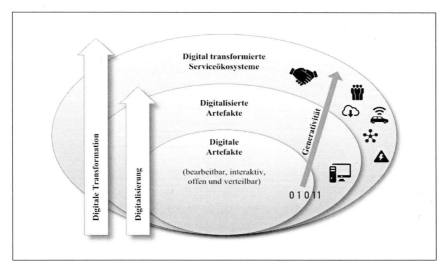

Abbildung 6: Zwiebelmodell der Digitalisierung und digitalen Transformation
Quelle: eigene Darstellung

Das Ökosystem Elektromobilität zeigt in einem besonderen Maße auf, dass das weitläufige Missverständnis, digitale Ökonomie betreffe nur die Informations- und Kommunikationstechnologie, nicht zutrifft (Flügge 2016; Hanelt et al. 2015a; Hildebrandt et al. 2015; Klör et al. 2014). Vielmehr müssen vor dem Hintergrund einer vernetzten, globalen Wirtschaft die strategischen Potenziale digitaler Technologie ganzheitlich erfasst und in klassische Industriezweige übertragen werden. So erfordert die Betrachtung eines in einer digitalen Transformation befindlichen Ökosystems, existierende Betrachtungsmuster in Bezug auf ökonomische Austauschprozesse, zugrunde liegende Institutionen und das Systemverständnis Elektromobilität insgesamt infrage zu stellen, um ein Verständnis für die Erfordernisse zur aktiven Gestaltung eines solchen Ökosystems zu erhalten (vgl. u. a. Wieland et al. 2016, S. 40 ff.). Darüber hinaus führt die Anerkennung der Rolle digitaler Technologie als Enabler und Initiator in der Wertkreation zu der Frage, wie sich ihre duale Rolle in der Geschäftsmodellierung konzeptualisieren lässt (Lusch und Nambisan 2015, S. 167; Storbacka et al. 2012, S. 58 ff.). Die Beantwortung dieser Fragestellungen ist wichtige Grundlage, um Veränderungen in Umfang, Geschwindigkeit und Quellen der Wertschöpfung, die sich durch die digitale Transformation in Ökosystemen ergeben, zu bewältigen und proaktiv zu nutzen zu können (Bharadwaj et al. 2013; Storbacka et al. 2012; Turber et al. 2014; Zolnowski 2015).

2.2.3 Digital transformierende Serviceökosysteme

Vor dem Hintergrund der Forschungsfragestellung der vorliegenden Arbeit wird im Weiteren näher auf den Einfluss digitaler Technologie auf die Wertkreation in Serviceökosystemen aus Perspektive der SDlogic eingegangen. Serviceökosysteme, die unter dem Einfluss digitaler Technologien stehen, werden als ‚digital transformierende Serviceökosysteme' bezeichnet. Die Verwendung des Begriffs ‚Serviceökosystem' soll in der weiteren Diskussion gleichzeitig mit der Einnahme einer service-dominierten Sichtweise verbunden werden.

Das vorliegend entwickelte Verständnis beruht auf den Erkenntnissen zur Natur digitaler Technologie (Kallinikos et al. 2013; Yoo et al. 2010a, 2010b) und der digitalen Transformation (Tilson et al. 2010), wie sie in den vorangegangenen Abschnitten vorgestellt worden sind. Im ersten Action-Design-Research-Zyklus sind sie im Übrigen für das Serviceökosystem Elektromobilität bestätigt worden (siehe Kapitel 5). Im Weiteren werden diese theoretischen und praktischen Erkenntnisse um die systemische und transzendierende Betrachtungsweise der SDlogic erweitert. Abschließend erfolgt eine zusammenfassende Darstellung der sich daraus ergebenden Konsequenzen und Aspekte im Verständnis der Gestaltungsmöglichkeiten von digital transformierenden Serviceökosystemen durch die Akteure.

2.2.3.1 Die duale Rolle digitaler Technologie

Unter den Ressourcen nimmt Technologie – und insbesondere digitale Technologie – in der Sichtweise der SDlogic eine besondere Rolle ein. Sie ist sowohl als operande als auch als operante Ressource konzipiert. Diesem Verständnis liegen die ‚Dualität von Technologie' (Orlikowski 1992) und Arthurs (2009) Technologie- und Innovationsverständnis zugrunde. Die ‚Dualität von Technologie' ergibt sich daraus, dass ihre Nutzbarkeit in der Wertkreation als physikalische, operande Ressource von anderen operanten Ressourcen abhängt. Da sie aber auch das Wissen und Fähigkeiten ihrer Erzeuger abbildet und bei ihrer Herstellung mit Bedeutung und Wert versehen worden ist, kann sie als operante Ressource in der Wertkreation auf andere Ressourcen wirken. „[Technology] facilitates and constrains human action through the provision of interpretive schemes, facilities, and norms" (Orlikowski 1992, S. 410).

Damit ist Technologie Aus- und Eingangsgröße ökonomischen Handelns und verfügt über einen eigenen institutionellen Anteil. Gleichwohl tendiert Technologie ebenfalls dazu, ihre physikalische und soziale Konstruktion abzulegen, indem sie in veränderten Nutzungskontexten neue Bedeutung erhalten kann (Wieland et al. 2016, S. 44). Hierin besteht der wandelbare institutionelle Charakter von Technologie, da sie sowohl soziale Praktik und Institutionen beeinflusst als auch von diesen beeinflusst wird (Orlikowski 1992; Vargo et al. 2015, S. 65). Technologie hat damit immer auch institutionelle Komponenten (Akaka und Vargo 2014) und ist ein institutionelles Phänomen (Lusch und Vargo 2016, S. 11).

Gleichwohl erweitert die SDlogic diese auf Orlikowski zurückgehende Sichtweise um das Technologieverständnis von Arthur (2009): Technologie ist „an assemblage of practices and components that are means to fulfill human purposes" (Arthur 2009, S. 28). Sie ist sowohl als Mittel zur Erfüllung menschlicher Ziele als auch als Methode und Prozess zur Verbesserung der Fähigkeiten von Akteuren und Ressourcen zur Integration und Anwendung in gemeinsamer Wertkreation gedacht (Arthur 2009). Die Auslegung des Technologiebegriffs erlaubt es, digitale Technologie – also Technologie, die über einen Anteil digitaler Artefakte verfügt – ohne Klassifizierung in ‚Software' (z. B. Prozesse oder Methoden) und ‚Hardware' (z. B. physische Geräte) zu behandeln. Gleichwohl bedeutet dies nicht, dass der materielle Anteil bzw. das physische Artefakt von geringer Bedeutung ist. Vielmehr ist es als Vehikel zur Übertragung des eingebetteten Wissens und der Fähigkeiten (Orlikowski 1992) und als Mechanismus der Institutionalisierung zu verstehen. Aus diesem Verständnis heraus ist die Anwendung und Integration von Technologie von den Praktiken, Prozessen und Institutionen des Ökosystems abhängig, in das sie eingebettet ist, und beeinflusst diese reziprok (Akaka und Vargo 2014). Technologie „conceptualized as potentially useful knowledge, or a value proposition, which is both an outcome and a medium of value co-creation and innovation" (Vargo et al. 2015, S. 63). Entsprechend entsteht sie durch „cocreation of new value propositions or as a collective, combinatorial evolution that leads to the generation of new, potentially useful knowledge (i.e., operant resources)" (Wieland et al. 2016, S. 47) im Sinne der kombinatorischen technologischen Evolution nach Arthur (2009). Damit bietet jede neue Technologie wiederum in Kombination mit anderen Ressourcen die Möglichkeit zur Entwicklung neuer Technologie bzw. Ressource. Die Chancen zur Weiterentwicklung sind insofern grenzenlos und steigen umso mehr, je mehr Technologie bereits existiert (Lusch und Nambisan 2015, S. 160).

2.2.3.2 Wirkung digitaler Technologie in Serviceökosystemen

Wie bereits dargestellt, handelt es sich bei der digitalen Transformation um die Einführung und Nutzung digitaler Technologie in soziotechnischen Anwendungsfeldern (Tilson et al. 2010; Yoo 2013). Diese Anwendungsfelder werden in der SDlogic als Serviceökosysteme beschrieben. Digitale Technologie wurde als eine dynamische Ressource vorgestellt, die in ihrer dualen Rolle werterzeugend in Servicesystemen wirkt. Durch die Integration in den Service-Austausch kann die gemeinsame Wertkreation optimiert und schließlich die Ressourcendichte von Serviceökosystemen erhöht werden (Lusch und Nambisan 2015, S. 170 ff.). Dies betrifft sowohl die Wirkung im Service-Austausch der Mikro-, Meso- und Makroebene und kann somit als ein systemübergreifender Effekt beschrieben werden (Barrett et al. 2015, S. 142 ff.; Lusch und Nambisan 2015, S. 170 ff.; Peters et al. 2016, S. 140). Dieser Effekt wird durch die Dematerialisierung von Ressourcen in Form einer möglichen Entbündelung und der Liquifikation von Ressourcen erreicht. Unter einer Liquifikation oder ‚Verflüssigung' von Ressourcen versteht man die beschriebene Trennung von Informationen von ihren physischen Trägern. Digitale Entbündelung von Ressourcen hingegen löst die Grenzen, die Aktivitäten in Zeit, Ort und Akteuren zusammenhalten, auf. Durch die beschriebene Wirkung der Dematerialisierung kann der ökonomische Austausch in Ökosystemen verbessert werden. Dies rührt von der Erhöhung der Ressourcendichte in der Wertschöpfung, die den Akteuren zugutekommt und die Reaktions- wie Tragfähigkeit eines wirtschaftlichen Ökosystems verbessert (Lusch et al. 2010, S. 27 f; Lusch und Nambisan 2015, S. 166 ff.; Normann 2001, S. 27 ff.).

Lusch und Vargo (2011) zeigen anhand differenter Beispiele auf, wie durch die Digitalisierung der immaterielle Ressourcenanteil in Serviceökosystemen erhöht und zusätzliche Innovationspotenziale ermöglicht werden. Zentrales Konzept ist dabei die Serviceplattform. Diese definieren sie als „a modular structure that consists of tangible and intangible components (resources) and facilitates the interaction of actors and resources (or resource bundles)" (Lusch und Nambisan 2015, S. 162). Serviceplattformen erhöhen nach Lusch und Namibsan (2015) die Effizienz und Effektivität des Serviceaustauschs durch die Liquifikation von Ressourcen und Entbündelung von Ressourcen, u. a. indem sie den Zugang zu Ressourcenbündeln erleichtern. Wesentliche Bestandteile dieses Konzepts sind eine modulare Struktur und die Definition von klaren Protokollen bzw. Regeln für die Interaktion mit einer Serviceplattform. Durch die Definition von Angeboten als Serviceplattformen können Unternehmen die Attraktivität und Integrierbarkeit ihrer Leistung steigern und die Tragfähigkeit der Serviceökosysteme, an denen sie beteiligt sind, erhöhen (Lusch und Nambisan 2015, S. 157 ff.). Als Beispiele führen Lusch und Nambisan (2015) die Steigerung des Servicepotenzials bzw. die Möglichkeit zur Co-Produktion durch die Digitalisierung von Prozessen (z. B. digitale Produktion; kollaboratives Design durch Virtualisierung, Customer Self-Services, optimierte Ladesteuerung von Elektrofahrzeugen) an. Auch können durch die Digitalisierung von materiellen Dingen (engl.: digital augmented physical artifacts) Serviceplattformen für die Bereitstellung von neuen Serviceangeboten entstehen (z. B. intelligente Haushaltsgeräte, optimierte Echtzeitroutenplanung, selbstfahrende Autos) (vgl. hierzu auch Barile et al. 2016, S. 659 ff.; Akram 2016, S. 44 ff.). Letztlich steigt durch die Entwicklung digital-unterstützter Serviceplattformen ebenfalls die Anzahl möglicher Interaktionspartner und die Fähigkeit mit diesen raum- und zeitunabhängig zu kommunizieren und Serviceaustausch zu betreiben. So haben die definierten Wertversprechen in der digitalen Welt lediglich wenige oder keine geografischen und industriellen Grenzen.

Einfacher ausgedrückt heißt das, je leichter und je unbeschränkter Akteure Zugriff auf Ressourcen über Serviceplattformen erhalten, desto mehr Möglichkeiten zur Ressourcenintegration und Wertkreation werden geschaffen (Vargo und Lusch 2011a, S. 13 f.; Lusch und Nambisan 2015, S. 164). Da digitale Technologie agnostisch im Hinblick auf ihren Anwendungskontext ist, kann sie unter Berücksichtigung ihrer institutionellen Anteile (z. B. Kommunikationsprotokoll) als Teil einer modularen Architektur in vielen Serviceplattformen eingesetzt werden und die Brücke zwischen Serviceökosystemen bilden (Lusch et al. 2016, S. 2091). So erleichtert digitale Technologie insgesamt den Aufbau des zuvor beschriebenen Serviceplattformkonzepts. Aufgrund ihrer digitalen Natur stellt sie sowohl als operande Ressource Möglichkeiten der Liquifikation von Ressourcen und Erhöhung der Ressourcendichte bereit als auch als operante Ressource Chancen zur sektorenübergreifenden, aktiven Schaffung gänzlich neuer Ressourcenkombinationen (Lusch und Nambisan 2015, S. 167). Dahingehend ist bereits darauf hingewiesen worden, dass die Einbettung in eine unterstützende Umgebung im Sinne von institutionellen Rahmenbedingungen, wie sie im Übrigen mit dem Serviceplattformkonzept beschrieben worden ist, die generative Wirkung digitaler Technologie verstärkt (Lusch und Nambisan 2015, S. 167; Yoo et al. 2010a, S. 729 f.). Akaka und Vargo (2014) verdeutlichen den Einfluss institutioneller Rahmenbedingungen auf die Akzeptanz oder Ablehnung von Technologien in gegebene Kontexte. So beeinflusst die Interaktion mit Technologie sowohl die gegebenen institutionellen Rahmenbedingungen als auch die Handlungen der betroffenen Akteure und die Technologie selbst.

Abbildung 7 stellt ausgewählte Einflussfaktoren digitaler Technologie auf die Gestaltung von Serviceökosystemen zusammenfassend dar.

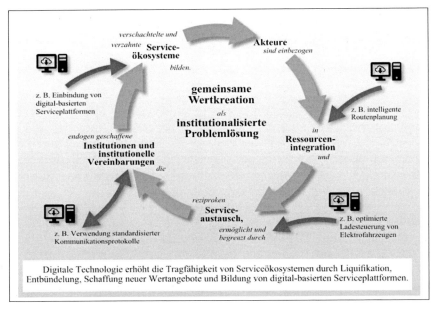

Abbildung 7: Digitale Technologie in der gemeinsamen Wertkreation und der Institutionalisierung von Problemlösungen
Quelle: in Anlehnung an: Lusch und Nambisan 2015; Lusch und Vargo 2016

2.2.4 Auswirkungen der digitalen Transformation auf die Gestaltung von Serviceökosystemen

Es wird deutlich, dass mit Einnahme der SDlogic-Perspektive nicht alleine eine Herausstellung der digitalen Transformation gelingt, sondern vielmehr ein ganzheitliches Verständnis für eine digital-vernetzte, physische Welt vermittelt wird. Digitale Transformation wird damit als integraler Bestandteil der institutionellen Arbeit verstanden.

Die Sichtweise der SDlogic macht daher deutlich, dass die digitale Transformation im Kontext von Serviceökosystemen nur einen, wenn auch wichtigen, Teilaspekt der Gestaltung von Serviceökosystemen betrifft. Insbesondere werden die Rollen von Kunden, Mitarbeitern und institutionellen Rahmenbedingungen in der Wertkreation neu bewertet. Kunden und Mitarbeiter werden nicht mehr als exogen gegeben, sondern als endogene Größen, die als operante Ressourcen ebenso wie institutionelle Rahmenbedingungen von strategischer Relevanz für die Tragfähigkeit eines Ökosystems sind, verstanden (Lusch et al. 2007; Wieland et al. 2015). Von der Einnahme einer solchen Sicht profitieren Unternehmen, da sie sowohl die materiellen, begrenzten operanden Ressourcen als auch die immateriellen, unbegrenzten operanten Ressourcen in die Gestaltung der gemeinsamen Wertkreation in Serviceökosystemen einbeziehen können. Durch diese erweiterte Sichtweise im Hinblick auf Ressourcen (Huang und Choi 2015) und die Bedeutung von institutionellen Rahmenbedingungen (Akaka und Vargo 2014) unterscheidet sich die SDlogic von alternativen Servicemanagementansätzen.

So wurde insbesondere auf die Bedeutung der Institutionalisierung bzw. der institutionellen Arbeit für eine nachhaltige Gestaltung von Serviceökosystemen und die Entwicklung von verbesserten institutionalisierten Lösungen (d. h. Märkten) hingewiesen. Durch Schaffungen, Aufrechterhaltung, Veränderung und Zerstörung von institutionellen Vereinbarungen nehmen Akteure aktiv Einfluss auf Märkte und bestimmen so über die Tragfähigkeit von Serviceökosystemen.

> „Actors cannot predict the future but can take actions to affect it, steps at a time, as effectual actors. By taking this perspective along with the concepts of service ecosystems, service platforms, and cocreation of value, firms can proactively take actions to stimulate service innovation." (Lusch und Nambisan 2015, S. 170)

Digitale Transformation ist Teil dieser institutionellen Arbeit und digitale Technologie eine von vielen Ressourcen, die in der Kombination oder Rekonfiguration mit anderen Ressourcen (Arthur 2009) über ihre durch Institutionen koordinierte Anwendung zu neuen, verbesserten Problemlösungen führt (Breidbach und Maglio 2015; Lusch und Nambisan 2015; Wieland et al. 2015). Damit wird digitale Transformation nicht zentral auf ihre physische oder digitale Materialität beschränkt und als ‚Black Box' betrachtet, sondern hängt im Wesentlichen von der Ausgestaltung der Konfiguration von Ressourcen und Akteuren in vernetzten, interagierenden und durch Institutionen koordinierten Ökosystemen ab (Normann und Ramirez 1993; Breidbach und Maglio 2015; Wieland et al. 2015, Vargo und Lusch 2016). Auf diese Weise ist es die Kombination der Fähigkeiten zur Liquifikation von Informationen (z. B. über die Digitalisierung) und der Entbündelung von arbeitsteiligen Prozessen, die notwendig ist, um neue ‚Ressourcendichten' (d. h. verbesserte Konfigurationen von Ressourcen) zu erzeugen, die es möglich machen, bestehende Probleme verbessert zu lösen oder gänzlich neue Kombinationen von Ressourcen zur Bewältigung von neuen Problemstellung bereitzustellen (Normann 2001, S. 27 ff.; Barrett et al. 2015, S. 142).

Durch Berücksichtigung der Erkenntnisse der SDlogic hinsichtlich der dualen Rolle digitaler Technologie, der Bedeutung ihrer institutionellen Bestandteile und schließlich ihrer Wirkung in einer gemeinsamen Wertkreation kann das potenzielle Ausfallrisiko technologiebasierter Innovationen bei ihrer Umsetzung in marktseitigen Erfolg (d. h. Marktinnovation) deutlich verringert werden. Letztlich können Unternehmen durch Anwendung einer serviceorientierten Sichtweise die Umwandlung ihres Geschäfts in der digitalen Transformation aktiv gestalten und insofern Wettbewerbsvorteile erzielen. Veränderung von Märkten in der digitalen Transformation wirken nicht mehr auf sie, sondern sie gestalten gemeinsam mit ihren Kunden und Partnern aktiv entlang technologischer Möglichkeiten neue institutionelle Lösungen und damit Märkte (Vargo und Lusch 2015; Weiß et al. 2016).

2.3 Relevante Aspekte in der Ausgestaltung von Serviceökosystemen

Wie gezeigt, ermöglicht die SDlogic ein Verständnis des ökonomischen Austauschs, das die soziotechnische Dynamik in Märkten als die Institutionalisierung von Problemlösungen in Serviceökosystemen versteht. Diese können aktiv durch Akteure in Form von endogen gestalteten institutionellen Vereinbarungen konzipiert werden. Durch die Abkehr von klassischen produktbezogenen oder firmenzentrierten Ansätzen werden Problemlösungen unter Einnahme der Perspektive der SDlogic dabei auf Basis eines gemeinsamen Verständnisses von Ökosystemen (engl. shared worldviews) und einer strukturellen Flexibilität sowie Integrität in der gemeinsamen Wertkreation von Akteursnetzwerken konzipiert. Geführt wird diese Gestaltung von einem kontinuierlichen Prozess der institutionellen Arbeit und durch die damit verbundene Ausprägung von sozialen Praktiken (Barile et al. 2016; Lusch et al. 2010; Vargo und Lusch 2011a; Wieland et al. 2015). Die Berücksichtung der gemeinsamen Wertkreation spiegelt im Übrigen auch grundsätzliche Erkenntnisse zur „interaktiven Wertschöpfung" nach Reichwald und Piller (2009) und der darin beschriebenen Rolle digitaler Technologien wieder, die „[…] eine bewusste, arbeitsteilige Zusammenarbeit zwischen Anbieterunternehmen und externen Akteuren in der Peripherie des Unternehmens im Sinne eines sozialen Austauschprozesses" (Reichwald und Piller 2009, S. 45) erfordert. Daneben setzt eine solche netzwerkorientierte und ganzheitliche Sichtweise auch die Betrachtung institutioneller Vereinbarungen als wesentliche Systemelemente in der Entwicklung von Geschäftsmodellen voraus. Hierauf wurde beispielsweise im Zusammenhang mit digitalbasierten Angeboten von Behörden hingewiesen (Peinel et al. 2010, S. 380 ff).

Zudem bleibt zu konstatieren, dass die SDlogic eine hilfreiche Perspektive zur Betrachtung der Rolle digitaler Technologie und ein Verständnis für digitale Transformationen anbietet. So wird digitale Technologie nicht nur – wie in anderen methodischen Ansätzen üblich – von ihrer physischen oder digitalen Materialität her betrachtet, sondern vielmehr wird ihr potenzieller Nutzenbeitrag im spezifischen Kontext der gemeinsamen Wertkreation und Innovation von Servicesystemen in den Vordergrund der Betrachtung gestellt. Es wurde hierbei aufgezeigt, dass und wie digitale Technologie als operande und operante Ressource die Gestaltung immaterieller Wertanteile in Serviceökosystemen ermöglicht und insbesondere in Serviceplattformen zur Ausgestaltung struktureller Flexibilität und Integrität beiträgt. Aufgrund ihrer – auch nachträglich veränderbaren – immateriellen und institutionellen Anteile ist sie zudem anpassbar und kann insoweit sektorenübergreifend eingesetzt werden. Damit ist sie nicht nur skalierbar (engl.: scalable), sondern auch im Hinblick auf das Einsatzfeld (engl.: scopeable) als modularer Lösungsbaustein verwendbar (Bharadwaj et al. 2013). Ihr Beitrag und potenzieller Nutzen für Akteure ist dabei von der jeweiligen Verwendung im spezifischen Kontext und vom Ziel ihres Einsatzes abhängig. Gleichwohl beeinflusst sie aufgrund ihrer institutionellen Komponenten den Kontext der Wertkreation selbst. Damit ist der Nutzen einer digitalen Technologie erst durch die mit der Ressource verbundene Einbringung in Wertversprechen und Anwendung durch interne oder externe operante Ressourcen in der Wertkreation durch die Nutzer bewertbar.

Hiermit liefert die SDlogic wichtige Präzisierung und Erläuterungen in Bezug auf Rahmenbedingungen und strategische Implikationen des Einsatzes von digitaler Technologie in Serviceökosystemen, die insbesondere durch Aktivitäten in sektorenübergreifenden Akteursnetzwerken, eine hohe Informationsorientierung und kontextbezogene Wertkreation bzw. das Benutzererlebnis gekennzeichnet sind. Die SDlogic stellt dabei nützliche Konzepte für die Entwicklung von Problemlösungen bereit. Hierzu zählen die gemeinsame Wertkreation, das Serviceökosystem, die Serviceplattform, Akteure als Ressourcenintegratoren, die Notwendigkeit und Inhalte einer gemeinsamen Weltsicht und schließlich das Verständnis der institutionellen Arbeit zur aktiven Gestaltung von Serviceökosystemen.

Gleichwohl bietet die SDlogic lediglich ein Schema oder Denkmuster für das Verständnis ökonomischer Austauschprozesse in digital transformierenden Ökosystemen an. Hieraus ergibt sich, dass die angebotenen Konzepte auf einem hohen Abstraktionslevel beschrieben werden und für die Umsetzung bei Praktikern, aber auch in der praxisorientierten Forschung konkretisiert und operationalisiert werden müssen (Gregor 2006; Gregor und Jones 2007; Herterich et al. 2016; Herterich und Mikusz 2016). So ermöglicht die SDlogic „practitioners to develop their own novel approaches to the opportunities and challenges they face in their company or the market" (Vargo und Lusch 2017, S. 51).

Entsprechend kann aufbauend auf den Erkenntnissen und Konstrukten der SDlogic die konkrete Gestaltungsaufgabe von unternehmerischen Aktivitäten aus Perspektive eines fokalen Akteurs durch Managementinstrumente unterstützt werden. Ausgehend von der zentralen Vorstellung der SDlogic „markets are not, they become" (Kjellberg et al. 2012, S. 220) müssen Konzepte gefunden werden, die fokale Akteure bei der Gestaltung dieses Prozesses des ‚becoming' im Sinne eines ‚market scripting'[11] helfen und die Veränderung von Marktkonfigurationen zur Verbesserung der Tragfähigkeit von Serviceökosystemen ermöglichen. Das Konzept des Geschäftsmodells ist ein solches Managementinstrument, mit dem die fokale Führungsaufgabe in der Ausgestaltung von ökonomischen Austauschprozessen und der Institutionalisierung neuer Marktlösungen vorgenommen werden kann (Caridà et al. 2017; Storbacka et al. 2012; Hakanen und Murtonen 2015; Kjellberg et al. 2015; Zott et al. 2011; Fielt 2012). Jedoch sollte an dieser Stelle festgehalten werden, dass die Weiterentwicklung des Geschäftsmodellkonzepts durch Einnahme der Perspektive der SDlogic ein noch in der Entwicklung befindliches Forschungsfeld begründet (Caridà et al. 2017; Frow et al. 2015; Zolnowski 2015).

Clauß et al. (2014) fassen die Anforderungen an die Ausgestaltung des Geschäftsmodellkonzepts aus Perspektive der SDlogic in drei Kategorien zusammen: Inhalt, Struktur und Steuerung (Governance). In der inhaltlichen Kategorie beruhen sie auf dem veränderten Verständnis von Gütern bzw. Dienstleistungen und der zentralen Fokussierung auf kontextuelle Gebrauchswerte, operante Ressourcen und den Services-Austausch durch die service-dominierte Betrachtung der gemeinsamen Wertkreation. Im Bereich der Struktur von Geschäftsmodellen werden Netzwerke von Akteuren statt Wertschöpfungsketten betrachtet. Die Rolle von Stakeholder und Kunden erhält eine verstärkt interaktive Bedeutung. Das Verständnis der SDlogic macht zudem deutlich, dass in informationsorientierten, vernetzten und kontinuierlich in Veränderung befindlichen Systemen erhöhte Anforderungen an die strukturelle Anpassungsfähigkeit, Flexibilität und Dynamik von Geschäftsmodellen vorliegen. Letztlich wirkt sich dies auch in der Steuerung (Governance) von Geschäftsmodellen aus. Diese sehen Clauß et al. (2014) davon geprägt, dass Unternehmen eine Positionierung innerhalb von Wertschöpfungsnetzwerken anstreben müssen, die eine proaktive Gestaltung von Partnerschaften ermöglicht. Dies erfordert den Abgleich von eigenen Wertversprechen mit denen der Partner und den Anforderungen im Serviceökosystem sowie die Ausprägung eines einheitlichen Rollenverständnisses in Partnerschaften. Hierbei wird eine partnerschaftliche Ausgestaltung der Steuerungssysteme im Serviceökosystem zugrunde gelegt, die auf die Ausprägung von Vertrauen und der Optimierung der Tragfähigkeit eines Serviceökosystems, im Sinne eines „mutual wellbeing [sic!] instead of profit maximization" (Clauß et al. 2014, S. 282), ausgerichtet ist (Clauß et al. 2014, S. 282 ff.).

---

[11] Unter ‚market scripting' werden „conscious activities conducted by a single market actor in order to alter the current market configuration" (Storbacka und Nenonen 2011, S. 251) verstanden.

Im Weiteren werden daher die folgenden zentralen Anforderungen an die Ausgestaltung des Geschäftsmodellkonzepts für digital transformierende Serviceökosysteme aufgestellt. Sie lassen sich aufteilen in die abzubildenden Systemelemente und unterstützte Prinzipien des Serviceökosystems (siehe Abbildung 8).

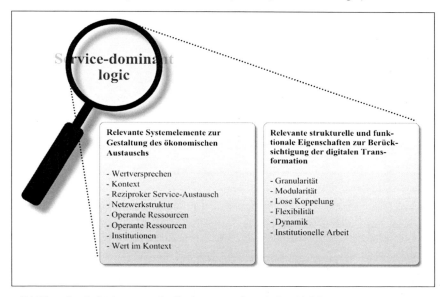

Abbildung 8: Anforderung an das Design unternehmerischer Aktivitäten vor dem Hintergrund digital transformierender Serviceökosysteme aus Perspektive der Service-dominant logic
Quelle: eigene Darstellung

2.3.1 Gestaltungselemente des ökonomischen Austauschs

Die vorangegangenen Ausführungen haben das Netzwerk der Akteure, ihre operanden und operanten Ressourcen sowie die endogenen Institutionen und institutionellen Vereinbarungen als wesentliche strukturgebende Elemente eines Serviceökosystems vorgestellt. Gemeinsam bilden diese Elemente einen kontextuellen Rahmen, in dem Akteure durch institutionelle Arbeit ein Serviceökosystem generieren. Hierbei integrieren sie eigene und fremde Ressourcen im reziproken Austausch von Service, um in ihrem spezifischen Kontext die Ressourcendichte zu erhöhen (Normann 2001, S. 27 ff.). So werden letztlich kontextabhängige Gebrauchswerte (d. h. Nutzen oder Nützlichkeit für den jeweiligen Akteur) geschaffen. Wertversprechen bilden dabei die zentralen Verknüpfungselemente zwischen den Akteuren und bilden die Verhandlungsgrundlage zur Beschreibung des konkreten Beitrags von Akteuren durch die Integration ihrer Ressourcen in die gemeinsame Wertkreation.

Ein Managementinstrument zur Ausgestaltung des ökonomischen Austauschs im Sinne des ‚market scripting' sollte daher die Beschreibung und Konfiguration ebendieser Elemente unterstützen. Mit Blick auf die spezifische Fragestellung der vorliegenden Arbeit muss hierbei die duale Rolle digitaler Technologie und ihre institutionellen Anteile ebenfalls konzeptionell Wiederklang finden. Vordringlich sollte eine serviceorientierte Sichtweise dabei die Abbildung des Wertbeitragspotenzials digitaler Ressourcen in ihrer Anwendung im Serviceaustausch ermöglichen. In Verbindung mit der Berücksichtigung ihrer institutionellen Anteile können dabei auch Möglichkeiten der Kombinierbarkeit sowie der nachträglichen Anpassung von funktionalen wie institutionellen Aspekten digitaler Technologie transparent gemacht werden. Hierdurch können interaktive wie verteilte Spezifika digitaler Technologien modelliert werden, um so den möglichen Wertbeitrag digitaler Technologie in einem Serviceökosystem hervorzuheben.

2.3.2 Strukturelle und funktionale Eigenschaften digital transformierender Serviceökosysteme

Neben den relevanten Beschreibungselementen können aus der paradigmatischen Sichtweise der SDlogic auch Designprinzipien für die Entwicklung eines Managementinstruments ableiten werden. Die hier identifizierten Prinzipien beeinflussen oder verstärken sich hierbei partiell gegenseitig. Ihre Anwendung soll eine netzwerk- und serviceorientierte Gestaltung des ökonomischen Austauschs durch ein Managementinstrument unterstützen. Sie leiten sich aus den dargestellten konzeptionellen Grundlagen der SDlogic (siehe Kapitel 2.1 und 2.2) und der dort vorgestellten Empfehlung zur Bildung von Serviceplattformen als zentrale Architektur für Marktangebote (Lusch und Nambisan 2015, S. 166) ab. Diese Empfehlung inkludiert neben der Schaffung von modularen Strukturen, die eine Erhöhung der Ressourcendichte erlauben, auch die Notwendigkeit Regeln und Protokolle (im Sinne von Institutionen und institutionellen Vereinbarungen) zu definieren, die beschreiben, wie Akteure mit der Plattform interagieren können (Lusch und Nambisan 2015, S. 162).

Neben diesen Designprinzipien, die eher die strukturelle und funktionale Struktur eines Serviceökosystems gestalten helfen, wurde auch ein zentrales Designelement identifiziert, das die prozessuale Ausgestaltung des Managementinstruments betrifft. So sollte im Sinne der SDlogic die Gestaltung von Geschäftsmodellen der Vision der gemeinschaftlichen institutionellen Arbeit Rechnung tragen. Ein Serviceökosystem umfasst nicht nur Institutionen und institutionelle Vereinbarung, sondern stellt selbst wiederum eine institutionelle Vereinbarung dar. Diese wird im Rahmen normalisierender Praktiken (u. a. durch gemeinschaftliche Entwicklung und Institutionalisierung von Geschäftsmodellen) von Akteuren entwickelt und ausgeprägt.

Als repräsentative Praktik bildet ein Geschäftsmodell die Zusammenhänge für die betroffenen Akteure nachvollziehbar ab, erläutert die Begrifflichkeiten und zeigt auf, wie die gemeinsamen integrativen Praktiken wirken. Wie dargestellt, werden diese Praktiken durch die gemeinsam entwickelten Institutionen ermöglicht und eingeschränkt (Wieland et al. 2015, S. 11). Das Designprinzip der institutionellen Arbeit, stellt daher auf einen gemeinschaftlichen, nicht-linearen an der Entwicklung von institutionellen Vereinbarungen und auf die Formulierung von integrativen Praktiken ausgerichteten Entwicklungsprozess ab.

Neben diesem werden fünf weitere, strukturelle und funktionale Designprinzipien für die Entwicklung eines Managementinstruments aus der Literatur und empirischen Arbeit abgeleitet: Modularität, Granularität, lose Kopplung, Dynamik und Flexibilität.

Da Serviceökosysteme als lose Netzwerke von Akteuren verstanden werden, ergibt sich auch eine lose Kopplung der integrierten Ressourcen. Dies macht es notwendig, die strukturelle Flexibilität im Design eines Managementinstruments abzubilden bzw. nachzuempfinden. Darüber hinaus kann die Verwendung eines modularen, granularen und auf einer losen Kopplung beruhenden Architekturprinzips, wie sich dies auch in der LMA digitaler Technologie wiederfindet, die Flexibilität und Dynamik im Hinblick auf die Ausgestaltung des ökonomischen Austauschs noch einmal unterstützen. Flexibilität als Designprinzip bezieht sich hierbei auf die Möglichkeit neue Ressourcenkombinationen möglichst zeitnah und mit möglichst geringen Änderungen an den Ressourcen und institutionellen Rahmenbedingen vornehmen zu können. Dies wird insbesondere durch das Konzept der losen Kopplung der Systemelemente unterstützt. Die Dynamik stellt darauf ab, dass neue Ressourcenkombinationen nicht nur flexibel ermöglicht werden, sondern auch dynamisch aus anderen Kontexten (fremden Ressourcen, anderen Akteure, anderen Ökosystemen) aufgrund bspw. der Verwendung von gemeinsamer institutioneller Vereinbarung (z. B. Kommunikationsstandards) eingebunden werden können. Insbesondere Modularität unterstützt den notwendige freie Verknüpfung von Elementen in divergenten Variationen auf der Grundlage der vorgegebenen Granularität des Systems (Lusch und Nambisan 2015, S. 157 ff.; Storbacka et al. 2012, S. 62). So ermöglicht die Verwendung eines auf der LMA beruhenden Designkonzepts, die Integrität der Elemente auf den einzelnen Ebenen sicherzustellen und ebenenübergreifend eine möglichst flexible Kombination von Elementen durch Befolgung eines modularen Designs abzubilden.

3 Stand der Wissenschaft

Mit der SDlogic wurde eine ganzheitliche Betrachtungsperspektive auf den ökonomischen Austausch und die Entwicklung von digital transformierenden Ökosystemen vorgestellt. Sie zeichnet sich durch die Berücksichtigung von Aspekten der gemeinsamen Wertkreationen in Beziehungsnetzwerken, ihrer institutionellen Rahmenbedingungen und der immateriellen Leistungsbestandteile aus. Hierbei spielen die beiden letzten Punkte insbesondere für die Berücksichtigung der digitalen Transformation und ihrer Wirkung in Serviceökosystemen eine besondere Rolle. So wird die digitale Transformation als Teil der institutionellen Arbeit der Akteure verstanden, die danach streben, ihre eigene Ressourcendichte und die des Serviceökosystems zu erhöhen. Im Verständnis der SDlogic finden digitale Technologien sowohl als statische als auch dynamische Ressourcen Eingang in der serviceorientierten und relationalen Gestaltung von Austauschvorgängen. In dieser dualen Rolle gestatten sie durch die Liquifikation und Entbündelung von Ressourcen eine Erhöhung der Ressourcendichte was letztlich die Tragfähigkeit des Serviceökosystems insgesamt verbessert.

Im vorherigen Kapitel sind Anforderungen an die Gestaltung eines Management-Instruments und damit verbunden die Umsetzung des Geschäftsmodellkonzepts im Sinne der SDlogic und der damit verbundenen Sichtweise auf die digitale Transformation aufgestellt worden. In diesem Kapitel wird in den aktuellen Forschungsstand zu Geschäftsmodellen eingeführt. Die Schaffung eines einheitlichen Verständnisses ist unabdingbar, um die Erfüllung der erarbeiteten Anforderungen an die Entwicklung von Geschäftsmodellen anhand des Forschungsstands zu überprüfen und zu konkretisieren. Daher wird insbesondere Bezug auf die emergente Geschäftsmodellforschung innerhalb der SDlogic genommen. Das Kapitel schließt mit einer Darstellung der identifizierten Forschungslücke und den entwickelten Anforderungen an die Ausgestaltung eines Geschäftsmodell-Frameworks für das Untersuchungsgebiet ab.

3.1 Grundlagen zu Geschäftsmodellen

Das Geschäftsmodellkonzept bildet einen in der Unternehmenspraxis und Managementforschung anerkannten Ansatz zur Analyse, Strukturierung und Gestaltung von unternehmerischem Handeln in der Schnittstelle zwischen Strategie und operativer Umsetzung (Wirtz et al. 2016, S. 50 ff.). Im Kern handelt es sich bei dem Konzept um ein theoretisches Modell, das die Komponenten und grundlegende Mechanismen der Wertschöpfung und der Wertaneignung in der Organisation beschreibt. Dem Konzept wird dabei zugeschrieben, Managern eine kohärente und praxisnahe Unterstützung für ihr unternehmerisches Handeln in unsicheren, schnelllebigen und unvorhersehbaren Umfeldern bereitzustellen (McGrath 2010, S. 247; Wirtz et al. 2016, S. 36). Die Beschreibung eines Geschäftsmodells erlaubt es zum einen, die Hypothese des Managements über die Kundenbedürfnisse und deren Erfüllung durch das Unternehmen zu formulieren. Zum anderen zeigt es auf, wie das Unternehmen die notwendige Wertkreation organisiert, um diese Kundenbedürfnisse am besten zu erfüllen, dafür bezahlt zu werden und so einen Gewinn zu erzielen (Teece 2010, S. 172). Damit zeigt ein Geschäftsmodell Inhalt, Struktur und die Governance von Transaktionen auf, die so gestaltet sind, dass durch die Ausnutzung von Geschäftsmöglichkeiten Wert geschaffen wird (Zott et al. 2011). Hierbei stellt die Beschreibung eines Geschäftsmodells eher ein konzeptionelles, denn ein finanzielles Modell (i. S. e. Business Cases) eines Unternehmens dar (Teece 2010, S. 173). Im Kern spiegelt ein umgesetztes Geschäftsmodell damit die Geschäftslogik, also eine strategische Denkweise oder ein mentales Modell des Unternehmens und seiner Geschäftsaktivitäten wider (siehe hierzu bspw. Heinonen et al. 2010). Hierbei wird die Abstimmung der Geschäftslogik auf sich verändernde endogene oder exogene Faktoren als erfolgskritisch angesehen. Nur durch die adäquate Anpassung aller Geschäftsmodellelemente können den Anforderungen des Kunden entgegenkommende Wertversprechen entwickelt und vorteilhafte Austauschprozesse initiiert werden (Teece 2010, S. 191).

Der wissenschaftliche Diskurs hat eine Vielzahl von Geschäftsmodellansätzen und Frameworks – also Ansammlungen von Methoden zur Gestaltung von Geschäftsmodellen – hervorgebracht. Damit sind die Grenzen des Konzepts nicht eindeutig und unterscheiden sich je nach Kontext und Bedingungen, die in den jeweiligen Ansätzen definiert werden (vgl. u. a. Fielt 2013; Pozzi et al. 2016; Wirtz et al. 2016). Dies ergibt sich u. a. aus den Tatsachen, dass das Geschäftsmodellkonzept erstens aus verschiedenen Disziplinen wie der Wirtschaftsinformatik, den Ingenieurswissenschaften, dem strategischen Management, dem Marketing entwickelt worden ist und zweitens mit etwas mehr als zwei Dekaden eine verhältnismäßig kurze Tradition aufweist. Entsprechend sind die Verknüpfungen zwischen den vorgeschlagenen Geschäftsmodellkonzepten bislang spärlich und es existiert derzeit keine allgemein akzeptierte Definition des Begriffs oder des konzeptionellen Umfangs. Es kristallisiert sich jedoch aufgrund intensiver Forschungsarbeit der letzten Jahre ein zunehmend einheitliches Geschäftsmodellverständnis heraus (z. B. bezogen auf den Designansatz, definitorischen Umfang, Komponenten) und in zahlreichen Teilbereichen befindet sich das Konzept jedoch weiterhin in einer Konsolidierungsphase (Fielt 2013, S. 99 f.; Pozzi et al. 2016, S. 125 f.; Wirtz et al. 2016, S. 50 ff.).

Aufbauend auf den Ergebnissen aktueller Literaturanalysen und den aufgeführten kategorisierenden Übersichten (u. a. Al-Debei und Avison 2010; Fielt 2013; Pozzi et al. 2016; Wirtz et al. 2016) stützt sich die weitere Arbeit auf die immer noch aktuellen generellen Schlussfolgerungen von Zott et al. (2011) zum Geschäftsmodellkonzept:

> „(1) there is widespread acknowledgement—implicit and explicit—business model is a new unit of analysis that is distinct from the product, firm, industry, or network; it is centered on a focal firm, but its boundaries are wider than those of the firm; (2) business models emphasize a system-level, holistic approach to explaining how firms "do business"; (3) the activities of a focal firm and its partners play an important role in the various conceptualizations of business models that have been proposed; and (4) business models seek to explain both value creation and value capture" (Zott et al. 2011, S. 1020).

Angesichts des zu Teilen inkonsistenten Stands der Forschung zum Geschäftsmodellkonzept ist es erstens erforderlich für die weitere Arbeit eine definitorische Grundlage zu bilden, um dahingehend eine klare Zuordnung der Arbeit in den konvergierenden Rahmen des Geschäftsmodellverständnisses zu ermöglichen (siehe auch Zott et al. 2011, S. 1038). Zweitens erscheint es hierbei sinnvoll, eine möglichst generische und abstrakte Konzeptualisierung zu verwenden, um so die Einsatzmöglichkeiten dieser vorläufigen Arbeitsdefinition im Kontext dieser Arbeit zu gewährleisten (Fielt 2013, S. 89).

3.1.1 Arbeitsdefinition Geschäftsmodelle

Im Weiteren wird daher zunächst auf der Definition von Geschäftsmodellen nach Fielt (2014) im Sinne einer Arbeitsdefinition zurückgegriffen:

> „[A business model] describes the value logic of an organization in terms of how it creates and captures customer value and can be concisely represented by an interrelated set of elements that address the customer, value proposition, organizational architecture and economics dimensions" (Fielt 2013, S. 96).

Diese Definition kann als umfassend gelten, da sie die regelmäßig als relevant angesehenen Komponenten Wertversprechen, Wertarchitektur, Wertnetzwerk und Wertfinanzierung einbezieht (Chesbrough und Rosenbloom 2002; Osterwalder 2004; Frow et al. 2014; Pozzi et al. 2016; Stampfl 2015; Storbacka et al. 2012; Wirtz et al. 2016; Zott et al. 2011). Sie entspricht insofern dem aufgeführten konvergierenden Begriffsverständnis, ohne – dem transzendierenden Verständnis dieser Arbeit entsprechend – auf die Begriffswelten von Produkten oder Dienstleistungen zurückzugreifen (Fielt 2013, S. 91 f.). Das Element Kundenwert (engl.: customer value) beschreibt dabei die Zielkunden oder Kundengruppen. Darüber hinaus identifiziert es Kundenbedürfnisse und kundenspezifische Problemstellungen. Diese stehen in direktem Zusammenhang mit dem entsprechenden Wertversprechen des Unternehmens, das die Lösung des Unternehmens für die Kundenprobleme oder den Beitrag des Unternehmens zur Erfüllung der Kundenbedürfnisse inkludiert. Dieses Angebot wird häufig von potenziellen Vorteilen einer Zusammenarbeit mit dem fokalen Unternehmen begleitet. Die Organisationsarchitektur (engl.: organizational architecture) oder die Wertarchitektur beschreibt, wie Werte erzeugt werden. Es repräsentiert die ganzheitliche Gestaltung einer Organisation. Innerhalb dieses Elements werden die technologischen und organisatorischen Infrastrukturen, einschließlich der materiellen und immateriellen Vermögenswerte, als Fähigkeiten oder als Bündel von Ressourcen betrachtet, aus denen sich das Unternehmen zusammensetzt. Die Organisationsstruktur umfasst dabei sowohl interne als auch externe Strukturen, die erklären, wie Transaktionen durch koordinierte und kollaborative Interaktionen innerhalb des Unternehmens und seiner Netzwerkpartner ermöglicht werden. Die externe Wertarchitektur wird häufig als „Wertschöpfungsnetzwerk" (engl. value network) bezeichnet. Es zeigt die Position und die Beziehungen des fokalen Unternehmens, des Geschäftsnetzes und der Umwelt. Die ökonomische Dimension eines Geschäftsmodells bezieht sich auf finanzielle und nichtfinanzielle Aspekte und reflektiert die Art und Weise, wie das Unternehmen tatsächlich Geld verdient. Finanzielle Aspekte sind Einnahmen (einschließlich Preisgestaltungsmethoden, Umsatzstruktur) und Kosten (z. B. Skaleneffekte). Nichtfinanzielle Perspektiven stellen die Aspekte sozialer und ökologischer Aspekte dar (Fielt 2013, S. 95 f.).

Insgesamt zeigt diese eher abstrakte Arbeitsdefinition auf, dass ein Geschäftsmodell auf einer Reihe von Elementen und ihren Beziehungen beruht. Diese werden dazu verwendet zu erklären, wie ein Unternehmen Wert schaffen und erfassen kann. Die Definition ist unspezifisch genug, um im Rahmen der weiteren Arbeit im Einsatzfeld ‚digitale Transformation von Serviceökosystemen' konkretisiert zu werden. Die unspezifische Definition ist insofern unkritisch, als dass das Geschäftsmodellkonzept gemäß dem aktuellen Stand der Wissenschaft verschiedene Rollen und Funktionen übernehmen kann. Entsprechend sind die konkreten Ausprägungen kontextspezifisch und hängen von dem jeweiligen Forschungs- oder Einsatzschwerpunkt ab (Wirtz et al. 2016, S. 37 ff.).

3.1.2 Geschäftsmodell-Frameworks

Aufbauend auf den vorliegend dargestellten theoretischen Grundlagen zu Geschäftsmodellen wird auf das Konzept des ‚Geschäftsmodell-Frameworks' als Managementinstrument zur systematischen Gestaltung und Umsetzung von Geschäftsmodellen (Morris et al. 2005, S. 727; Osterwalder et al. 2005, S. 19-25; Schallmo 2013, S. 47 ff.) zurückgegriffen. Hierzu wird ein aktueller Stand zum Verständnis zu Zweck und Bestandteilen von Geschäftsmodell-Frameworks vorgestellt.

Frameworks oder Darstellungen von Geschäftsmodellen (engl.: Business Model Representation) sind weit verbreitete Werkzeuge für die Analyse, (Weiter-)Entwicklung, Kommunikation, Implementierung und das Monitoring von aktuellen oder zukünftigen unternehmerischen Aktivitäten (vergleiche dazu beispielsweise auch Bieger et al. 2011, S. 26; Gassmann et al. 2013, S. 23; Osterwalder et al. 2005, S. 19-25; Scheer et al. 2003, S. 7). Sie dienen damit der Unterstützung des Entwicklungs- und Managementprozesses von Geschäftsmodellen, indem sie strukturelle Hilfestellung leisten (Weiner et al. 2010, S. 27). Dabei ist ein Geschäftsmodell-Framework „more than the sum of its parts, the model captures the essence of how the business system will be focused" (Morris et al. 2005, S. 727).

Unter anderem auch aufgrund des Fehlens einer weithin akzeptierten Definition für Geschäftsmodelle existiert ungeachtet erheblicher wissenschaftlicher Anstrengungen[12] kein allgemeiner Standard für Geschäftsmodell-Frameworks[13] (Schallmo 2013, S. 47 ff.). Dies ist nicht zuletzt darauf zurückzuführen, dass Frameworks häufig aus der Perspektive verschiedener Disziplinen (wie beispielsweise dem E-Business, dem Innovationsmanagement, Entrepreneurship) mit entsprechend abweichenden Ansatzpunkten und Zielstellungen entwickelt worden sind. Hieraus resultiert letztlich auch die hohe Anzahl und weite Verbreitung heterogener Ansätze (Fielt 2013, S. 99).[14]

Schallmo (2013) stellt einen umfassenden Überblick über die existierende Forschungslandschaft auf. Aufbauend auf seiner vergleichenden Literaturanalyse kann festgehalten werden, dass ein Geschäftsmodell-Framework über drei Elemente verfügt: eine Auflistung von Geschäftsmodellelementen und ihren Beziehungen zueinander (im Sinne eines Metamodells oder einer Ontologie), die Übersicht über die notwendigen Aktivitäten zur Entwicklung eines Geschäftsmodells und deren Abfolge (im Sinne eines Vorgehensmodells) und die notwendigen Techniken (im Sinne von Methoden und Instrumenten), die beschreiben, wie im Detail (Teil-)Ergebnisse erzielt werden, um ein Geschäftsmodell zu gestalten (Schallmo 2013, S. 110).

Ontologie bzw. Geschäftsmodell-Metamodell

Geschäftsmodell-Frameworks basieren nach der Analyse Schallmo (2013) somit i. d. R. auf sogenannten Ontologien oder Metamodellen. Diese definieren neben den

---

[12] Siehe hierzu u. a. bei Fielt (2011), Osterwalder (2004), Schallmo (2013), Scheer et al. (2003), Stampfl (2015), Zolnowski (2015).
[13] Schallmo (2013) verwendet den Begriff statt des Begriffs Geschäftsmodell-Framework die Bezeichnung ‚Ansätze zur Geschäftsmodell-Entwicklung'.
[14] Detaillierte vergleichende Zusammenstellungen finden sich u. a. bei Burkhardt et al. (2011), Schallmo (2013) and Zott et al. (2011).

Elementen eines Geschäftsmodells deren Bedeutung und die Beziehungen zwischen den Elementen (Osterwalder und Pigneur 2010; Gordijn et al. 2005; Schallmo 2013). Damit zielt eine Ontologie drauf ab, eine gemeinsame, formale und explizite Konzeption eines Geschäftsmodells zu generieren (Gordijn et al. 2005, S. 3).[15] Häufig werden Ontologien im Kontext der Geschäftsmodellentwicklung lediglich dazu genutzt „to enhance communication between various stakeholders, that is, in shared meaning rather than automated reasoning" (Gordijn et al. 2000, S. 258). Derartige Ontologien der Geschäftsmodellliteratur werden entsprechend als ‚Lightweight'-Ontologien bezeichnet. Eine Geschäftsmodellontologie oder ein Metamodell bietet damit eine hierarchische Struktur, die aufzeigt, woraus ein Geschäftsmodell besteht und wozu die Elemente im Rahmen der Wertkreation und Wertaneignung dienen. Entsprechend der vorliegenden Arbeitsdefinition von Geschäftsmodellen sollte eine Ontologie insofern die Elemente Wertversprechen, Wertschöpfung, Organisationsarchitektur und ökonomische Aspekte als Kernelemente adressieren (Fielt 2013, S. 99 f.). Als ‚Lightweight'-Ontologie bzw. Metamodell soll sie dabei durch Schaffung der notwendigen strukturellen Voraussetzungen die Kommunikation zwischen den Stake- und Shareholdern unterstützen und so zur Entwicklung eines gemeinsamen Verständnisses (engl. ‚shared worldview') beitragen.

Vorgehensmodell bzw. -systematik

Das Vorgehensmodell oder die Vorgehenssystematik eines Frameworks unterstützt nach Schallmo (2013) die Entwicklung und das Management von Geschäftsmodellen durch Aufführung der notwendigen Aktivitäten und ihrer chronologischen Abfolge. Eine Analyse der exisiterenden Literatur zeigt jedoch auch, dass den Prozessen zur Identifikation, zum Design und zur Evaluierung von Geschäftsmodellen bislang nur wenig Aufmerksamkeit geschenkt wurde (Piller et al. 2014, S. 42 f.). Auf Basis der Analyse von 46 Publikationen identifizieren Ebel und Leimeister (2016) fünf Aktivitäten, die typischerweise im Rahmen von Geschäftsmodellentwicklungsansätzen durchgeführt werden: die Mobilisierung des Teams, das Verstehen der

---

[15] Unter einer Konzeption wird bei Gordijn et al. (2005) ein Modell der Realität verstanden – im Falle von Geschäftsmodellen ein Modell der Geschäftslogik. Dieses Modell soll von allen beteiligten Personen in der gleichen Art und Weise interpretiert werden können (d. h. ein ontologisches Commitment soll vermittelt werden). Neben der damit verbundenen Anforderung einer gemeinsamen Konzeption ermöglicht eine Ontologie auch die formale und explizite Beschreibung. Damit kann ein Geschäftsmodell einheitlich dokumentiert werden und die Entwicklung kann aufbauend auf der Ontology durch digitale Technologie unterstützt bis hinzu vollständig automatisiert verarbeitet werden (Gordijn et al. 2005, S. 3). „By specializing and instantiating concepts and relations of the ontology for a particular case, the ontology can also be used to describe a particular business model in a precise and structured way" (Gordijn et al. 2000, S. 258).

Wettbewerbsumwelt eines Unternehmens, die Gestaltung des neuen Geschäftsmodells, sowie die Implementierung und das weitere Geschäftsmodellmanagement (Ebel und Leimeister 2016, S. 112). Für die gemeinschaftliche, firmenübergreifende Entwicklung von Geschäftsmodellen schlagen Ebel und Leimeister (2016) beispielsweise die Umweltanalyse, das Design des Geschäftsmodells, die Implementierung und das Management von Geschäftsmodellen als Phasen der Entwicklung vor (Ebel und Leimeister 2016, S. 113 ff.). Die Analyse der Literatur zeigt sich jedoch auch, dass Vorgehensmodellbeschreibung i. d. R. noch zu generisch, um daraus ein dezidiertes Vorgehen für die Entwicklung von Geschäftsmodellen in digital transformierenden Ökosystemen ableiten zu können.

Techniken der Geschäftsmodellentwicklung bzw. Methoden und Instrumente

Als dritten wesentlichen Bestandteil von Geschäftsmodell-Frameworks beschreibt Schallmo (2013) die Erläuterung von Techniken. Diese zeigen Handlungsanleitungen und Vorschriften auf, wie (Teil-)Ergebnisse in der Geschäftsmodellierung erzielt werden können und zu dokumentieren sind (Schallmo 2013, S. 155 f.). Techniken haben einen methodischen und instrumentellen Anteil. Methoden beschreiben dabei die Art und Weise des Vorgehens, das jeweilige Instrument die Mittel, die zur Zielerreichung eingesetzt werden (Wilde und Hess 2006, S. 1.). Techniken der Geschäftsmodellentwicklung können in diesem Zusammenhang verschiedenen Bereichen entstammen. Häufig werden Visualisierungsinstrumente eingesetzt, um Denkprozesse anregen, Gruppendynamik zu erzeugen und so Ergebnisse erzielen zu können (Schallmo 2013, S. 156).

3.2 Anforderungen an ein Geschäftsmodell-Framework in digital transformierenden Serviceökosystemen

Um ein Framework zur Gestaltung von Geschäftsmodellen in digital transformierenden Serviceökosystemen zielgerichtet entwickeln zu können, erfolgt im Weiteren die Ableitung von Anforderungen an ein solches Framework. Diese Anforderungen basieren auf dem dargestellten Verständnis von Geschäftsmodellen und Geschäftsmodell-Frameworks (Kapitel 3.1) und der paradigmatischen Sichtweise der SDlogic auf Geschäftsmodelle in digital transformierende Serviceökosysteme (Kapitel 2.3 und Kapitel 3.1). Dieses Verständnis konnte aus der Literatur abgeleitet und im Rahmen der Action-Design-Research-Zyklen für das Untersuchungsgebiet Elektromobilität (Kapitel 5) bestätigt werden. Die Anforderungen lassen sich in drei Bereiche unterteilen: Elemente eines Geschäftsmodells, strukturelle und funktionale Eigenschaften sowie Bestandteile und Charakteristika von Geschäftsmodell-Frameworks (siehe Abbildung 9).

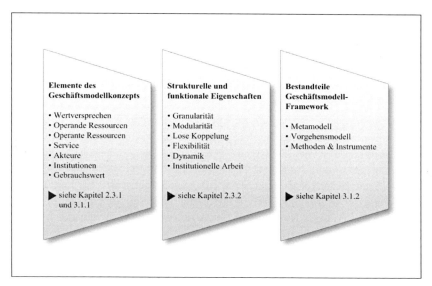

Abbildung 9: Anforderungen an ein Geschäftsmodell-Framework zur Gestaltung des ökonomischen Austauschs in digital transformierenden Serviceökosystemen
Quelle: eigene Darstellung

Die Anforderungen zur Abbildung von Systemelementen und Charakteristika digital transformierender Serviceökosystem wurde bereits in Kapitel 2.3 hergeleitet und erläutert. Hierbei ist verdeutlicht worden, dass die Einnahme einer servicedominierten Perspektive eine Konkretisierung der Arbeitsdefinition für Geschäftsmodelle nach sich zieht. So sind die Komponenten Wertversprechen, Wertarchitektur, Wertnetzwerk und Wertfinanzierung der Betrachtungsweise der SDlogic entsprechend zu verstehen. Beispielsweise ist einhergehend mit der SDlogic die Wertarchitektur eines Geschäftsmodells als eine Ausgestaltung der gemeinsamen Kreation von kontextuellen Gebrauchswerten zu interpretieren.

Im Hinblick auf die Ausgestaltung eines Geschäftsmodell-Frameworks sind im Kapitel 2.2.2 und 2.2.3 wesentliche strukturelle und funktionale Charakteristika von digital transformierenden Serviceökosystemen dargestellt worden. Diese gilt es konzeptionell durch ein Geschäftsmodell-Framework zu berücksichtigen und ihre Übersetzung in Geschäftsmodellen zu unterstützen. Im Hinblick auf die Elemente Eigenschaften eines Geschäftsmodell-Frameworks wird – wie bereits erläutert – auf Schallmo (2013) Bezug genommen. Damit beinhaltet ein Geschäftsmodell-Framework ein Metamodell, das die Elemente von Geschäftsmodellen und ihrer Beziehung zueinander definiert. Darüber hinaus gibt es eine konkrete Vorgehensweise oder Vorgehenssystematik zur Entwicklung von Geschäftsmodellen vor.

Schließlich soll ein Geschäftsmodell-Framework Methoden und Instrumente, welche die Entwicklung eines Geschäftsmodells unterstützen und leiten, vorgeben (Schallmo 2013, S. 110).

3.3 Anforderungsabgleich mit dem Stand der service-dominierten Geschäftsmodellforschung

Wie bereits erwähnt, hat die servicedominierte Betrachtungsperspektive auf die Entstehung von Märkten und die Bedeutung der gemeinsamen Wertkreation starke Auswirkung auf das Verständnis von Geschäftsmodellen. Vorangegangene Untersuchungen haben bereits verschiedene Aspekte der SDlogic im Zusammenhang mit dem Geschäftsmodellkonzept und seiner Umsetzung untersucht (vgl. Caridà et al. 2017; Frow et al. 2015; Ojasalo und Ojasalo 2015; Viljakainen et al. 2013; Zolnowski 2015). Unter Beachtung dieser Erkenntnisse wird eine Anpassung des zugrunde liegenden Metamodells von Geschäftsmodellen als erforderlich angesehen, um dergestalt eine Reflexion der Erkenntnisse der SDlogic zu ermöglichen (siehe im Detail auch bei Clauß et al. 2014; Daxböck 2013; Viljakainen et al. 2013). Darüber hinaus weist die Analyse der SDlogic-orientierten Geschäftsmodellliteratur einheitlich darauf hin, dass das Verständnis und die Geschäftslogik traditioneller Geschäftsmodell-Frameworks einer produkt-zentrierten Logik entstammen und damit strukturell wie inhaltlich den Anforderungen der SDlogic nicht genügen (Caridà et al. 2017; Storbacka et al. 2012; Frow et al. 2015; Zolnowski und Böhmann 2011). Da die in der vorliegenden Arbeit untersuchten Geschäftsmodellansätze sich zu Teilen bereits sehr ausführlich mit dem Abgleich existierender Geschäftsmodellkonzepte und Frameworks auseinandergesetzt haben (u. a. Zolnwoski 2015), wird im Rahmen der vorliegenden Arbeit auf den Anforderungsabgleich mit traditionellen Ansätzen verzichtet und auf dem Stand der Forschung aufgebaut.[16]

Zunächst wird daher der Status quo zu Geschäftsmodellkonzepten bzw. zu Geschäftsmodell-Frameworks aus Perspektive der SDlogic präsentiert. Anschließend

---

[16] Als wesentliche Aspekte wird dabei auf den grundsätzlichen Unterschied zwischen der Perspektive der SDlogic im Verhältnis zu traditionellen Ansätze aufgrund der Anwendung einer Sichtweise, die auf den reziproken Austausch von Services abstellt, hingewiesen. So ersetzt der Service Austausch in der gemeinsamen Wertkreation die transaktionsbezogene Bereitstellung von – entweder materiellen oder immateriellen – Gütern (Vargo und Lusch 2008b). Gleichzeitig wird der Fokus vom dyadischen Austausch zu Interaktionen (Grönroos 2006) und zu einer inhärent kundenorientierten Sichtweise in Akteursnetzwerken verlagert (Daxböck 2013, S. 44 f.; Zolnowski 2015, S. 43 ff.). Letztlich zeigen die untersuchten Arbeiten, dass die strikte Trennung von Anbieter und Kunde nach der produktzentrierten Sichtweise dazu führt, dass traditionelle Geschäftsmodellansätze eine Modellierung von kontextbezogenen Werten, Ressourcenintegration und gemeinsamer Wertkreation aus Netzwerkperspektive nicht ermöglichen (Caridà et al. 2017; Zolnowski und Böhmann 2013).

werden diese Ansätze mit den entwickelten Anforderungen an die Geschäftsmodellentwicklung des Kapitels 3.2 abgeglichen. Abschließend wird der Handlungsbedarf im Sinne einer Forschungslücke expliziert.

3.3.1 Status quo: Geschäftsmodell-Frameworks der Service-dominant logic

Die hier vorgestellten Ansätze sind aufbauend auf den grundlegenden Beiträgen von Storbacka und Nenonen (2010, 2012, 2014) und jüngsten Recherchen innerhalb der Literatur der SDlogic (u. a. von Caridà et al. 2017) identifiziert worden. Daneben sind Datenbanken, Plattformen und Suchmaschinen (EBSCO, ScienceDirect und Google Scholar) nach relevanten Schlüsselwörtern und Schlüsselwortkombinationen („business model', „servicedominant logic', „business model framework', „digitalisation', „digital transformation') durchsucht worden, um eventuell bisher nicht erfasste Arbeiten zu identifizieren. Hierbei sind Ansätze gewählt worden, die durch die Wahl der Perspektive der SDlogic eine Anpassung existierender Geschäftsmodelle oder eine vollständige Neukonzeption von Geschäftsmodellen (Viljakainen et al. 2013) vorschlagen. Ein weiteres Bewertungskriterium stellte die Berücksichtigung der Rolle digitaler Technologie für die Entwicklung von Serviceökosystemen dar.

Bevor ein Abgleich mit den Anforderungen an Geschäftsmodell-Frameworks mit dem Status quo durchgeführt wird, soll zunächst inhaltlich in die Umsetzungsvorschläge eingeführt werden. Dies ist hilfreich, um zum einen ein grundsätzliches Verständnis für den Stand der Wissenschaft zum Geschäftsmodellkonzept aus Perspektive der SDlogic zu vermitteln. Zum anderen liefert die Darstellung Ansatzpunkte für die Entwicklung eines anforderungsgerechten Geschäftsmodell-Frameworks. Im Weiteren werden daher zunächst inhaltlich Aspekte der identifizierten Umsetzungsvorschläge autorenzentriert (Webster und Watson 2002, S. xvi) entlang der Kategorisierung nach Viljakainen et al. (2013) vorgestellt. Im Folgekapitel werden die Ansätze dann mit den ermittelten Anforderungen an Geschäftsmodell-Frameworks abgeglichen, um existierende Forschungslücken zu identifizieren.

3.3.1.1 Neukonzeptionen von Geschäftsmodell-Frameworks

Ansätze der Kategorie ‚Neukonzeptionierung' sind Geschäftsmodell-Frameworks, die zunächst das Geschäftsmodellkonzept in die Perspektive der SDlogic übertragen und darauf aufbauend eine vollständig neues Geschäftsmodell-Framework entwickeln.

Nenonen und Storbacka (2010), Storbacka und Nenonen (2011) und Storbacka et al. (2012)

Die Studien von Nenonen und Storbacka (2010), Storbacka und Nenonen (2011) und Storbacka et al. (2012) veranschaulichen diesen Ansatz und können als Grundlagenarbeiten der SDlogic zum Thema Geschäftsmodelle betrachtet werden. Nenonen und Storbacka (2010) diskutieren hierbei die Entwicklung von Geschäftsmodellen in einem systemischen Kontext. Im Einklang mit der allgemeinen Betrachtungsweise der SDlogic wird ein Servicesystem, das nicht nur aus dem Anbieter und Kunden, sondern auch aus anderen Stakeholdern (einschließlich Wettbewerbern) besteht, als Ort der gemeinsamen Wertkreation erachtet. Das Konzept von Nenonen und Storbacka (2010) ist darauf ausgelegt, die Geschäftsmodellentwicklung in vernetzten Umfeldern zu ermöglichen. Hierbei steht die Idee der Ressourcenintegration im Mittelpunkt der Betrachtung. Das Modell enthält drei Designebenen (Designprinzipien, Ressourcen und Fähigkeiten), welche die Ausgestaltung in vier Designdimensionen (Markt, Angebot, Geschäftstätigkeit und Management) spezifizieren. Das Geschäftsmodellkonzept besteht damit aus einer Konfiguration von zwölf miteinander verbundenen Elementen. Aus Sicht der Autoren definiert ein Geschäftsmodell damit die Ressourcen eines fokalen Marktakteurs und seine Möglichkeiten mit anderen Akteuren und ihren Ressourcen zu interagieren. Folgerichtig sind alle Interaktionen zwischen Akteuren im eigentlichen Sinne Interaktionen zwischen den Geschäftsmodellen von Marktakteuren. Damit bestimmen die Geschäftsmodelle der Marktakteure insgesamt über die Möglichkeiten zur Erhöhung der Ressourcendichte durch gemeinsame Wertkreation in einer spezifischen Marktsituation. Geschäftsmodellentwicklung bedeutet damit Marktakteure zu identifizieren, die kompatible Geschäftsmodelle aufweisen bzw. die Änderungsbedarfe am eigenen oder fremden Geschäftsmodell zu identifizieren, die eine Erhöhung der Ressourcendichte ermöglichen und so neue Marktkonfigurationen erzeugen (Storbacka und Nenonen 2011, S. 248). Damit stellen die Autoren den ‚inter-actor configurational fit' von Geschäftsmodellen in das Zentrum der Ausgestaltung fokaler Geschäftsmodelle. So gehen sie davon aus, dass die Einführung eines neuen Geschäftsmodells die Beeinflussung von Marktpraktiken erfordert, die durch die Einführung von neuen Geschäftsmodellelementen und institutionellen Vereinbarungen erfolgt (Storbacka et al. 2012, S. 67).

Nenonen und Storbacka leisten mit ihrer Arbeit einen wichtigen Grundlagenbeitrag zum Verständnis des Geschäftsmodellkonzepts aus Perspektive der SDlogic. So werden die Bestandteile eines Geschäftsmodells und ihr inhaltlicher Zusammenhalt ausführlich betrachtet und in einen systemischen Zusammenhang gestellt. Dabei unterstreichen sie die Rolle von Markpraktiken als verbindendes Element zwischen Geschäftsmodellkomponenten und ihrer marktseitigen Umsetzung. Gleichwohl liefern die Arbeiten kein praxiserprobtes Geschäftsmodell-Framework. So fehlen neben der Definition eines Vorgehensmodells Methoden und Instrumente zur Umsetzung des Konzepts. Der Ansatz verbleibt damit auf einer konzeptionell abstrakten Ebene und liefert lediglich wenige Implikationen für Praktiker. Insbesondere kann auf der bisher vorgestellten Basis die Verbindung zwischen den Geschäftsmodellelementen nicht erfasst werden. Aufgrund der Fülle von Elementen und fehlenden Ansätzen zur praktischen Anwendung ist das Modell für die Umsetzung zu komplex, als dass es seinen Wert in der Praxis bereitstellen kann (Caridà et al. 2017).

Caridà et al. (2017)

Der von Caridà et al. (2017) vorgestellte Ansatz basiert im Wesentlichen auf den Vorarbeiten von Nenonen und Storbacka (2010), Storbacka und Nenonen (2011) und Storbacka et al. (2012). Damit setzen die Autoren auf einer netzwerkorientierten Sichtweise und dem damit verbundenen Verständnis der gemeinsamen Wertkreation durch reziproken Austausch von Services auf. Geschäftsmodelle beschreiben damit, wie Unternehmen ihre eigenen und fremden Ressourcen zur Wertkreation einsetzen. Damit dient das Konzept aus Sicht der Autoren dazu, Akteure dabei zu unterstützen, Praktiken zu entwickeln, die auf eine Verbesserung der Ressourcendichte in der Kreation von Werten in Akteursnetzwerken ausgerichtet sind (Caridà et al. 2017, S. 344). Zudem wird angeregt Ansätze zu entwickeln, die darauf abzielen, durch Geschäftsmodelle eine unterstützende Umgebung für die Ressourcenintegration und gemeinsame Wertschöpfung im Sinne von Serviceplattformen zu schaffen, die eine Erhöhung der Ressourcendichte mit sich bringen (Lusch und Nambisan 2015, S. 166 ff.). Die Autoren reduzieren die Komplexität des Geschäftsmodellansatzes im Verhältnis zu Nenonen und Storbacka (2010) durch Fokussierung auf die Kernelemente Ressourcen, die Ressourcenintegration und den Wert, wie er von der fokalen Unternehmung kreiert und erfasst wird. Ressourcen inkludieren dabei menschliche und nicht-menschliche Akteure und ihre Rolle im Netzwerk. Der Mechanismus der Ressourcenintegration umfasst ebenfalls Institutionen im Sinne von Regeln, Grundsätzen und Tätigkeiten. Im Rahmen ihrer Arbeit visualisieren Caridà et al. (2017) die Zusammenhänge der Elemente anschaulich. Anhand dieser Elemente definiert das Geschäftsmodell die Rolle der Akteure im Netzwerk und die Regeln des Austauschs. Dies wird am Beispiel von digitalen Plattformen, und den darin vereinbarten Regeln und Aktivitäten zur Interaktion auf und über die Plattform dargestellt. Durch Instanziierung an einem Beispiel einer italienischen Möbelmarke soll ein Beitrag zum Verständnis des abstrakten Konzepts anhand einer textuellen Umsetzung des Modells geleistet werden, indem beschrieben wird, wie Akteure Werte kreieren und sich aneignen. Gerade hier wird deutlich, dass der Ansatz inhaltlich einen Beitrag zur praktischen Anwendung der SDlogic liefert und das Verständnis von Zusammenhängen in digitalen und netzwerkgeprägten Umfeldern verbessert. Beispielsweise wird konkret aufgezeigt, dass die SDlogic-Konzepte bei der Ausgestaltung und dem Management von Geschäftsmodellen durch Anwendung der Konzepte Ressourcenintegration und gemeinsamen Wertkreation unterstützen können.

3.3.1.2 Anpassungen existierender Geschäftsmodell-Frameworks

Ansätze der Kategorie ‚Anpassen von existierenden Konzepten' liefern konkrete Anwendungen auf Basis existierender Konzepte und berücksichtigen dabei ausgewählte Aspekte der SDlogic. So bauen diese Arbeiten auf den Konzepten auf Lusch und Vargo (2004, 2008, 2011, 2014) und teilweise auf der Grundlagenarbeit von Nenonen und Storbacka (2010) auf. Insgesamt muss jedoch festgehalten werden, dass die identifizierten Ansätze die Weiterentwicklungen der SDlogic seit 2012 (bspw. Vargo und Akaka 2012) im Hinblick auf die Rolle von Institutionen und institutioneller Arbeit für die Entwicklung von Serviceökosystemen nicht berücksichtigen. Als Grundlage für die Anpassung der Geschäftsmodellentwicklung wird i. d. R. der bereits vorgestellte Business Model Canvas (Osterwalder und Pigneur 2010) genutzt. Die holistische Sichtweise, das zugrunde liegende umfassende Metamodell der Business Model Ontology (Osterwalder 2004), seine Übersichtlichkeit, die Möglichkeit einer textuellen Beschreibung, sowie sein häufiger Einsatz in der Praxis werden dabei als Gründe für die Wahl des Business Model Canvas als Adaptionsgrundlage genannt. Die vorgestellten konzeptionellen Ansätze sind dabei nicht ausschließlich darauf ausgerichtet, das Konzept der gemeinsamen Wertkreation im Sinne einer neutralen Ökosystemperspektive zu beschreiben. Vielmehr bereichern die Autoren das fokal ausgerichtete Modell um die Rolle von Kunden und/oder Partnern in der Wertkreation (Viljakainen et al. 2013). So adaptieren bspw. Ojasalo und Ojasalo (2015) den Business Model Canvas u. a. um die Beeinflussungsmöglichkeiten von Kunden sowie bei Fielt (2010) und Zolnowski (2015) auch von Partnern auf die gemeinsame Wertkreation identifizier- und analysierbar zu machen. Auch Viljakainen et al. (2013) verwenden ihn als Ausgangspunkt ihrer Erarbeitung. Die Autoren analysieren die Anpassungsbedarfe an die neuen Elemente des Business Model Canvas in mehr oder weniger detaillierter Form, definieren Elemente neu oder fügen neue ein und ändern die Organisation der Elemente im Canvas (Viljakainen et al. 2013). Dabei stehen insbesondere die Aspekte der gemeinsamen Wertkreation und eine akteursbezogene Netzwerkorientierung bei aktuellen Übertragungsansätzen im Mittelpunkt der Betrachtung. Die Arbeit von Zolnowski (2015) sollte hierbei insofern hervorgehoben werden, als dass sie auch eine Anpassung des Metamodells von Osterwalder (2004) vorschlägt. Turber et al. (2014) entwickeln im Kontext des Trends ‚Internet of the Things' und damit im Themenfeld der digitalen

Transformation einen Ansatz auf Basis des St. Gallener Modells. Dieser wird abschließend vorgestellt, da hierbei neben der Anpassung eines alternativen Geschäftsmodell-Frameworks auf die SDlogic auch Aspekte der LMA in einer spezifischen digitalen Domäne entwickelt worden sind. Diese ermöglichen interessante Einblicke in eine Methode zur Übertragung von Aspekten digitaler Technologien als Ressourcen der Wertkreation in der Entwicklung von Geschäftsmodellen.

Ojasalo und Ojasalo (2015)

Der Ansatz von Ojasalo und Ojasalo (2015) zeichnet sich durch die Einbeziehung der Kundenperspektive auf alle Bausteine des Business Model Canvas (Osterwalder und Pigneur 2010) aus. So werden jegliche Bestandteile durch entsprechende Verständnisfragen sowohl aus einer fokalen als auch Kundenperspektive betrachtet, um diese mit Blick auf die inhärente Kundenperspektive der SDlogic umzuinterpretieren. Dabei wird versucht, zum einen den Kundenkontext über die Welt des Kunden, Wertschöpfung und Interaktionsaspekte abzubilden. Die Partnerperspektive soll insbesondere durch Interaktionsaspekte in der kundenbezogenen Wertkreation erweitert werden. Ziel ist es insgesamt, den Unterschied zwischen traditionellem Geschäftsdenken und service-basierter Denkweise zu verdeutlichen und in den Geschäftsmodellentwicklungsprozess einzufügen. Daher regen Ojasalo und Ojasalo (2015) auch eine Umgestaltung des Entwicklungsprozesses von Geschäftsmodellen an. Hierbei wird zum Teil die Relevanz gemeinsamer institutioneller Arbeit bei der Entwicklung neuer Geschäftsmodelle deutlich, wenn auch nicht konkret hervorgehoben. Im Hinblick auf die Anwendbarkeit des Ansatzes ist jedoch zu konstatieren, dass durch die inhaltliche Erweiterung und die Uminterpretation die Gefahr besteht, eine deutliche Komplexitätserhöhung vorzunehmen. So werden zwar die inhärente Kundenperspektive und eine, eher auf eine dyadische Sicht beschränkte, Wertkreation im Modell ausdrücklich einbezogen. Institutionen als Ressourcen und der für die Entwicklung und Einführung neuer Geschäftsmodelle notwendige Wandel von institutionellen Vereinbarungen finden hingegen kaum Wiederhall. Auch werden Ressourcen im Allgemeinen und die duale Rolle von Technologie im Speziellen nicht näher betrachtet, sodass in der Analyse von Wertschöpfungsaktivitäten eine explizite Berücksichtigung von operanten Kunden- und Partnerressourcen und der damit einhergehenden gemeinsamen Wertkreation nicht deutlich wird.

Fielt (2011, 2012, 2013)

Gerade diese Aspekte beachtet Fielt (2011), indem er Aktivitäten und Ressourcen von Partnern und Kunden in seiner Adaption des Business Model Canvas integriert. Damit können diese als Inputs für die Modellierung des Serviceaustauschs einbezogen werden. Entsprechend untergliedert er den Baustein der Kundensegmente

(Zielkunden) und den Baustein der Schlüsselpartner in weitere Teilbereiche. Darüber hinaus werden die Kostenstrukturen von Kunden und Partnern als neue Bausteine hinzugefügt. Hierdurch soll die Rolle von Kunden und Partnern in der gemeinsamen Wertschöpfung verdeutlicht werden. Fielt (2013) beschreibt ausführlich den Bedarf zur Aufnahme dieser Aspekte durch eine Auseinandersetzung mit dem Wertbegriff bzw. der Notwendigkeit eines kontextuellen Wertverständnisses. Werden weitere Aspekte der SDlogic als relevant erachtet, so zeigt sich, dass zusätzliche Element eingefügt werden müssten. Hierbei besteht die Gefahr, dass durch die Aufnahme weiterer Elemente die Komplexität steigt und das Modell nicht mehr bearbeitet werden kann (Cardoso et al. 2014). Damit würden die eigentlichen Vorteile des Business Model Canvas im Hinblick auf seine einfache Anwendbarkeit und Übersichtlichkeit aufgrund der, für eine Netzwerkbetrachtung typischen Komplexitätssteigerung, keine Wirkung mehr entfalten können. Zudem finden in der Anpassung die grundsätzlichen Anpassungsbedarfe an der Business-Model-Ontologie beispielsweise mit Blick auf eine Gebrauchswertbetrachtung und die Bedeutung des Kontexts (Fielt 2011; 2014) sowie eine Berücksichtigung institutioneller Aspekte des Geschäftsmodellkonzepts und der Geschäftsmodellentwicklung keine Berücksichtigung.

Zolnowski et al. (2011) und Zolnowski (2015)

Ähnlich wie die bereits vorgestellten Ansätze greifen Zolnowski et al. (2011) bzw. Zolnowski (2015) die fehlende Modellierung von gemeinsamer Wertkreation und der Kundenperspektive als fehlende Teilaspekte der SDlogic im ursprünglichen Business Model Canvas auf. Zolnowski (2015) konzentriert sich in seinem Ansatz auf die Umverteilung der Elemente und ihrer Verbindungen, anstatt sie zu grundlegend zu verändern. Jedoch kann positiv hervorgehoben werden, dass Zolnowski (2015) sich generell mit strukturellen und funktionalen Veränderungen am Metamodell der Business-Model-Ontologie (Osterwalder 2004) auseinandersetzt. Allerdings greift der Ansatz im Wesentlichen auf die Konzepte des ursprünglichen Business Model Canvas zurück und verändert lediglich deren Organisation, indem jedem Element eine Partner- und Kundenperspektive zugeordnet wird (Cardoso et al. 2014). Ähnlich wie bei Fielt (2010) wird damit die Komplexität der Darstellung deutlich erhöht und die Übersichtlichkeit geht im Verhältnis zum Original verloren. Gleichzeitig bilden Zolnowski et al. (2011) lediglich Teilaspekte der SDlogic ab, ohne sie vollständig – auch im Hinblick auf die Auswirkungen auf den Entwicklungsprozess und durch Einbezug unterstützender Methoden – vollständig anzuwenden und die Komplexität durch den Einsatz eines Geschäftsmodell-Frameworks zu reduzieren. Ebenso wie bei den Vorgängern fehlt auch inhaltlich wie prozedural die Berücksichtigung institutioneller Aspekte.

Viljakainen et al. (2013)

Aufbauend auf einer Analyse existierender Ansätze (u. a. Fielt 2011; Zolnowski et al. 2011; Nenonen und Storbacka 2010) halten Viljakainen et al. (2013) fest, dass die Herausforderung in der Zusammenführung von Servicelogik und Geschäftsmodellen in „[the] 'translation' of the phenomenon of co-creation into business thinking of the focal company" (Viljakainen et al. 2013, S. 7) liegt. Damit sehen sie vor allem die Erweiterung des Geschäftsmodellkonzepts um die ‚gemeinsame Wertkreation' und die damit verbundene Rolle von Kunden und Partnern in der Wertkreation als zentrale Handlungsfelder an. Sie konstatieren, dass die Ressourcen eines Unternehmens, Wertversprechen, Marktcharakteristik und das Umsatzmodell anerkannte Hauptkomponenten eines Geschäftsmodells sind. Damit bauen sie zwar auf Osterwalders Business Model Canvas mit den vier Hauptblöcken und insgesamt neun Bausteinen auf, verändern allerdings die Positionen sowie Inhalte der Unterkategorien und fügen erläuternde Verbindungslinien zwischen ihnen hinzu. Damit werden Beziehungen zwischen den Elementen explizit sichtbar. Zur Berücksichtigung ihrer Anforderungen ersetzen sie jedoch die Komponente der Marktmerkmale durch die gemeinsame Wertschöpfung und die Ressourcen eines Unternehmens durch die Integration von Ressourcen. Damit sehen Viljakainen et al. (2013) im Gegensatz zu den bisher beschriebenen Arbeiten durch Einnahme einer SDlogic-Perspektive eine radikalere Umgestaltung des Business Model Canvas vor, um die zentrale Rolle der gemeinsamen Wertschöpfung und Ressourcenintegration abzubilden. Die Wertschöpfung wird dabei statt den Marktmerkmalen als Hauptkomponente eines Geschäftsmodells betrachtet. Anstelle (wie bei anderen Ansätzen üblich) eine reine Aufzählung von Ressourcen vorzunehmen, wird die Integration von Ressourcen als Bestandteil des reziproken Serviceaustauschs als zweite Komponente hervorgehoben. Durch Einführung von Verbindungslinien wird zudem die notwendige Verknüpfung von Ressourcen, Ressourcenintegration und Wertschöpfung verdeutlicht. Das Wertversprechen wird als zentraler Mittler in der kontinuierlichen Interaktion zwischen Wertschöpfung und Ressourcenintegration verstanden. Partner und Kunden werden – ähnlich wie bei Zolnowski et al. (2011) – als wichtige Akteure sowohl in der Ressourcenintegration als auch in der gemeinsamen Wertschöpfung einbezogen. In der Trennung von Ressourcen (‚Infrastruktur') und Marktmerkmalen (‚Kundenschnittstelle') tritt de Unterschied zu Osterwalder und Pigneur (2010) am deutlichsten zutage (vgl. auch Zolnowski et al. 2011). So bringen in der Arbeit von Viljakainen et al. (2013) sowohl Kunden als auch Partner Ressourcen in die gemeinsame Wertkreation ein. Gleichzeitig betonen die Autoren, dass der Fokus nicht auf die eigentlichen Aktivitäten von Kunden oder Partnern ‚per se' ausgerichtet ist, sondern dass ein Geschäftsmodell die Orchestrierungsmöglichkeiten des fokalen Unternehmens abbildet (so auch bei Nenonen und Storbacka 2010; Zott und

Amit 2010). Im Ergebnis weisen die Autoren darauf hin, dass eine zu starke Fokussierung auf den reziproken und prozessorientierten Servicecharakter im Sinne der SDlogic die Praktikabilität des Modells einschränken würde und benennen deswegen die wichtige Rolle von Wertvorstellung als verknüpftes Element in der Konfiguration von Angeboten. In diesem Ansatz fehlt die konkrete Darstellung der Anwendung des Konzepts. Er wurde lediglich inhaltlich durch Experteninterviews validiert.

Turber et al. (2014)

Turber et al. (2014) schlagen auf Basis des St. Gallener Business Model Navigators (Gassmann et al. 2014) und unter Berücksichtigung von Anforderungen, die sie aus der SDlogic ableiten, ein Framework zur Gestaltung von ‚Internet of the Things'-Geschäftsmodellen vor. Hierbei umfasst das Modell mit drei Komponenten eine reduzierte Version des St. Gallener Modells. Turber et al. (2014) charakterisieren über die Dimensionen Wertschöpfungsnetzwerk (Wer), Wertschöpfung (Wo) und Nutzen (Warum) Inhalte und Zusammenhänge von Geschäftsmodellen. Durch textliche Beschreibung und Anwendung des LMA auf digitale Technologiekomponenten (Gerät, Netzwerk, Service, Inhalt) der Wertschöpfung soll der Ansatz die Analyse und den Entwurf von Geschäftsmodellen in digitalen Umfeldern erleichtern. Durch Verwenden des LMA gelingt es, die verschiedenen inhaltlichen Ebenen der digitalen Technologie und hier im Besonderen die Serviceebene in einer netzwerkzentrischen Sichtweise darzustellen und damit eine serviceorientierte Perspektive auf digitale Aspekte der gemeinsamen Wertkreation zu ermöglichen. Hiermit bildet das Modell eine Ausgangsbasis, um Teilaspekte der Integration von digitalen Ressourcen in die gemeinsame Wertkreation im Sinne der SDlogic zu visualisieren. Im Hinblick auf die Visualisierung der übrigen Geschäftsmodellkomponenten bleibt der Ansatz jedoch hinter den bisher vorgestellten Konzeptionen zurück. So fehlt ein umfassender Überblick über das Geschäftsmodell und ein Einblick in die Wertkreation und Wertaneignung. Dies ergibt sich sicherlich auch aus dem von Turber et al. (2014) gewählten domänenspezifischen Ansatz und der Fokussierung auf die Teilaspekte gemeinsame Wertkreation und die Betrachtung von Wertschöpfungsnetzwerken.

3.3.2 Ergebnisse des Anforderungsabgleichs

Bevor auf die Ergebnisse des Anforderungsabgleichs eingegangen wird, soll zunächst auf eine Auffälligkeit bei einem Großteil der untersuchten Ansätze hingewiesen werden. So zeigt sich, dass die betrachteten Arbeiten häufig die Anwendung der SDlogic auf die Wandlung von produktorientierten zu serviceorientierten Geschäftsmodellen abstellen. Es ist bereits im einführenden Kapitel darauf hingewiesen worden, dass es sich bei der SDlogic um eine veränderte Betrachtungsperspektive auf den ökonomischen Austauschprozess insgesamt handelt. Hiermit verbunden ist eben nicht, dass sich der ökonomische Austausch selbst wandelt. Vielmehr nutzt der Geschäftsmodellentwickler durch Einnahme der Perspektive eine – auf den Gebrauchswert, Kontext und auf die gemeinsame Wertkreation fokussierte – tranzendierende Betrachtungsweise für ökomischen Zusammenhänge. Damit sollte auch die Anwendung der Konzepte der SDlogic nicht unter der Maßgabe der Einführung von ‚Dienstleistungs'-Geschäftsmodellen beschränkt bleiben und eben nur diese Spezifika von Geschäftsmodellen untersuchen. Insbesondere vor dem Hintergrund des Verständnisses digitaler Transformationsprozesse scheint die Verwendung einer generell transzendierenden Sichtweise angebracht, die auf den im reziproken Serviceaustausch durch die Einbringung von Ressourcen erzeugten Gebrauchswert abstellt. Hierbei wird die Ressourcenintegration zum zentralen Verbindungselement von Menschen und Technologie innerhalb und zwischen Serviceökosystemen. Damit einher geht auch die dynamische Konzeption von digitaler Technologie als operande und operante Ressource. Im Sinne der SDlogic kann diese dann unter Maßgabe ihrer institutionellen Anteile und unabhängig von ihrer physischen oder digitalen Materialität anhand ihres Servicepotenzials im spezifischen Kontext modelliert werden.

Nach dieser eher grundsätzlichen Feststellung wird im Weiteren auf die Erfüllung der Anforderungen an die Entwicklung von Geschäftsmodellen aus Kapitel 3.2 eingegangen. Die Gesamtergebnisse werden in Tabelle 1 als Übersicht aufgelistet.

Elemente des Geschäftsmodellkonzepts

Die Übertragung der servicedominierten Perspektive in ein Geschäftsmodell-Framework erfordert die Berücksichtigung aller für die Gestaltung eines Serviceökosystems relevanten Systembestandteile. Diese wurden im Kapitel 2.3 aus Perspektive der SDlogic beschrieben und in Kapitel 3.2 auf das Geschäftsmodellkonzept übertragen. Die Untersuchung verdeutlicht, dass alle Ansätze Aspekte der servicedominierten Betrachtungsweise berücksichtigen, indem das Wertversprechen, das Konzept des Services und reziproken Serviceaustauschs in Netzwerken von Akteuren Niederschlag in den Ansätzen finden. Die Unterscheidung von operanden und operanten Ressourcen sowie deren Berücksichtigung in Geschäftsmodellen ist jedoch bisher lediglich in den Ansätzen von Neonen und Storbacka (2010), Storbacka et al. (2012) sowie von Caridà et al. (2017) deutlich erkennbar. Die übrigen Ansätze benennen die Aspekte zwar, eine Ausprägung im Modell ist jedoch nicht deutlich erkennbar. Gerade mit Blick auf die Bedeutung dieser Anforderungen für die Berücksichtigung der Digitalisierung und digitalen Transformation bedeutet dies, dass eine Abbildung der strategischen Bedeutung der Ressourcen und ihres Beitrags in der Wertkreation nur unzureichend möglich ist. Gleiches gilt für den Einbezug des kontextuellen Gebrauchswerts. Darüber hinaus zeigt sich, dass Institutionen und institutionelle Vereinbarungen bisher kaum Wiederklang in der Übertragung der SDlogic auf die Betrachtung von Geschäftsmodellen finden. Dieser ist zwar Gegenstand bei den untersuchten Ansätzen und wird als wesentlich für die Perspektive der SDlogic erachtet. Explizite Abbildung findet dieser Aspekt nur bei drei Ansätzen.

Strukturelle und funktionale Eigenschaften

Die beschriebenen strukturellen und funktionalen Eigenschaften dienen im Wesentlichen der Abbildung der digitalen Transformation in Serviceökosystemen und der entsprechenden Ausgestaltung von Geschäftsmodellen. Die aus der SDlogic abgeleiteten Eigenschaften üben u. a. Einfluss auf die Ausgestaltung des inneren Zusammenhalts der Elemente in einem Geschäftsmodell aus. Generell zeigt sich, dass die untersuchten Geschäftsmodellansätze diesen Zusammenhalt nicht deutlich abbilden bzw. nicht visualisieren. Lediglich das Konzept von Viljakainen et al. (2013) bietet einen guten Ansatzpunkt für eine Realisierung dieses strukturellen Aspekts, in dem die Verbindungslinien explizit sichtbar gemacht werden. Dies ermöglicht die gerade auch im Business Model Canvas und seinen Derivaten fehlende Modellierung der inneren und äußeren Zusammenhänge eines Geschäftsmodells durch die Verknüpfung der Elemente herzustellen. Dadurch werden Interaktionsperspektive der Ressourcenintegration in der gemeinsamen Wertkreation und die Bedeutung von operanten Ressourcen für die Wertkreation deutlich.

Der Ansatz von Turber et al. (2014) geht hier noch weiter, indem LMA methodisch in die Wertkreation integriert wird. Erweitert man diesen – zunächst auf digitale Technologien beschränkten – Ansatz auf Ressourcen im Allgemeinen und deren Fähigkeit zur Bereitstellung von Werten, so zeichnen sich Möglichkeiten der Zusammenführung von Ressourcen und Ressourcenintegration in der gemeinsamen Wertschöpfung durch eine modulare und Ebenen-übergreifende Abbildung des Servicepotenzials ab. Gleichwohl macht insbesondere die Betrachtung von Turber et al. (2014) deutlich, dass die duale Rolle digitaler Technologie bisher noch nicht im Fokus der akademischen Beiträge gestanden hat. Zwar betrachten beispielsweise Zolnowski (2015) und Caridà et al. (2017) in der Instanziierung ihrer Konzepte explizit digitale Umfelder, jedoch fehlt die Berücksichtigung der digitalen Natur und soziotechnischer Aspekte, wie sie für die Perspektive der SDlogic anzunehmen wären. Gleichwohl nehmen Caridà et al. (2017) Bezug auf Lusch und Nambisan (2015), indem sie eine modulare und granulare Architektur für Geschäftsmodelle zur Erhöhung der Ressourcendichte anregen. Dies wird jedoch sichtbar im Modell angewendet.

Auch im Hinblick auf Flexibilität und Dynamik bilden derzeitige Ansätze nicht ausreichend Möglichkeit zur Berücksichtigung der hohen Veränderungsgeschwindigkeit im Serviceökosystem auf der einen Seite und der Anpassungsfähigkeit digitaler Technologie. Dies ergibt sich u. a. aus dem Fehlen von expliziten Vorgehensmodellen und zum anderen aus der statischen Darstellung im Business-Model-Canvas-Design. Letzteres erlaubt einen guten Überblick als ‚Blitzlicht' zu einem bestimmten Zeitpunkt der Entwicklung. Anpassungen können hingegen nur schwierig nachvollzogen oder abgebildet werden, beispielsweise weil die Modellierungstiefe fehlt.

Damit geht jedoch auch die Möglichkeit verloren, die Generativität digitaler Technologie beispielsweise durch durch Einbringung weiterer Fähigkeiten oder Ressourcen des Netzwerks bzw. durch die Kombination existierender Komponenten abzubilden. Ressourcen stehen i. d. R. ‚für sich' und nicht für ihr Servicepotenzial. Auch hier bietet die Perspektive von Viljakainen et al. (2013) durch Fokussierung auf die Orchestrierung von Services erste Ansatzpunkte für eine anforderungsgerechte Weiterentwicklung.

In jüngeren Grundlagenarbeiten der SDlogic werden vermehrt institutionelle Vereinbarungen, Praktiken und deren Weiterentwicklung im Rahmen der Geschäftsmodellentwicklung als zentral angesehen. Hier sei beispielhaft auf die jüngsten Entwicklungen in der SDlogic (Vargo und Lusch 2016; Vargo und Lusch 2017; Wieland et al. 2016) hingewiesen, die institutionelle Arbeit als zentralen Treiber der Weiterentwicklung von Serviceökosystemen betrachten. Es wurde bereits deutlich gemacht, dass ein systemisches Verständnis der institutionellen Logik und ihrer Wirkung auf die Koordination von Ressourcenintegration und Wertschöpfung Unternehmen bei einer aktiven Gestaltung von Serviceökosystemen unterstützen kann. Zum einen ist ein aktives Management lediglich unter Maßgabe des Verständnisses der institutionellen Ebenen möglich. Zum anderen führt aber auch schon ein verbessertes Verständnis unter den einbezogenen Akteuren dazu „[to make] implicit knowledge explicit and hence [to] help identifying changes that might be needed" (Edvardsson et al. 2014, S. 303).

Die Analyse existierender Ansätze macht deutlich, dass die Bedeutung von Praktiken und institutioneller Logik für die Struktur von Geschäftsmodellen sowie für den Prozess der Geschäftsmodellentwicklung bisher in der konkreten Ausprägung von Geschäftsmodell-Frameworks wenig Widerhall gefunden hat. Hier stellen die Arbeiten von Nenonen und Storbacka (2010), Storbacka und Nenonen (2011) und Storbacka et al. (2012) gerade durch Bezugnahme auf die Bedeutung von Praktiken im Kontext der Ausgestaltung von Geschäftsmodellen wichtige Grundlagenarbeiten dar. Jedoch lässt sich eine Reflexion dieser Erkenntnisse in den untersuchten Ansätzen bisher weder in der Formulierung eines ganzheitlichen Metamodells noch in der Formulierung eines Vorgehensmodells oder in der Spiegelung in den Geschäftsmodell-Repräsentationen[17] finden. Damit internalisieren die gemachten Vorschläge einen wesentlichen Teil des Verständnisses der SDlogic nicht vollständig. Vielmehr stellen sie i. d. R. auf den inhärenten Kundenfokus, die gemeinsame Wertkreation und eine Netzwerkperspektive ab. Damit werden Mehrwerte, die durch die Berücksichtigung der institutionellen Aspekte von Geschäftsmodellen und der Betrachtung von Praktiken mit Blick auf die Erstellung und Umsetzung von Geschäftsmodellen verbunden sind, nicht gehoben.

Generell muss zudem festgehalten werden, dass die Anpassung des Business Model Canvas in den untersuchten Fällen zu einer deutlichen Zunahme der Komplexität führt.[18] Insbesondere die Abbildung von interaktiven Verknüpfungen und Netzwerkkonstellationen führt zu komplexen Beziehungsgeflechten, die über eine ‚flache' Canvas-Darstellung nicht abbildbar sind. Hier zeigt die Visualisierung durch Turber et al. (2014) durch Aufnahme der LMA-Dimensionen eine interessante Alternative auf, wenn sie auch leider nicht anhand eines grafischen Beispiels instanziiert worden ist. Insgesamt verbleiben die Ansätze bei einer Motivation zur Einführung einer neuen Denkweise in die Gestaltung von Geschäftsmodellen, was bei Ojasalo und Ojasalo (2015) anhand der Formulierung von „kundenorientierten" Verständnisfragen besonders deutlich wird (Ojasalo und Ojasalo 2015a, S. 8 ff.).

---

[17] Es lassen in der Literatur im Wesentlichen zwei Strömungen zur Repräsentation bzw. Darstellung von Geschäftsmodellen identifizieren (Burkhart et al. 2011). Die erste Richtung umfasst eine grafische Flussperspektive des Geschäftsmodells und damit den Prozess der Wertkreation im Unternehmen. Die Arbeit von McCarthy (1982) und Gordijn (2002) sind exemplarisch für diese Forschungsrichtung. Die zweite – eher ganzheitlich orientierte – Forschungsrichtung konzentriert sich auf eine textuelle Darstellung von konstituierenden Merkmalen beispielsweise bei Timmers (1998), Osterwalder (2004), Al-Debei und Avison (2010) und Zott et al. (2011). Textuell-orientierte Ansätze vermitteln einen ganzheitlichen Überblick über die Systemebene und betonen die Geschäftslogik eines Unternehmens (Zott et al. 2011). Zu den bekanntesten und häufig adaptierten Ansätzen zählen hierbei einerseits im Bereich der grafisch-orientierten Ansätze das e3-Value Framework nach Gordijn (2002) und bei den ganzheitlich, textuell-orientierten Ansätzen der Business Model Canvas nach Osterwalder und Pigneur (2010) (Zolnowski 2015, S. 5, 87 ff.).

[18] Diese Annahme bestätigte sich auch im ersten Action-Design-Research-Zyklus bei der Vorarlberger Kraftwerke AG. Auch hier wurde aufbauend auf dem Business Model Canvas versucht, eine vernetzte und ebenenübergreifende Entwicklung und Darstellung eines Geschäftsmodells durchzuführen. Jedoch scheiterte der Ansatz – trotz Fokussierung auf spezifische Geschäftsmodellaspekte und -ebenen – an der Komplexität des digital transformierenden Ökosystems (siehe Kapitel 5.2).

Bestandteile des Geschäftsmodell-Frameworks

Die Ausarbeitung zum aktuellen Stand der Forschung im Bereich von Geschäftsmodellen hat gezeigt, dass der Entwicklungs- und Managementprozess von Geschäftsmodellen strukturell und funktional durch ein Geschäftsmodell-Framework unterstützt werden kann. Ein derartiges Framework besteht aus einem Metamodell, Vorgehensmodell, Methoden und Instrumenten. Die Analyse ergibt, dass bisher kein Ansatz ein Metamodell auf Basis der SDlogic vorgestellt hat. So setzen lediglich die Ansätze der Kategorie ‚Anpassung existierender Geschäftsmodell-Frameworks' auf existierenden Metamodellen auf und referenzieren teilweise auf die Business-Model-Ontologie. Lediglich im Fall von Zolnowski (2015) findet eine explizite Anpassung dieses Metamodells im Hinblick auf die SDlogic statt. Die Einbeziehung von Vorgehensmodelle, Methoden und Instrumenten ist ebenfalls bisher kaum festzustellen. Der Ansatz von Ojasalo und Ojasalo (2015b) ist hierbei am umfassendsten und enthält Vorschläge für ein Vorgehensmodell und eine Übersicht mit Instrumenten und ihren Einsatzfeldern in der Geschäftsmodellentwicklung.

Tabelle 1 gibt einen detaillierten Überblick über die Erfüllung der Anforderungen an ein Geschäftsmodell-Framework im Untersuchungskontext.

Tabelle 1: Abgleich der ‚Anforderungen an ein Geschäftsmodell-Framework in digital transformierenden Serviceökosystemen' mit relevanten Geschäftsmodell-Frameworks
Quelle: eigene Darstellung

Ansätze	Neukonzeption		Anpassung existierender Ansätze				
	Nenonen und Storbacka 2010; Storbacka und Nenonen 2011; Storbacka et al. 2012	Caridà et al. 2017	Ojasala und Ojasala 2015	Fielt 2011 / Fielt 2013	Viljakainen et al. 2013	Zolnowski 2015	Turber et. al. 2014
Elemente							
Wertversprechen	x	-	x	X	x	X	-
Operande Ressourcen	x	x	0+	0	-	0	0+
Operante Ressourcen	x	x	0+	0	-	0	0+ inkl. VP
Service	x	x	x	X	x	X	0 (LMA)
Akteure	x	x	x	X	x	X	0 (LMA)
Institutionen	0	0	-	-	-	-	-
Gebrauchswert	x	x	x	0	0	0	0 (LMA)
Strukturelle und funktionale Eigenschaften							
Granularität	-	-	-	-	-	-	-
Modularität	-	-	-	-	-	-	x
Lose Koppelung	-	-	-	-	-	-	x
Flexibilität	-	-	-	-	-	0	x
Dynamik	0	-	-	-	-	0	0
Institutionelle Arbeit	0+	0	-	-	-	-	-
Geschäftsmodell-Framework							
Metamodell	-	-	0	0	0	0+	-
Vorgehen	-	-	X	-	-	0	0
Instrumente	-	-	0+	-	-	-	0

- = nicht vorhanden   0 = teilweise   0+ = verstärkt vorhanden   x = vorhanden

3.4 Forschungslücke und Handlungsbedarf

Durch Zusammenführung der Aspekte zur Ausgestaltung des ökonomischen Austauschs aus Perspektive der SDlogic mit empirisch validierten Erkenntnissen der jüngeren Geschäftsmodellforschung sind in Kapitel 3.2 formuliert worden. Diese Erkenntnisse sind durch die Ergebnisse des ersten und zweiten Action-Design-Research-Zyklus bestätigt worden (siehe Kapitel 5.2 und 5.3). In Kapitel 3.3 ist aufbauend auf einem Status quo der Geschäftsmodellansätze aus Perspektive der SDlogic ein Abgleich mit diesen Anforderungen aufgestellt worden.

Diese Analyse hat folgende Erkenntnisse generiert: So ist erstens die Relevanz der Betrachtung von Geschäftsmodellen aus einer servicedominierten Betrachtungsperspektive unterstrichen worden. Zweitens sind Ansatzpunkte zur Gestaltung eines Geschäftsmodell-Frameworks anhand der existierenden Arbeiten identifiziert worden. Drittens hat sich sowohl in der Analyse der Literatur als auch in der Empirie der Action-Design-Research-Zyklen ergeben, dass eine methodische und instrumentelle Umsetzung der SDlogic für die Entwicklung von Geschäftsmodell noch nicht ausreichend umgesetzt worden ist.

So zeigen die Ergebnisse, dass bisher kein vollständiger Framework-Ansatz, der beispielsweise über ein Vorgehensmodell verfügt und methodische Hilfestellungen (die über leitende Verständnisfragen hinausgehen) für die holistische Betrachtung des Serviceökosystems oder der Rolle von digitaler Technologie bereitstellt, existiert. Zudem wird in den Ansätzen zwar die Bedeutung kontextbezogener Werte generell hervorgehoben, aber die Arbeiten liefern bisher keine Methoden die Akteure bei der Identifikation und Berücksichtigung der kontextuellen Rahmenbedingungen eines Geschäftsmodells zu unterstützen. Auch findet die Abbildung von Ressourcen bzw. der Integration von Ressourcen über den Serviceaustausch lediglich in den Ansätzen von Caridà et al. (2017), Nenonen und Storbacka (2010), Turber et al. (2014) und Viljakainen et al. (2013) Niederschlag. Hierbei ist jedoch zu konstatieren, dass einzig Viljakainen et al. (2013) eine Vernetzung von Ressourcen und ihrer Integration in die Wertkreation durch Linien visualisieren. Insgesamt gelingt es Viljakainen et al. (2013) aber nicht, die Abbildung des Servicepotenzials insbesondere von operanten Ressourcen zu erfassen. Hier leisten Turber et al. (2014) einen methodischen Beitrag durch Einbindung des LMA in die Geschäftsmodellentwicklung. Aufgrund der geringen Berücksichtigung der dualen Rolle von Ressourcen werden aber gerade Anforderungen, wie sie sich aus der Natur digitaler Technologie ergeben (u. a. Flexibilität und Dynamik), durch die vorgestellten Ansätze kaum erfüllt. Die Analyse zeigt weiter, dass die Anpassung existierender Geschäftsmodell-Frameworks aufgrund der unterschiedlichen meta-theoretischen Grundlagen schwierig ist. Ergebnisse des Designprozesses sind in der Darstellung insbesondere aufgrund der netzwerk-orientierten Betrachtungsweise nicht mehr einfach grafisch abbildbar oder führen zu komplexen Darstellungen mit nicht zufriedenstellenden Ergebnissen.

Eine Anpassung des existierenden Ansatzes erscheint daher nicht zielführend, sondern es wird vielmehr eine auf den Erkenntnissen der SDLogic aufbauende Neukonzeption vorgeschlagen. Auf Grundlage eines Metamodells sollte hierbei ein Konzept entwickelt werden, das sowohl die als unterstützend angesehene, modulare und granulare Struktur des Serviceökosystems abbildet und über eine Mehrebenenarchitektur verfügt (Lusch und Nambisan 2015, S. 166 ff.). Die Kombination dieser Aspekte kann eine anforderungsgerechte Modellierung von Geschäftsmodellen unterstützen und hilft dabei die Komplexität eines von netzwerkorientierten und interdependenten Leistungsverflechtungen geprägten Serviceökosystems zu reduzieren. Gleichzeitig zeigt die Untersuchung, dass eine textuelle Darstellung der konstituierenden Merkmale eines Geschäftsmodells wie beispielsweise bei Timmers (1998), Osterwalder (2004), Al-Debei und Avison (2010) und Zott et al. (2011) – gerade mit Blick auf den ganzheitlich, systemorientieren Ansatz der SDlogic – vorteilhaft für die Entwicklung und Ausgestaltung von Geschäftsmodellen zu sein scheint.

Insgesamt unterstreichen die Ergebnisse der hier untersuchten Arbeiten und die dabei indentifizierte Forschungslücke die Notwendigkeit der Bemühungen, die Forschung auf diesem Gebiet fortzusetzen und zu erweitern. Diese Lücke soll das im Weiteren vorgestellte und im zweiten Action-Design-Research-Zyklus (siehe Kapitel 5.3) verprobte SoBM-Framework schließen.

4 Service-oriented Business Model (SoBM)-Framework

Das in diesem Kapitel vorgestellte SoBM-Framework wurde als Managementinstrument für die Gestaltung von Geschäftsmodellen in digital transformierenden Serviceökosystemen aus Perspektive der SDlogic entwickelt. Es bildet das zentrale Ergebnis dieser Arbeit und ist ausgehend von Erfahrungen aus zwei Action-Design-Research-Zyklen im Untersuchungsgebiet Elektromobilität (siehe Kapitel 5) entwickelt und validiert worden. Es umfasst neben den von Schallmo (2013) vorgeschlagenen Elementen eines Geschäftsmodell-Frameworks (Metamodell, Vorgehensmodell, Methoden und Instrumente) auch acht, aus dem Paradigma der SOA abgeleitete Modellierungsprinzipien.

In Kapitel 4.1 wird das zugrunde liegende konzeptionelle Verständnis von Geschäftsmodellen und der Geschäftsmodellentwicklung des SoBM-Framework erläutert. Anschließend werden in Kapitel 4.2 die zugrunde gelegten Prinzipien der Modellierung konkretisiert. Das Metamodell des SoBM beschreibt in Kapitel 4.3 die Elemente eines Geschäftsmodells und ihre Beziehungen zueinander. Darauf aufbauend wird in Kapitel 4.4 das Vorgehensmodell zur Geschäftsmodellentwicklung im SoBM-Framework vorgestellt. Die Methoden und Instrumente des Modells werden im Kapitel 4.5 detailliert dargestellt. Eine Zusammenfassung in Kapitel 4.6 bildet den Abschluss des Hauptteils der Arbeit.

4.1 Geschäftsmodellentwicklung und -konzept

Die Entwicklung von Geschäftsmodellen aus einer fokalen Perspektive kann als Schlüssel zur Analyse und Gestaltung des ökonomischen Austauschs in zunehmend vernetzten, informations- und serviceorientierten Umfeldern angesehen werden (Storbacka et al. 2012, S. 53, 63, 70 ff.; Vargo und Lusch 2016, S. 10). Wie in Kapitel 2 ausgeführt, bietet die SDlogic eine angemessene und hilfreiche Betrachtungsweise des ökonomischen Austauschs für die in der vorliegenden Arbeit als digital transformierend bezeichneten Serviceökosysteme an. Darauf fußend wird Geschäftsmodellentwicklung im Weiteren als institutionelle Arbeit verstanden und ist Ausdruck des aktiven gestalterischen Handelns eines fokalen Marktakteurs. So zielt die Entwicklung von Geschäftsmodellen darauf ab, aktuelle Marktkonstellationen in Serviceökosystemen zu ändern. Der fokale Akteur strebt dabei danach, die mentalen Modelle und Geschäftsmodelle anderer Marktakteure beeinflussen, sodass sie im Einklang mit seinem eigenen Modell und Vorstellungen stehen (Storbacka und Nenonen 2011, S. 246, 253). Gleichwohl handelt es sich bei dieser Marktgestaltung nicht ausschließlich um ein einseitiges Handeln des fokalen Akteurs, sondern das Handeln wird vielmehr um Aktivitäten mit den einbezogenen Akteuren und Netzwerken von Akteuren erweitert (Storbacka und Nenonen 2015, S. 81). Der fokale

Akteur ist damit Treiber einer Entwicklung in einem nicht-linearen Prozess, welcher die Bildung neuer Institutionen letztlich institutionalisierter Marktlösungen bewirkt (Wieland et al. 2015, S. 9). Die generische Akteur-zu-Akteur-Perspektive erweitert den Geschäftsmodellansatz um eine netzwerk-orientierte, aber dennoch fokale Betrachtungsweise von Geschäftsmodellen (Storbacka und Nenonen 2011, S. 253). Diese Betrachtungsweise berücksichtigt die Notwendigkeit einer gemeinsamen Entwicklung der Wertkreation in Serviceökosystemen. Sie stellt darauf ab, dass das Ziel der gemeinsamen Wertkreation in der Erhöhung des Wohlergehens des Serviceökosystems besteht.

Als normalisierende Praktik zielt die Geschäftsmodellentwicklung somit darauf ab, neue oder veränderte Konfigurationen der Wertkreation zu schaffen, die dazu geeignet sind, die Ressourcendichte für einzelne oder mehrere Akteure zu verbessern und so die Tragfähigkeit des Ökosystems zu optimieren (siehe Kapitel 3.2.3). Die Entwicklung von Geschäftsmodellen muss dabei als ein kontinuierlicher Prozess verstanden werden, da Märkte nie vollständig stabil und durch die Institutionalisierung neuer Lösungen in Bewegung sind. Kollaborative Anstrengungen zur Wertkreation treiben hierbei durch Einbindung von Fähigkeiten, Wissen und operanden Ressourcen in der institutionellen Arbeit stetig eine kombinatorische Innovation von Technologien sowie Marktlösungen voran. Hierbei entstehen Geschäftsmodelle als institutionalisierte Lösungen durch die kombinatorische Evolution, Akzeptanz und Nutzung von Wertversprechen, die zur Ausprägung von neuen Praktiken und der Bildung eines gemeinsamen Verständnisses für Probleme und Lösungen in Serviceökosystemen führen (Kjellberg et al. 2015, S. 8).

Im Verständnis der vorliegenden Arbeit entsteht Markterfolg damit nicht zwangsläufig als Ergebnis von neuen Ideen oder Produkten, sondern benötigt die Institutionalisierung von neuen Praktiken und die Ausprägung eines gemeinsamen Marktverständnisses der Akteure (Kjellberg et al. 2015, S. 8). Methoden und Instrumente zur Entwicklung von Geschäftsmodellen stellen dabei eine aktive Unterstützung für Marktakteure in der Gestaltung von Marktlösungen bereit. Im Einklang mit Storbacka und Nenonen (2011) wird die Geschäftsmodellentwicklung hierbei als ein kontinuierlicher Prozess des Lernens in Märkten verstanden, bei dem die ‚marketness' eines Geschäftsmodells vom ‚configurational fit' der Marktelemente abhängt. Über die Veränderbarkeit einer konkreten Marktsituation wird dabei anhand ihrer Ressourcendichte entschieden (Storbacka und Nenonen 2011, S. 247).

Ein Geschäftsmodell reflektiert somit im Sinne einer repräsentativen Praktik allgemein nachvollziehbar die Elemente und Zusammenhänge in einem Serviceökosystem für die betroffenen Akteure, erläutert die Begrifflichkeiten und zeigt auf, wie die gemeinsamen integrativen Praktiken wirken (siehe Kapitel 3). Als institutionelle

Vereinbarung beschreibt es „imperfectly shared conceptions of problems and solutions" (Wieland et al. 2016, S. 35) und zeigt die Elemente sowie Zusammenhänge institutionalisierter Problemlösungen in Serviceökosystemen auf. In seiner Realisierung weist ein Geschäftsmodell die integrativen Marktpraktiken, in die ein Akteur involviert ist, und die Beziehungen zu anderen Akteuren nach. Es stellt somit die Brücke zwischen technologischen und marktseitigen Innovationen her (Peters et al. 2016, S. 140).

Entsprechend wird die bisherige Arbeitsdefinition eines Geschäftsmodells (vgl. Kapitel 3.1.1) in folgender Weise in die Perspektive der SDlogic übertragen:

> Ein Geschäftsmodell beschreibt ein Serviceökosystem aus der Sicht eines fokalen Akteurs, um die Wertlogik einer Organisation in Bezug auf die Kreation und Erfassung von Werten zu erklären (d. h. die gemeinsame Wertschöpfung). Es kann durch einen zusammenhängenden Satz von Elementen abgebildet werden, die die Akteure des Serviceökosystems, Wertversprechen, Services, Ressourcen (z. B. Technologie, Wissen, institutionelle Logik) und Wertdimensionen (d. h. kontextuelle Gebrauchswerte) auf einer Mikro- und Meso-Ebene adressieren.

Basierend auf dieser Definition und dem beschriebenen Verständnis der Geschäftsmodellentwicklung werden im Weiteren die entwickelten Modellierungsprinzipien des SoBM-Ansatzes vorgestellt. Grundlage hierfür bilden die Anforderungen an die Entwicklung eines Frameworks für Geschäftsmodelle (vgl. Kapitel 3.2).

4.2 Prinzipien der Modellierung

Die vorliegend beschriebenen Modellierungsprinzipien dienen als Leitbild und Richtlinie für die Entwicklung von Geschäftsmodellen. Sie stellen zum einen sicher, dass die Anwendung von Methoden und Instrumenten des Geschäftsmodell-Frameworks eine serviceorientierte, auf Flexibilität und Dynamik ausgerichtete Umsetzung verfolgt. Zum anderen richtet sich ein Fokus auf die Einbindung von Wertbeitragspotenzialen digitaler Technologien in Geschäftsmodellen. Die Ergebnisse der Action Design Research (siehe Kapitel 5.2) verdeutlichen, dass für die identifizierte Problemstellung der Arbeit mit dem SOA-Konzept[19] aus der Informatik eine paradigmatische Grundlage zur Ausgestaltung von (Informations-)Systemen in digitalen Ökosystemen Anwendung finden kann.[20] Zum einen

---

[19] Die SOA-Prinzipien wurden, auf Basis der u. a. bei Becker (2010), Erl (2008) und Masak (2007) vorgestellten Form, in den Kontext der Geschäftsmodellentwicklung überführt.

[20] Die in der Literatur vorgestellten Definitionen des SOA-Konzepts zeigen viele Parallelen, aber auch Unterschiede in Bezug auf den Inhalt und Umfang einer SOA auf. Einige Definitionen folgen eher einer informationstechnischen Orientierung und sind daher sehr eng gefasst. Die im Rahmen des Verständnisses der Service Science verwendeten Definitionsansätze hingegen bilden ein breiteres Spektrum ab und ermöglichen so die Verwendung aus einer geschäfts-

stellt das SOA-Konzept praxiserprobte Designprinzipien bereit, die als Richtlinien zur Analyse, Entwicklung und Ausführung von Geschäftsmodellen in digital transformierten Ökosystemen verwendet werden können. Zum anderen liegt der SDlogic und dem SOA-Konzept eine gemeinsame serviceorientierte Denkweise zugrunde.[21]

4.2.1 Prinzipien der Modularität

Basierend auf der Konzeptualisierung der SDlogic und den Erkenntnissen zur Natur digitaler Technologie ist die Ausprägung von Geschäftsmodellen als modulares Konzept in Sinne einer Serviceplattform als eine zentrale Anforderung an die Entwicklung von Geschäftsmodellen formuliert worden (Lusch und Nambisan 2015, S. 166, Barile et al. 2016, S. 660). Modularität bietet hierbei die Möglichkeit, Komplexität zu reduzieren und die Flexibilität im Systemdesign zu erhöhen (Yoo 2010, S. 727). Das auf Modularität ausgerichtete Konzept der Serviceplattform soll den Austausch von Services und die gemeinsame Wertkreation erleichtern. Es basiert auf einer modularen Struktur von materiellen und immateriellen Ressourcen, welche die Interaktion von Akteuren und Ressourcen umfasst (Lusch und Nambisan 2015, S. 162), und wird durch die Anwendung der Prinzipien der Kapselung, der losen Kopplung und mittels stabiler Serviceverträge ermöglicht.

Der primäre Vorteil von modularen Serviceplattformen besteht darin, die Möglichkeiten einer Liquifikation von Ressourcen durch die Digitalisierung zu nutzen und auf diese Weise die Ressourcendichte zu erhöhen (Lusch und Nambisan 2015, S. 166). Die Modularität eines Geschäftsmodells „enables better coordination of service exchange and creates more opportunities for value cocreation" (Lusch und

---

orientierten Perspektive (Joachim 2012, S. 3 ff.). Die hier verwendeten Designprinzipien folgen einer solchen ganzheitlichen Sicht: „SOA is the architectural style that supports loosely coupled services to enable business flexibility in an interoperable, technology-agnostic manner. SOA consists of a composite set of business-aligned services that support a flexible and dynamically re-configurable end-to-end business processes realization using interface-based service descriptions" (Borges et al. 2004, S. 34).

[21] In diesem Kontext ist anzumerken, dass das Konzept des ‚Service' im Verständnis der SDlogic und der SOA voneinander abweicht. So beschreibt ein ‚Service' im Sinne der SDlogic eine Interaktion zwischen mindestens einem oder mehreren Anbietern und Nutznießern, die darauf ausgerichtet ist, durch Anwendung von Fähigkeiten Werte zu schaffen und sich im reziproken Austausch Werte anzueignen (Lusch und Vargo 2014, S. 43). Innerhalb der Informatik wird ein ‚Service' hingegen als eine in sich geschlossene verteilte Software-Komponente mit einer veröffentlichten Schnittstelle verstanden, die Interoperabilität unterstützt, erkennbar ist und dynamisch gebunden ist. Ein Service kapselt dabei eine definierte fachliche Anwendungslogik und trägt direkt bzw. indirekt zur Wertschöpfung bei (Becker 2011, S. 22). Obwohl hier aufgrund der eher technischen Betrachtungsweise der Informatik eine Abweichung im Verständnis vorliegt, ermöglicht jedoch die Verbindung der Sichtweisen – wie auch innerhalb der Action Design Research empirisch belegt wurde – neue Chancen, digital- und geschäftsorientierte Perspektiven in Unternehmen zusammenzuführen (Chen 2008; Zhao et al. 2008).

Nambisan 2015, S. 167). Die Realisierung von Modularität erlaubt dahingehend eine übersichtliche und flexible Ausgestaltung von Geschäftsmodellen, sodass auf Änderungen innerhalb und außerhalb des Serviceökosystems mit geringen Anpassungsaufwänden zeitnah reagiert werden kann (Becker 2011, S. 29).

Die Modularität der Geschäftsmodellentwicklung muss strukturell über den Aufbau des Metamodells berücksichtigt werden, indem die Elemente in Form von flexibel miteinander verbundenen Einheiten konzipiert werden. Hierbei ist die Zerlegbarkeit und die Möglichkeit zur Verbergung von Informationen (im Sinne der Kapselung von Elementen) im Metamodell strukturell anzulegen (vgl. auch bei Aversa et al. 2015, S. 157). Die Umsetzung des modularen Aufbaus wird im Weiteren durch die Anwendung der Prinzipien der Kapselung, der losen Kopplung und der Entwicklung stabiler Serviceverträge in den Methoden und Instrumenten der Geschäftsmodellentwicklung sichergestellt. Sie erfolgt durch die Kapselung auf Ebene der Services und lose Kopplung der integrierten Ressourcen sowie anwendenden Akteure über definierte Schnittstellen (Verträge). Gleichwohl basiert der Aufbau des Geschäftsmodells (als Serviceplattform) ebenfalls darauf, dass die Regeln des Austauschs im Sinne stabiler Serviceverträge (siehe Prinzip Serviceorientierung) eindeutig definiert und implementiert sind (Lusch und Nambisan 2015, S. 162).

Das Prinzip der Kapselung ist eng mit dem Prinzip der Abstraktion verbunden. Letzteres beschreibt, welche Informationen über gekapselte Funktionalität und Ressourcen nach außen preisgegeben werden. Das Prinzip der Kapselung bestimmt, welche Funktionen und Ressourcen in einem Service zusammengefasst und zu einer logischen Einheit verbunden werden (Erl 2008, S. 242). Durch Kapselung lassen sich sämtliche Arten von Services in der Gestaltung von Geschäftsmodellen gleich behandeln. So werden heterogene Ressourcen nach innen gekapselt und über Serviceschnittstellen homogen nach außen angeboten. Nicht die einbezogene (eigene oder fremde) Ressource oder Funktion, sondern letztlich die Eignung eines Services aus fachlicher Sicht zur Erfüllung von Anforderungen einer Aktivität entscheidet über dessen Verwendung (vom Brocke 2011, S. 66). Hierdurch wird die Austauschbarkeit von Services erhöht, da in Verbindung mit der Abstraktion spezifische Eigenschaften der Ressourcenintegration für den Nutzer verborgen bleiben und nur die für den Nutzer notwendigen Informationen über den Servicevertrag bekannt gemacht werden (Masak 2007, S. 91). Durch Kapselung werden Funktionen und Ressourcen mit großer Abhängigkeit voneinander in einem Service zusammengefasst, wobei eine Überlappung von Funktionen und Ressourcenintegrationen zwischen differenten Services vermieden werden sollte. Dies ermöglicht eine redundanzfreie, flexible und isolierte Anpassung von Services bei der Veränderung von Anforderungen (Becker 2011, S. 30).

Das Prinzip der losen Kopplung wird als ein zentrales Konzept der SOA betrachtet. Durch lose Kopplung kann die Unabhängigkeit und Austauschbarkeit von Systembestandteilen (Masak 2007, S. 91; Hess et al. 2006, S. 401 ff.) in Geschäftsmodellen gefördert werden.[22] Hierbei bezieht sich die lose Kopplung in der Geschäftsmodellierung auf die Kopplung von Services untereinander, die Verbindung zwischen Services und Ressourcen und auf die Verbindung zwischen Akteuren und Services. In der Geschäftsmodellentwicklung ist generell eine schwache Kopplung der Systemelemente vorteilhaft, da diese eine voneinander entkoppelte Evolution (Heutschi 2007, S. 30) der Systemelemente erlaubt. Lose Kopplung von Services untereinander, zwischen Services und Ressourcen und zwischen Akteuren und Services kann die Nutzbarkeit eines Services erhöhen. So können Services leichter zusammengestellt, verändert und ersetzt werden, wenn eine schwache Kopplung der Elemente vorliegt. Letztlich lassen sich Services durch lose Kopplung auch leichter wiederverwenden (lokal und in anderen Serviceökosystemen). Dies ermöglicht Abhängigkeiten von Akteuren und Ressourcen zu vermeiden. Hierbei wird deutlich, dass die technologische Abstraktion ebenfalls ein Anliegen des Prinzips der losen Kopplung ist (Erl 2008, S. 228). So kann die Flexibilität erhöht und Chancen zur Integration innovativer Problemlösungen können gesteigert werden, wenn technologische Unabhängigkeit in Verbindung mit der losen Kopplung der übrigen Systemelemente vorliegt (Erl 2008, S. 207 f.). Systemelemente sollten auf eine Weise gestaltet sein, dass diese intern einen engen Zusammenhalt haben, aber untereinander gering gekoppelt sind. Hierdurch werden Änderungen von Elementen aufgrund fachlicher oder technischer Gegebenheiten erleichtert (Hess et al. 2006, S. 396 f.). Dem Prinzip der Modul- oder Komponentenbildung (siehe oben) folgend, werden dabei Funktionen oder Ressourcen untereinander so zusammengefasst, dass sie gegenüber anderen Elementen eine möglichst geringe Abhängigkeit (lose Kopplung) aufweisen (Heutschi 2007, S. 31).

---

[22] Insbesondere dieses Designprinzip wird in der Literatur häufig abweichend interpretiert und beschreibt bei manchen Autoren eines der anderen in diesem Abschnitt genannten Prinzipien. So hält Heutschi (2007) fest. „Viele Autoren bezeichnen die ‚lose Kopplung' als eine Kerneigenschaft von SOA. Während aber [Brown et al. 2002, 4] darunter die Verwendung bestimmter auf Standards basierender Kommunikationsmechanismen versteht, bezieht sich der Begriff bei [Fritz 2004] auf eine logische Unabhängigkeit zwischen Architekturkomponenten, die eine voneinander entkoppelte Evolution erlaubt. [Papazoglou 2003, 3] verbindet mit loser Kopplung das Verbergen interner Strukturen, was andere Autoren eher unter der Eigenschaft Abstraktion einordnen" (Heutschi 2007, S. 30). Im Kontext der Modellierung von Geschäftsmodellen erscheint die Interpretation nach Fritz (2004) für das SoBM-Framework am geeignetsten, da das Prinzip in diesem Verständnis die strukturellen und funktionalen Eigenschaften digital transformierender Serviceökosysteme hervorhebt.

Dem Prinzip stabiler Serviceverträge folgend, beschreibt das Geschäftsmodell eine verbindliche, möglichst stabile Vereinbarung im Sinne einer institutionalisierten Praktik über den Service zu treffen. Dies schließt die Empfehlung ein, Geschäftsmodelle möglichst gemeinsam mit Kunden und Partnern zu entwickeln bzw. eine Geschäftsmodellrepräsentation mit den involvierten Akteuren zu diskutieren. Ein derartiges Vorgehen ermöglicht, dass Serviceverträge als Serviceschnittstelle zum Zeitpunkt der Implementierung des Geschäftsmodells nur noch moderaten Änderungszyklen unterworfen werden. Für Änderungen sollte zwischen den Akteuren ein verbindlicher Prozess vereinbart werden. Die Stabilität der Serviceverträge wird durch die Anwendung des Prinzips der Abstraktion (siehe Kapitel 4.2.2) unterstützt. Da durch Anwendung des Abstraktionsprinzips die Umsetzung eines Servicevertrags selbst nicht beschrieben wird, haben Änderungen, die nur die Implementierung beim Anbieter des Services betreffen, keine Auswirkungen auf den Nutzer (Becker 2011, S. 32).

4.2.2 Prinzipien der Serviceorientierung

Um im Ergebnis eine auf der Denkweise der SDlogic basierende Gestaltung von Geschäftsmodellen zu gewährleisten, muss ebenfalls die Umsetzung von Methoden und Instrumenten eng mit dieser Betrachtungsperspektive verbunden werden und durch das Metamodell strukturell unterstützt werden. Basierend auf der Arbeit von Clauß et al. (2014) und den dort aus den Axiomen der SDlogic abgeleiteten Vorschlägen sollen die Prinzipien der Serviceorientierung daher die Analyse und Gestaltung von Geschäftsmodellen in dieser Weise leiten. Die Ausgestaltung dieser Prinzipien wird durch die SOA-Prinzipien Abstraktion und einheitliche Spezifikation unterlegt. Darüber hinaus sind sie eng mit den in Kapitel 4.2.1 beschriebenen Prinzipien der Modularität verbunden. Bereits in der strukturellen Darstellung des Metamodells nimmt der Service eine zentrale Rolle ein. Durch die Prinzipien der Serviceorientierung wird das Verständnis der Ausgestaltung von Serviceökosystemen in der folgenden Weise serviceorientiert ausgeprägt. „[A]lle Funktionen in einem realen System, seien es Abläufe in Organisationen, Prozesse, Aktivitäten, Funktionen in Softwaresystemen, Applikationen, Teile von Applikationen oder Softwarefunktionen" (Masak 2007, S. 16) lassen sich als Service abbilden. Dabei hat jeder Service mindestens einen Anbieter (den Lieferanten) und einen Begünstigten (den Kunden oder Nutzer). Zudem ist jeder Service in seiner Funktionalität und seinen Randbedingungen definierbar. Dabei ist ein Service aus der Perspektive des Begünstigten festzulegen, da dieser letztlich über den Beitrag zur Erbringung des

Gebrauchswerts in seinem Kontext[23] entscheidet (Masak 2007, S. 6; Pfisterer 2017, S. 66). Somit werden Ressourcen wie Waren, Fähigkeiten, Informationen in der Geschäftsmodellentwicklung mit Blick auf ihre Integration in den Serviceaustausch mit dem Begünstigten (z. B. Kunden, Zulieferer) betrachtet. Daher erfolgt die Analyse des möglichen Wertbeitrags im Zuge einer primär interaktionsbezogenen Betrachtung der Anwendung dieser Ressourcen aus zwei Perspektiven: Ermöglichung und Bereitstellung von operanten Ressourcen (wie Fähigkeiten und Wissen) und der vorhandenen Rahmenbedingungen (i. S. d. vorhandener Ressourcen) aufseiten des Begünstigten (Möller 2008, S. 206). Eine serviceorientierte Betrachtungsweise erfordert dabei, dass ein optimiertes Serviceökosystems durch Verbesserung der Ressourcendichte für einzelne oder mehrere Akteure (Normann 2001, S. 27 ff.) aus gesamtheitlicher, akteursübergreifender Perspektive erfasst und entwickelt werden sollte. Damit stehen nicht die Austauschwerte (Geld), sondern die in der Interaktion erzeugten gegenseitigen kontextuellen Gebrauchswerte im Vordergrund der Betrachtung.

Das Prinzip der Abstraktion beschreibt, welche Informationen ein Service über seine Metadaten preisgibt. Die Abstraktion betrifft die Funktionen (Logik), Ressourcen und Servicequalität (Erl 2008, S. 242). Ein Service besteht aus den gekapselten Funktionen, den integrierten Ressourcen, seinen Qualitätsmerkmalen und dem Servicevertrag als beschreibendem Element. Letzterer stellt eine formale Spezifikation des Zwecks, der Funktionalität, der Beschränkungen und des Nutzens des Services bereit (Becker 2011, S. 23). Dem Prinzip der informatorischen Abstraktion folgend, sollten lediglich so viele Informationen über Funktionalitäten und integrierte Ressourcen des Services veröffentlicht werden, wie dies für das Verständnis und die Einbindung in ein Geschäftsmodell unbedingt notwendig ist. Hierdurch wird die Komplexität der Ressourcenintegration aufseiten des Anbieters für den Nutzer verborgen. Dies bewirkt im Allgemeinen zum einen, dass Informationen über die Fähigkeiten, das Spezialwissen und die Technologien des Anbieters (die Logik der Lösung) im Sinne des Schutzes seines Differenzierungsmerkmals geschützt bleiben. Darüber hinaus können Änderungen an der Servicebereitstellung mit geringer Rückwirkung auf die gemeinsame Wertkreation vorgenommen werden, da die Schnittstellen des Services nicht verändert werden müssen. Da ein Service mithilfe der Abstraktion nicht prozess- oder verbraucherspezifisch konzipiert wird und ein-

---

[23] So ist das Ergebnis eines Nutzungsprozesses zum einen ein phänomenologischer Gebrauchswert. Zum anderen wurde auch festgehalten, dass ein Nutzungsprozess immer in einem spezifischen Kontext stattfindet. Der Kontext besteht dabei aus Akteuren und Ressourcen, die mit anderen Akteuren und Ressourcen im Austauschprozess interagieren und dadurch die Wertkreation beeinflussen (Pfisterer 2017, S. 66).

deutig über seinen Servicevertrag angesprochen werden kann, ist er schließlich auch noch in verschiedenen Kontexten implementier- und wiederverwendbar werden. Dies erhöht insgesamt den Wert einer Servicegestaltung, wie sie innerhalb der hier vorgeschlagenen serviceorientierten Weise für die Geschäftsmodellentwicklung erfolgt (Erl 2008, S. 242).

Im Kontext der digitalen Transformation von Geschäftsmodellen hat die Anwendung des Prinzips der technologischen Abstraktion[24] eine besondere Bedeutung. Sie betrifft die Festlegung der Integration – insbesondere von digitalen Ressourcen – im Serviceangebot. Die Erfahrungen mit der LMA zeigen (Pfeiffer und Jarke 2017), dass ein hoher technologischer Abstraktionsgrad zu empfehlen ist, da so die Einsatzfähigkeit von Services in verschiedenen Kontexten erhöht wird und die generativen Lösungspotenziale – insbesondere digitaler Technologie – erst ermöglicht werden.

Das Prinzip der einheitlichen Servicespezifikation stellt darauf ab, dass Services umfassend und in gleicher Weise beschrieben werden. Hierdurch kann ein Service während der Entwicklung und Ausführung von Geschäftsmodellen vereinfacht identifiziert, integriert und genutzt werden, da keine über die Spezifikation hinausgehenden Informationen benötigt werden. Die einheitliche Servicespezifikation umfasst damit Informationen zum Verhalten, zur semantischen Terminologie, zu Qualitätsaspekten und zum Serviceanbieter (Becker 2011, S. 32). Verbunden mit dem Prinzip der Servicespezifikation ist auch die Verwendung von technischen (syntaktischen) und fachlichen (semantischen) Standards. So erleichtert die Verwendung einheitlicher und normierter technischer Standards die Interoperabilität auf technischer Ebene und stellt damit die Grundlage für das Heben von technologie-basierten Servicepotenzialen gemäß der LMA dar (Akram 2016, S. 11; Becker 2011, S. 32). Verwendete fachliche und technische Standards, bspw. in Form von Protokollen und Formaten, werden als Institutionen und institutionelle Vereinbarungen dokumentiert (siehe Metamodell) und in die Servicespezifikation eingebunden. Diese verbindlichen Standards reduzieren die inhaltliche Heterogenität von Services und erleichtern auf diese Weise die Nutzung und Komposition mehrerer Services insbesondere innerhalb von Domänen – so sollten fachliche Standards aus Domänenstandards abgeleitet werden. Diese geben einheitliche Begriffssysteme und standardisierte Semantiken für betriebliche

---

[24] An dieser Stelle ist die Unterscheidung von Informationsabstraktion und der hier beschriebenen Technologieabstraktion relevant. So wird mit der technologischen Abstraktion von der verwendeten Technologie abstrahiert, sprich bei hohem Abstraktionsgrad ist die Umsetzung nicht abhängig von der zugrunde liegenden Technologie. Die Informationsabstraktion in Bezug auf Technologie hingegen beschreibt, wie viel Informationen über den Servicevertrag zur Ressourcenintegration preisgegeben werden (Erl 2008, S. 228).

Aufgaben und Daten vor (Becker 2011, S. 32 f.). In der Entwicklung von Geschäftsmodellen im SoBM kann die Definition gemeinsamer technischer und fachlicher Domänenstandards – insbesondere in der Schnittmenge von Domänen (Energie- und Mobilitätssektor) – auf Basis existierender Branchenstandards erfolgen. Sie stellt i. d. R. einen wichtigen Bestandteil der konzeptionellen Geschäftsmodellentwicklung dar. Dies reicht von der Beschreibung und Vereinheitlichung der verwendeten Terminologie über einheitliche unternehmensübergreifende Datenmodelle bis hin zur Standardisierung bestimmter Prozessmodelle (wie der RosettaNet Standard für Supply Chain Prozesse oder Kommunikationsstandards wie das Open Chargepoint Protocol).

Die Berücksichtigung der Prinzipien der Serviceorientierung führt damit zu einer, auf den kontextuellen Wertbeitrag von operanten Ressourcen im reziproken Serviceaustausch abgestellten, Entwicklung von Geschäftsmodellen. Hiermit fördert sie eine multilaterale und ganzheitliche Betrachtung fokaler Geschäftsmodelle. Diese umfassen „multi-dimensional value creation activities that take place in a combined network of different service systems" (Clauß et al. 2014, S. 21).

4.2.3 Prinzipien der Bedarfsorientierung

Ein wichtiges Ziel bei der Gestaltung von Geschäftsmodellen in digital transformierenden Ökosystemen ist es, durch serviceorientierte Gestaltung und Bildung von modularen Strukturen die Wiederverwendbarkeit von Services zu ermöglichen. Diese schließen die darin gekapselten Servicepotenziale von Ressourcen, innerhalb der Serviceökosysteme und über Serviceökosystemgrenzen hinweg, ein. Indem Prinzipien der Bedarfsorientierung berücksichtigt werden, kann die Wiederverwendbarkeit von Services in differenten Kontexten erhöht werden. Die Prinzipien geschäftsprozessorientierte Servicegranularität und Generalisierbarkeit von Services unterstützen diese Ziele. Das Prinzip der Auffindbarkeit unterstützt hierbei die Umsetzung dieser Prinzipien und ermöglicht die Gestaltung von Geschäftsmodellen als Serviceplattformen.

Unter dem Prinzip der fachlich-orientierten Servicegranularität wird hierbei verstanden, dass die von Services erbrachten Aktivitäten geschäftlichen Konzepten entsprechen sollten, d. h., möglichst komplette fachliche Aktivitäten unterstützen bzw. Informationen zu kompletten Geschäftsentitäten bearbeiten sollten. Ziel ist es dabei, die Anzahl der Interaktionen zwischen Services und zwischen Services und ihren Nutzern zu reduzieren (Becker 2011, S. 34). In Verbindung mit der Anwendung des Prinzips der Kapselung (siehe Kapitel 4.2.1) erhöht eine grobgranulare Betrachtung auch und insbesondere das Verständnis für fachlich orientierte Anwender. Darüber hinaus sind mit dieser Granularitätsebene die Chancen zur Wiederverwendung von Komponenten nicht nur innerhalb eines konkreten Serviceökosystems, sondern auch über die Ökosystemgrenzen hinweg deutlich erhöht. Eine an fachlichen Aspekten orientierte Servicegranularität kann im Übrigen in einer bspw. IT-seitigen Implementierung weiter spezialisiert werden, um die Herausforderungen grobgranularer Betrachtungen im Sinne bspw. des Risikos häufiger Änderungen in der konkreten IT-seitigen Implementierung zu reduzieren (Becker 2011, S. 34 f.).

Die Entwicklung von Services sollte darüber hinaus dem Prinzip der Generalisierbarkeit der Serviceleistung folgen, d. h., ein Service sollte möglichst vielseitig einsetzbar (generalisierbar) sein. Dies kann erreicht werden, indem geringe domänenspezifische Funktionalität in einen Service integriert und auf verbreitete fachliche bzw. technische Standards aufgesetzt wird. Im Hinblick auf den optimalen Generalisierungsgrad lassen sich keine pauschalen Aussagen treffen. So ist zum einem zu berücksichtigen, dass bei generischen Beschreibungen von Services die Verständlichkeit reduziert wird. Zum anderen kann die Nutzung eines breiten Spektrums von Anforderungen den fachlichen Entwicklungsprozess des Geschäftsmodells deutlich erschweren (Becker 2011, S. 35).

Die Anwendung des Prinzips der Auffindbarkeit in der Geschäftsmodellentwicklung dient sowohl der Identifizierbarkeit von existierenden Wertbeitragspotenzialen in bereits vorhandenen Geschäftsmodellen (intern/extern) als auch aufgrund der redundanzfreien, transparenten Entwicklung von Services. So wird durch eine leichte Auffindbarkeit verhindert, dass Services redundant entwickelt werden oder dass Services eine redundante Logik beschreiben. Damit können ineffiziente Wiederholungen schon während der Geschäftsmodellentwicklung vermieden werden, und durch Zugriff auf Serviceinformationen können gleichzeitig potenzielle Lösungsangebote schneller – auch akteursübergreifend – identifiziert werden. Über die Beschreibung des Services im Servicevertrag können potenziell wiederverwendbare Geschäftslogiken bzw. Funktionen abgebildet werden. Diese müssen daher in den Metadaten den allgemeinen Zweck des Services ausreichend beschreiben (Erl 2008, S. 381).

4.3 Metamodell

Das Metamodell des SoBM ist darauf ausgerichtet, relevante Systemelemente der Geschäftslogik von Unternehmen aus Perspektive der SDlogic zu beschreiben und zueinander in Beziehung zu setzen. Die Anforderungen zur Entwicklung des Artefakts (siehe Abbildung 9) und die in Kapitel 4.2. beschriebenen Prinzipien der Modellierung dienten als Grundlage der konzeptionellen Entwicklung des Metamodells. Das Metamodell stellt daher eine strukturelle Grundlage für die Entwicklung von Geschäftsmodellen als Serviceplattform dar und wurde auf den fünf Axiomen der SDlogic fundiert. Das SoBM-Metamodell stellt eine formale und explizite Konzeption von Geschäftsmodellen in Anlehnung an das Verständnis von ‚Lightweight'-Geschäftsmodell-Ontologien bei Gordjin et al. (2000) dar.[25]

Aus Perspektive der SDlogic zählen neben generellen institutionellen Rahmenbedingungen insbesondere die ökonomischen Problemstellungen (i. S. v. Bedürfnissen), Problemlösungsversprechungen (i. S. v. Wertversprechen), kontextbezogne Werte, die beteiligten Akteure, zugrunde liegende und entwickelte institutionelle Vereinbarungen sowie die ausgetauschten Services und integrierten Ressourcen zu den einbezogenen Systemelementen von Geschäftsmodellen (siehe Kapitel 2).

Notationsregeln

Die Semantik des Metamodells orientiert sich an bekannten Notationsansätzen der Geschäftsmodell- und Service-Science-Forschung durch Nutzung von Diagramm- und Komponentendarstellungen (Gordjin et al. 2005). Neben einer textlichen Beschreibung zur Modellübersicht und Einordnung in den Gesamtkontext wird auf eine Metamodell-Übersicht (siehe Abbildung 10) zurückgegriffen. Diese auf der Unified Modeling Language (UML) basierende Übersicht ermöglicht eine überblicksartige Darstellung der einzelnen Komponenten und ihrer Beziehungen zueinander (Gordijn und Akkermans 2003, S. 119).

Die Notation der Metamodellübersicht basiert auf UML-Klassendiagrammen (Rumbaugh et al. 1999). Rechtecke stellen dabei Systemelemente dar, die durch Linien miteinander assoziiert werden können. Assoziationen mit einer offenen Raute bezeichnen eine Aggregation, also eine Teil-Ganzes-Beziehung, bei der die Raute am Ganzen abgebildet wird. Eine Generalisierung ist eine Spezialisierungs- bzw. Verallgemeinerungsbeziehung, bei der Objekte des spezialisierten Elements (Kind) für Objekte des verallgemeinerten Elements (Elternteil) ersetzbar sind. Auf diese Weise teilt das Kind die Struktur und das Verhalten des Elternteils. Grafisch wird eine Generalisierung als eine durchgezogene Linie mit einer hohlen Pfeilspitze dargestellt, die auf das Elternteil zeigt („ist-ein-Beziehung'). Sofern keine Angaben

---

[25] Das hier beschriebene Metamodell entspricht dabei wesentlichen Anforderungen an Ontologien, wie sie bei Gordjin et al. (2000) beschrieben wurden. So erlaubt es eine klare und effektive Kommunikation, definiert die Systemelemente eindeutig und möglichst widerspruchsfrei, ist erweiterbar und folgt dem allgemeinen Sprachgebrauch (Masak 2007, S. 220). Es ist darauf ausgerichtet, Anwendern ein allgemeines Verständnis für das Konzept zu vermitteln. Durch Instanziierung der Elemente und Beziehungen ist es möglich, das Modell dazu zu verwenden, ein bestimmtes Geschäftsmodell einheitlich und strukturiert zu beschreiben (Gordjin et al. 2000, S. 258). Jedoch wurde das Metamodell nicht dazu konzipiert, wie bei Ontologien normalerweise üblich, eine automatisierte Verarbeitung von Informationen zu ermöglichen.

gemacht werden, gilt die Beziehungskardinalität „ein oder mehrere" (Gordijn und Akkermans 2003, S. 119).

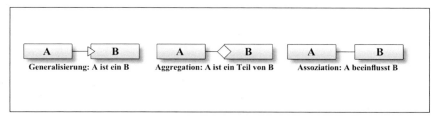

Abbildung 10: Beispiel eines Relationendiagramms
Quelle: eigene Darstellung

Das Metamodell ‚Service-oriented Business Model' (SoBM)

Das im Weiteren vorgestellte Metamodell SoBM (deutsch: serviceorientiertse Geschäftsmodell) wurde durch eine Synthese der Bestandteile von Geschäftsmodellen, wie sie in der Geschäftsmodellliteratur zu finden sind, und den Prämissen an die Ausgestaltung des ökonomischen Austauschs aus Perspektive der SDlogic entwickelt. Dabei wurde die Abbildung des Serviceökosystems und des reziproken Serviceaustauschs als wesentlicher Kern des Prozesses der Geschäftsmodellentwicklung sowie eines Geschäftsmodells selbst identifiziert. So wird, der SDlogic folgend, die Entwicklung und Institutionalisierung von Problemlösungen (i. S. v. Marktlösungen) als eine kombinatorische Evolution von technologischen und marktseitigen Innovationen verstanden. Diese wird von Marktakteuren durch die Entwicklung, Akzeptanz und Nutzung von Wertversprechen vorangetrieben. Hierbei ist zum einen die Bildung eines gemeinsamen Verständnisses für Probleme und Lösungen in Serviceökosystemen eine wesentliche Voraussetzung für die Institutionalisierung von Geschäftsmodellen. Der zentrale Kern der Geschäftsmodellentwicklung stellt zum anderen

a) die Ausprägung von neuen oder

b) die Änderung existierender Praktiken im Austausch von Services und der damit verbundenen Integration von existierenden oder

c) die durch Kombination neu entstandener Ressourcen dar (inkl. Institutionen).

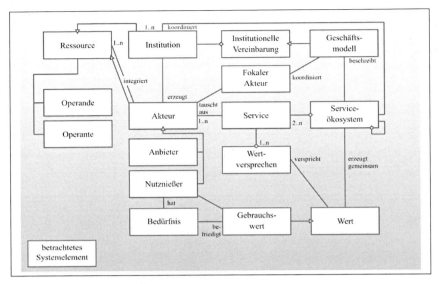

Abbildung 11: Metamodell-Übersicht: Systemelemente und ihre Relationen von Geschäftsmodellen aus Perspektive der Service-dominant logic
Quelle: in Anlehnung an Lusch und Vargo 2014; 2016

Die Metamodell-Übersicht zeigt die Hauptelemente und ihre Relationen innerhalb des Geschäftsmodellkonzepts. Im Einklang mit allgemein akzeptierten Geschäftsmodellansätzen stellt das SoBM-Konzept – aus der Sicht eines fokalen Akteurs – eine ganzheitliche, systemische Herangehensweise dar, um Wertschöpfungs- und Wertaneignungsaktivitäten eines Unternehmens zu beschreiben und zu entwickeln (Zott et al. 2011). Aufgrund der Beschreibung generischer Akteure ist es dazu geeignet, netzwerk-orientierte, gemeinschaftliche Geschäftsmodellentwicklungen zu unterstützen (Storbacka et al. 2012, S. 52 ff.). So kann der ökonomische Austausch beispielsweise durch Sichtweisen verschiedener Akteure mit den gleichen Systemelementen beschrieben und analysiert werden. Dies ermöglicht, wechselseitige Austauschvorgänge ganzheitlich zu betrachten und je nach Bedürfnis der betroffenen Akteure – einmal als Serviceanbieter und einmal als Servicenutzer – zu gestalten. Im Folgenden findet sich eine Beschreibung der Elemente und ihrer Beziehungen auf Basis des Metamodells (siehe Abbildung 11).

Ein Geschäftsmodell ist eine Menge von institutionellen Vereinbarungen und beschreibt im Sinne einer repräsentativen Praktik ein Serviceökosystem. Ein Serviceökosystem kann Teil von ein oder mehreren Serviceökosystemen sein und umfasst mindestens zwei oder mehr Services. Ein Serviceökosystem wird dabei von einer oder mehreren Institutionen koordiniert (5. Axiom) und erzeugt einen oder mehrere

Werte, die Bestandteil des Serviceökosystems sind. Ziel des Serviceökosystems ist es, durch den reziproken Austausch von Services, Werte (d. h. Gebrauchswerte) zu erzeugen, die Bedürfnisse eines Akteurs (des jeweiligen Nutznießers in einem Serviceaustausch) befriedigen.

Gebrauchswerte ergeben sich durch das mit dem reziproken Austausch von Services (d. h. mit der Wertkreation) verbundene Einlösen von Wertversprechen durch die beteiligten Akteure. Ein Gebrauchswert wird als Nutzen oder Nützlichkeit eines Guts oder einer Dienstleistung im Zuge der Integration interner oder marktseitig bezogenen Ressourcen im Serviceaustausch verstanden (Pfisterer 2017, S. 6). Mindestens zwei Akteure sind dabei am wechselseitigen Austauschvorgang beteiligt, bei dem jeder Akteur (interne und/oder externe) Ressourcen integriert (2. und 3. Axiom der SDlogic). Diese sind je nach Austauschrichtung ein Anbieter (bzw. Servicegeber) und ein Nutzer (bzw. Servicenehmer) des Services. Aufgrund der inhärent kundenorientierten Perspektive der SDlogic bestimmt der jeweilige Nutznießer im wechselseitigen Austausch seinen phänomenologischen Gebrauchswert als Ergebnis eines Nutzungsprozesses (4. Axiom der SDlogic). Dieser ist durch den jeweiligen Kontext der Wertkreation, der sich aus den Ressourcen und ressourcenintegrierenden Akteuren ergibt, beeinflusst (d. h. den kontextuellen Gebrauchswert). Im Allgemeinen kann dieser Wert auf unterschiedliche Weise von den Empfängern gemessen werden und betrifft eine oder mehrere Dimensionen (z. B. finanzielle und/oder soziale).

Ein Service gehört genau zu einem Akteur und stellt ein oder mehrere Wertversprechen bereit. Bei der Bereitstellung eines Services integriert ein Akteur dazu mindestens eine oder mehrere Ressourcen und bringt diese in die gemeinsame Wertkreation ein (Axiom 2 der SDlogic). Ein Service wird dabei als eine ökonomische, funktionale, emotionale, soziale oder technische Tätigkeit eines Akteurs verstanden. Dabei werden teilweise komplexe Kombinationen von Gütern, Geld, Institutionen und Dienstleistungen in die Wertkreation eingebracht (1. Axiom, FP 2 und FP 3 der SDlogic). Güter oder Geld, die in den Serviceaustausch eingebracht werden, maskieren hierbei einen Service, da ihr Wert aus der Nutzung abgeleitet wird (FP 2 der SDlogic). Das Konzept des Services bietet damit eine gemeinsame Basis für die Beschreibung des Wertkreationsbeitrags eines Akteurs. Sie lassen sich zum einen im Hinblick auf den bereitstellenden Akteur als ‚fokale' (enterprise) oder ‚öffentliche' (Partner-/Kunden-)Services unterscheiden. Zum anderen können sie als fachliche Services (engl. business services), Prozess-Services (engl. composite services) und Geschäftsprozess-Services (engl. business process services) klassifiziert werden. Geschäftsprozess-Services beschreiben dabei Serviceökosysteme der Mikroebene und kapseln grobgranular fachliche Services und Prozess-Services. Letztere können zur Strukturierung und Beschreibung der fachlichen und prozessualen Aspekte verwendet werden. Fachliche Services aggregieren feingranulare, umsetzungsnahe Services. Sie stellen die Konkretisierung in Form einer atomaren Einheit in der Serviceebene dar (analog zu Becker 2011, S. 24).

Neben der Unterscheidung nach dem Bereitsteller und dem beschriebenen Klassifikationsmuster verfügt jeder Service über einen Servicevertrag. Dieser beschreibt, ‚was' der Dienst bietet, aber nicht ‚wie' dies im Detail umgesetzt wird. Damit beinhaltet der Servicevertrag eine formale Spezifikation des Zwecks, der Funktionalität, der Beschränkungen und der Nutzung des Services. Neben einer syntaktischen und semantischen Beschreibung des Service können zudem Informationen zu den eingebundenen Ressourcen hinterlegt werden/sein. Darüber hinaus werden Implementierungs- und Bereitstellungskosten sowie Qualitätseigenschaften wie die Verfügbarkeit oder die Performance eines Service in sogenannten Service-Level-Agreements (SLAs) abgebildet. Die Serviceschnittstelle (engl. service interface) beschreibt die technischen und ökonomischen Integrationsmöglichkeiten eines Services für potenzielle Nutzer sowie die Schnittstellen zur Integration von Ressourcen (Becker 2011, S. 23).

Ressourcen können dabei operande oder operante Ressourcen sein. Wissen und Fähigkeiten, die Akteure zur Serviceerstellung nutzen, werden als operante Ressourcen bezeichnet und als Quelle des strategischen Vorteils betrachtet (FP 4 der SDlogic). Hierzu zählen u. a. auch digitale Technologien. Operante Ressourcen werden auf operande Ressourcen oder andere operante Ressourcen angewandt, um einen gewünschten Effekt in der Wertkreation zu erzielen. Operande Ressourcen umfassen all die Ressourcen, die Akteure mithilfe operanter Ressourcen verändern und einsetzen. Hierzu zählen beispielsweise Materialien, Produktionshallen und Maschinen (Lusch und Vargo 2016, S. 2). So wie Technologie, so können auch Institutionen und Akteure als Ressourcen verstanden werden, die in den Serviceaustausch als Ressource einfließen.

Es ist von Relevanz zu beachten, dass Akteure und Ressourcen im SoBM-Konzept – im Einklang mit SDlogic – Werte lediglich durch ihre Anwendung im Service und nicht ‚per se' bereitstellen. So kapseln Services operande und operante Ressourcen und ihren potenziellen Beitrag zur Wertkreation, der jedoch erst im jeweiligen Kontext einer Wertkreation Wirkung entfalten kann (1. Axiom der SDlogic). So ist die Servicebereitstellung eines Akteurs mit Wertversprechen ausgestattet, die sich aus der Integration der Ressourcen ergibt und im Kontext des Serviceökosystems und der institutionellen Vereinbarungen (bspw. auf einer Mikroebene) durch den reziproken Serviceaustausch Wert erzeugt. Die Werterzeugung wird durch von den Akteuren generierte Institutionen koordiniert (5. Axiom der SDlogic), die durch die

Akzeptanz von passenden Wertversprechen initiiert werden. Die Entwicklung von Wertversprechen stellt einen wesentlichen Teil der Geschäftsmodellierung (i. S. d. institutionellen Arbeit) dar (Storbacka et al. 2012, S. 68 f). Da ein Serviceökosystem in seiner Entwicklung dynamisch ist (Vargo und Lusch 2016, S. 7, 17), wird die Geschäftsmodellentwicklung auch als ein kontinuierlicher Prozess betrachtet. Wertversprechen werden als Einladungen zur Teilnahme an der gemeinsamen Werterzeugung definiert und als „a dynamic and adjusting mechanism for negotiating how resources are shared within a service ecosystem" (Frow et al. 2014, S. 340) verstanden.

Zusammenfassend bildet ein Geschäftsmodell damit die Summe der Systemelemente ab, die über ein Serviceökosystem und seine Subsysteme erfasst werden. Hierin eingeschlossen sind die erzeugten Werte, die ausgetauschten Services und – darüber gekapselt – die durch die beteiligten Akteure eingebrachten Ressourcen und damit verbundenen Wertversprechen. Bezogen auf die Bereitstellung kontextbezogener Werte und die Befriedigung der Bedürfnisse von Akteuren beschreibt ein Geschäftsmodell dahingehend – im Sinne einer institutionellen Vereinbarung – eine marktfähige Konfiguration der über Wertversprechen der Services miteinander verknüpften Ressourcen (Barile et al. 2016, S. 657). Damit ist ein Geschäftsmodell ein zusammenhängendes, kohärentes System von Institutionen, das die Koordination der Aktivitäten eines Serviceökosystems erleichtert (Vargo und Lusch 2016, S. 13).

Abbildung 12 visualisiert in einem vereinfachten Beispiel die Instanziierung des Metamodells am Beispiel des Geschäftsmodells A eines Ladestationsmanagementsystembetriebsanbieter (LMSA) und eines Ladestationsbetreibers (LSB). Hierbei bietet der LMSA einen 24/7 Betrieb einer Software, die er über Geschäftsmodell B mit einem IT-Entwicklungsanbieter erhält. Der LSB nutzt als Nutznießer des Services die so integrierten Ressourcen des Anbieters (betriebenes IT-System, Betriebs-Know-how) in seiner Wertkreation, um Elektromobilisten Ladestrom an seiner Ladestation anbieten zu können (Geschäftsmodell C). In der gemeinsamen Wertkreation bringt er als Wertversprechen (Nutzungs-)Daten (des Ladestationsbetriebs) und Geld entsprechend dem Bedürfnis des LMSA als Service ein. Der Kommunikationsstandard des OCPP stellt als institutionelle Vereinbarung sicher, dass die Ladestationen des LSB mit dem IT-System des LMSA kommunizieren können. Aufgrund des generischen Akteursverständnisses sind LMSA und LSB, wie hier gezeigt, sowohl als Anbieter eines Services als auch als Nutznießer im Serviceökosystem aktiv.

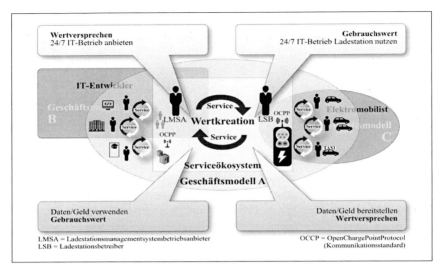

Abbildung 12: Instanziierung des Metamodells am Fall ‚IT-System Ladestation'
Quelle: eigene Darstellung

Zusammenfassend bleibt zu konstatieren, dass die hier beschriebene serviceorientierte Konzeptualisierung eine Geschäftsmodellentwicklung ist, die auf die generische Ermittlung von Gebrauchswerten bei Akteuren ausgerichtet ist. Zudem ist sie fokussiert auf die Bewertung von Wertbeitragspotenzialen (digitaler) Ressourcen auf Basis der kontextbezogenen Integration in die Wertkreation. Hiermit stellt die Konzeption in Hinblick auf den möglichen Wertbeitrag digitaler Technologie darauf ab zu ermitteln, wie digitale Ressourcen die Fähigkeit des Begünstigten zur Schaffung von Werten verändern (Barrett et al. 2015, S. 142 ff.).

Durch Identifikation der vorliegend beschriebenen Elemente und ihrer Beziehungen zueinander ist es möglich, eine bedarfsorientierte Ausgestaltung des ökonomischen Austauschs in digital transformierenden Ökosystemen zu gewährleisten. Hierzu ist jedoch die Anwendung der aufgeführten Modellierungsprinzipien notwendig, um die Ausgestaltung von Geschäftsmodellen als modulare Plattformen für eine nachhaltige Wertkreation auf Basis von sich weiterentwickelnden Serviceangeboten in lose gekoppelten Netzwerken von Serviceökosystemen zu ermöglichen. Wie aus der Struktur ersichtlich, spielt hierbei insbesondere die Definition, Veränderung und Ausführung von Institutionen und institutionellen Vereinbarungen eine zentrale Rolle. So umfasst die Entwicklung des Geschäftsmodells zusätzlich die Ausgestaltung einer institutionellen Vereinbarung zwischen den einbezogenen Akteuren, die zu einer gemeinsamen Problemlösung in Serviceökosystemen führt.

Die Beschreibung der Metamodellübersicht steht im Einklang mit dem Narrativ der SDlogic und dem dort verwendeten Lexikon an Begrifflichkeiten (siehe Kapitel 2.1). Sie stellt den Zusammenhang zwischen Geschäftsmodellen und Serviceökosystemen her. Gleichzeitig weist sie durch Aufnahme der Beziehungen der Systembestandteile den Weg zur Erstellung von Geschäftsmodellen als institutionalisierten Marktlösungen, insbesondere durch die Berücksichtigung einer auf generische Akteursnetzwerke bezogenen kontextuellen Gebrauchswertbetrachtung.

Tabelle 2 listet abschließend einen Überblick über alle Systemelemente und ihre Beziehungen zueinander auf. Darüber hinaus wird eine Nomenklatur zur Beschreibung der Systemelemente aufgezeigt, die in der Geschäftsmodellentwicklung eine allgemein verständliche und eindeutige Arbeit ermöglicht.

Tabelle 2: Verzeichnis der Systemelemente, ihrer Beziehungen und ihrer Notationsregeln
Quelle: eigene Darstellung

Element	Attribute	Beziehungen	Beziehungstyp	Kardinalität	Nomenklatur	Beispiel
Geschäfts-modell	Name					Ladestationsbetrieb
	Beschreibung					
		Serviceöko-system	beschreibt	1..n		
		institutionelle Vereinbarung	ist ein			
		fokaler Akteur	wird koordiniert durch	1..n		
Serviceöko-system	Name					Ladung von Elektrofahrzeugen
	Typ {mikro Ebene; meso Ebene} Beschreibung					
		Serviceöko-system	besteht aus	0..n		
		Institutionen	wird gesteuert	1..n		
		Wert	erzeugt	1..n		
		Service	besteht aus	2..n		
Wert	Name				Nomen, ggf. ergänzt durch adverbiale Bestimmung + {Attribute bezogen auf das Verb} + Verb	Mobilität
	Attribut					
		Gebrauchswert	ist ein			
		Serviceöko-system	wird erzeugt in	1..n		
		Wertversprechen	wird beschrieben von	1..n		
Wertver-sprechen	Name				Servicebezeichnung + Attribute des Gebrauchs-werts des Nutzers	Nachhaltige Mobilität anbieten
		Wert	verspricht	1..n		
Service	Name				Nomen + Verb; Nomen + Nomen	Ladestationsbetrieb
	Typ {Koordinierender Service; Business Service; Business Process Service} Service-Vertrag {Beschreibung; Service-Level-Agreement (Voraussetzungen, Verantwortlichkeiten, Performance, Kosten)}					
		Akteur	wird ausge-tauscht von integriert Res-source(n)	1..n 1..n		
		Wertversprechen	stellt bereit	1..n		
Akteur	Name				Komposition; Nomen	Ladestations-betreiber
	Beschreibung Typ aus fokaler Per-spektive {Fokaler Akteur, Kunde, Partner}					
		Service	tauscht aus	1..n		
		Ressource	integriert	1..n		
		Institution	bildet	1..n		
		Anbieter	ist ein			
		Nutznießer	ist ein			
		Fokaler Akteur	ist ein			
Anbieter	Name				Komposition; Nomen	Ladestations-betreiber

	Beschreibung						
		Bedürfnis	hat	1..n			
		Gebrauchswert	nimmt wahr	1..n			
Nutznießer	Name				Komposition; Nomen	Ladestations-betreiber
	Beschreibung						
		Bedürfnis	hat	1..n			
		Gebrauchswert	nimmt wahr	1..n			
Bedürfnis	Name				Nomen + Verb + {Attribute}	Energie beziehen {günstig; schnell}
	Beschreibung Attribute						
		Nutznießer	gehört zu	1..n			
		Gebrauchswert	wird befriedigt durch	1..n			
Gebrauchswert	Name				Nomen, ggf. ergänzt durch adverbiale Bestimmung + {Attribute bezogen auf das Verb} + Verb	Mobilität nachhaltig erfahren
		Wert	ist ein				
		Bedürfnis	befriedigt	1..n			
Ressource	Name				Nomen	Ladestation
	Typ {operande ; operante}				Nomen + Verb	Ladestation betreiben (Fähigkeit)
		Akteur	kann sein wird integriert	1..n 1..n			
		Institution	kann sein	1..n			

4.4 Vorgehensmodell

Die Analyse zur Anwendung der SDlogic in der Geschäftsmodellentwicklung konnte verdeutlichen, dass nicht nur die betroffenen Systemelemente neu betrachtet werden müssen, sondern auch der Prozess der Gestaltung eines Geschäftsmodells auf diese Sichtweise angepasst werden muss (Ojasalo und Ojasalo 2015b, S. 309). Das vorliegend vorgestellte Vorgehensmodell ist Ausdruck dieser Anforderung, orientiert sich gleichwohl am Ansatz von Ebel und Leimeister (2016) und dem darin zugrundegelegten Anspruch einer gemeinschaftlichen, firmenübergreifenden Geschäftsmodellentwicklung (Ebel und Leimeister 2016, S. 113 ff.). Es wurde jedoch entlang eines servicezentrierten Verständnisses der Geschäftsmodellentwicklung, auf Basis der zugrunde gelegten Modellierungsprinzipien sowie der im Metamodell beschriebenen Systemelemente und ihrer Beziehungen entwickelt. In Anlehnung an Kirsch (1997)[26] basiert das Vorgehensmodell auf der Idee durch iterative Ermittlung und Strukturierung der Systemelemente eine möglichst vollständige und ganzheitliche Beschreibung eines Geschäftsmodells aus fokaler Perspektive und die Basis für eine Umsetzung des Geschäftsmodells herbeizuführen. Hierzu wird in den ersten

---

[26] Kirsch (1997) wendet die Idee der geplanten Evolution auf die Entwicklung von Strategien an, um eine Auflösung des Konfliktes zwischen einer synoptischen und inkrementalisierten Planung im Umfeld des strategischen Managements herbeizuführen. Hierzu kombiniert er beide Perspektiven miteinander (Kirsch 1997, S. 41 ff.), indem Systeme in einer geplanten Evolution „in einer Folge relativ überschaubarer, jedoch von einer konzeptionellen Gesamtsicht gesteuerter Schritte verändert" werden (Kirsch 1997, S. 46).

Schritten des Modells eine konzeptionelle Gesamtsicht geschaffen, die die Basis zur Weiterentwicklung von Geschäftsmodellen bildet (Kirsch 1997, S. 41ff). Der SDlogic folgend entsprechen die Schritte des Vorgehensmodells dabei der Idee einer kooperationsorientierten Gestaltung von Geschäftsmodellen. So werden in der kontinuierlichen Ausprägung eines Geschäftsmodells mit Hilfe des hier beschriebenen Vorgehensmodelles institutionelle Vereinbarungen geschaffen, die letztlich die Umsetzung eines Geschäftsmodells als Teil eines Serviceökosystems erleichtern[27] und u.a. eine gemeinsame Weltsicht der beteiligten Akteure beinhaltet. Dabei erfordert eine effektive und effiziente Entwicklung des SoBM die Sammlung, Strukturierung und Zusammenführung von zahlreichen Informationen aus verschiedenen Quellen unter Berücksichtigung der Bedürfnisse und Ressourcen der Wertschöpfungspartner (vgl. u.a. Reichwald und Piller 2009, S. 45 ff.). Die in den weiteren Unterkapiteln dargestellten und im Vorgehensmodell aufeinander abgestimmten Methoden und Instrumente zur Informationssammlung und -strukturierung leiten und unterstützen dabei den Prozess, der zu einer servicedominierten Ausgestaltung von Geschäftsmodellen führt.[28]

Letztlich ist das Vorgehensmodell des SoBM-Frameworks damit ein Leitfaden für eine konsolidierte Informationssammlung und eine zielgerichtete, kooperative Gestaltung von Geschäftsmodellen dadurch, dass institutionalisierten Problemlösungen in Serviceökosystemen gebildet werden. Die Ausführung der beschriebenen Entwicklungsschritte durch den fokalen Akteur in Verbindung und Interaktion mit anderen Akteuren entspricht dabei der Kombination von normalisierenden und repräsentativen sozialen Praktiken (Wieland et al. 2015, S. 14). Diese Praktiken führen im Ergebnis zu der kooperativen Ausgestaltung von Serviceökosystemen, die aus Perspektive des fokalen Geschäftsmodells beschrieben werden. Letzteres stellt in seiner Umsetzung damit eine institutionalisierte Problemlösung für existierende oder neue Herausforderungen in einem Serviceökosystem dar. Durch Befolgung der

---

[27] Siehe hierzu die Konzepte der ‚marketness' nach Storbacka et al. (2012) und der Institutionalisierung bei Vargo et al. (2015).

[28] Das Vorgehensmodell des SoBM beschreibt ein auf ausgewählte Methoden und Instrumente beschränktes Verfahren zur Entwicklung von Geschäftsmodellen. In der Literatur werden weitere mögliche Service-Design-Methoden und -Instrumente beschrieben (bspw. Delphi-Methode, Ideation Workshops, Trend Cards, Storytelling, Personas). Gemeinsam ist den Ansätzen die Zielsetzung ein verbessertes Verständnis für Kundenbedürfnisse, Wertverständnisse, Erfahrungen und die Absicht der Akteure zu entwickeln und so die Werterzeugung zu verbessern. Die benannten Methoden und Instrumente lassen sich alternativ oder ergänzend in das SoBM-Framework integrieren (Curedale 2013; Ojasalo und Ojasalo 2015, S. 309, Schallmo 2013, S. 155 ff.). Die hier vorgestellten Methoden wurden jedoch insbesondere im Hinblick auf die abgeleiteten Anforderungen an die Geschäftsmodellentwicklung ausgewählt. Sie wurden vor dem Hintergrund des Metamodells SoBM entwickelt und ermöglichen insbesondere die Identifikation von Servicepotenzialen digitaler Technologie.

Vorgehenssystematik wird dabei auch der Serviceaustausch der beteiligten Akteure in einem Serviceökosystem aus Perspektive des fokalen Akteurs beschrieben. Hiermit unterstützt die Systematik schließlich die Informationenerzeugung, die Schaffung von gemeinsamen Weltansichten der Akteure und letztlich die institutionelle Arbeit in einer kollaborativen Geschäftsmodellentwicklung. Diese wird hierbei verstanden als eine Entwicklung von Institutionen, welche die integrativen, normativen und repräsentativen Praktiken des Serviceökosystems ermöglichen und beschränken (Wieland et al. 2015).

In diesem Kapitel werden zunächst die einzelnen Phasen der Geschäftsmodellentwicklung dargestellt. Hierzu erfolgt ein Überblick über die Phasen und die der Reihenfolge der Aktivitäten (siehe Abbildung 13). Anschließend werden die Phaseninhalte, die beteiligten Akteure und deren Ergebnisse kurz erläutert. Im folgenden Kapitel 4.5 werden die Methoden und Instrumente im Detail dargestellt.

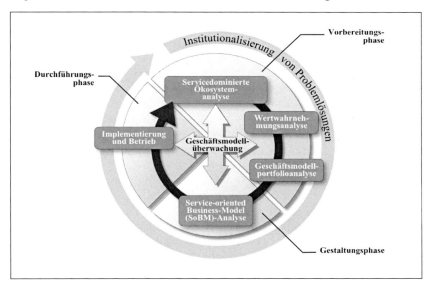

Abbildung 13: Vorgehensmodell des Service-oriented Business Model-Framework
Quelle: eigene Darstellung

Das Vorgehensmodell des SoBM-Frameworks basiert auf einer linearen und rekursiven Vorgehensweise, die darauf abzielt, über die Entwicklungsphasen hinweg ein umfassendes Domänenwissen für ein Serviceökosystem zu entwickeln. Dies führt zur Gestaltung eines fokalen Geschäftsmodells unter Einbezug der Geschäftsmodelle weiterer Akteure. Daher sind die einzelnen Phasen darauf angelegt, zum einen zu einer Vervollständigung der Wissensbasis beizutragen, da in jeder Phase eine detaillierte Betrachtung dedizierter Aspekte des ökonomischen Austauschs erfolgt. Zum anderen können neue Erkenntnisse dazu führen, dass Rückkopplungen in Vorläuferphasen hervorgerufen werden. Die Vorgehenssystematik unterteilt sich dabei in drei Hauptphasen: Vorbereitungs-, Gestaltungs- und Durchführungsphase. Hierbei beinhaltet die Durchführungsphase sowohl die Implementierung als auch den Betrieb des Geschäftsmodells. Zentral verbunden werden die Phasen durch die kontinuierliche Geschäftsmodellüberwachung.

Der SoBM-Entwicklungsansatz beruht auf der Überzeugung, dass die Entwicklung von Geschäftsmodellen in digital transformierenden Umfeldern insbesondere auf Verbesserungen der Ressourcendichte durch die Dematerialisierung und Entbündelung von Ressourcen aufbaut (Lusch und Nambisan 2015, S. 166). Daher ist eine Analyse eines Serviceökosystems und der darin einzubindenden digitalen Technologie Ausgangspunkt des Vorgehensmodells. Innerhalb der Vorbereitungsphase werden mithilfe der servicedominierten Ökosystemanalyse relevante Systemelemente und deren Beziehungen zueinander ermittelt, erfasst und strukturiert abgebildet. Hierbei erfolgt auch eine dezidierte Analyse von digitaler Technologie und ihren Wertpotenzialen durch die Bereitstellung von Services (engl. Service Value Potential) mithilfe der servicedominierten LMA-Analyse. Zentrale Ergebnisse der ersten Phase sind die Analysen zu digitalen Technologiekomponenten nach der servicedominierten LMA-Analyse und eine servicedominierte Ökosystembeschreibung. In der Ökosystemanalyse wird damit wesentliches Domänenwissen aus einer service-zentrierten Perspektive durch Beschreibung von Elementen und Relationen der Ressourcen, Services und Akteuren ermittelt.

Aufbauend auf den identifizierten Systemelementen erfolgt in der Vorbereitungsphase eine Analyse der Wertwahrnehmungen der identifizierten Akteure im Serviceökosystem (engl.: value perception analysis). Durch Bildung der spezifischen Perspektiven sollen hierbei Ansätze für Geschäftsmodelle erarbeitet werden, die auf den von potenziellen Kundenbedürfnissen, vorhandenen Ressourcen und wahrgenommen Gebrauchswerten beruhen.

Im Rahmen der Geschäftsmodell-Portfolio-Analyse werden ausgehend von der Wertwahrnehmungsanalyse Geschäftsmodellideen auf Basis von Wertversprechen und konextuellen Gebrauchswerten entwickelt. Hierbei werden auch die in existierenden Geschäftsmodellen enthaltenen fokalen Wertversprechen mit den identifizierten kontextbezogenen Gebrauchswerten von potenziellen Kunden abgeglichen. Dabei werden neben dem Wertbeitrag durch das fokale Geschäftsmodell auch die potenziellen Beiträge zur Wertkreation durch andere Akteure (bspw. Zulieferer, Kunden) einbezogen, um Entwicklungsmöglichkeiten für existierende oder neue Geschäftsmodelle ausfindig zu machen. Alle identifizierten Geschäftsmodelle werden in ein Geschäftsmodellportfolio aufgenommen, das einer Attraktivitätsanalyse unterzogen wird. Dieses Portfolio möglicher Geschäftsmodelle wird auf Basis von Umsetzungswahrscheinlichkeiten und Gewinnchancen bewertet, um durch eine Priorisierung die zu entwickelnden Geschäftsmodelle zu identifizieren.

In der Gestaltungsphase werden hochrangig bewertete Geschäftsmodelle einem SoBM-Entwicklungszyklus unterzogen. In dieser Phase erfolgt die Modellierung des fokalen Geschäftsmodells auf Basis der in der Vorphase ermittelten Informationen zum Serviceökosystem. Im Sinne einer institutionellen Vereinbarung werden Bedürfnisse, Wertversprechen, Services, Ressourcen und Akteure identifiziert, beschrieben und zu einem Geschäftsmodell konfiguriert. Damit zeigt der SoBM auf, wie der ökonomische Austausch zwischen den Akteuren im Rahmen des Geschäftsmodells organisiert werden soll und spiegelt das gemeinsame Verständnis (engl.: „shared worldview") der an der Entwicklung beteiligten Akteure für das betrachtete Serviceökosystem wieder. Den zentralen Kern des SoBM bildet die Entwicklung eines fokalen Service-Repository, dieses beinhaltet alle für die Ausführung des ökonomischen Austauschs (i. S. v. Mikroebenen Serviceökosystemen) notwendigen Services und verknüpft die Geschäfts- und Ressourcen-Schicht über die Sichten der Akteure hinweg. Die Phase schließt mit einer Bewertung des Modells auf seine Praxistauglichkeit ab, indem die interne und externe Attraktivität entweder anhand der Beschreibung theoretisch überprüft oder gemeinsam mit Lead-Partnern als Pilot umgesetzt wird.

Nach positiver Bewertung des Konzepts wird das Geschäftsmodell durch Ausgestaltung der Serviceökosysteme der Mikroebene und der im Service-Repository vermerkten Services in die Implementierung und den Betrieb[29] überführt. Da sich Geschäftsmodelle kontinuierlich in Veränderung befinden, ist dies auch Ausgangspunkt für eine kontinuierliche Verbesserung des SoBM und der damit abgebildeten Ressourcendichte in einem Serviceökosystem. Veränderungen werden durch die Weiterentwicklung und Pflege der servicedominierten Ökosystemanalyse, der

---

[29] Da die Arbeit einen Schwerpunkt auf die Entwicklung eines Geschäftsmodells legt, wurde in der Action Design Research auf die Implementierungs- und Betriebsphase nicht vertiefend eingegangen. Bei der Umsetzung dieser Schritte kann zum einen auf die existierende Literatur der Geschäftsmodellforschung (u. a. Schallmo 2013, S. 131 ff., 229 f.) und der SOA-Literatur (u. a. vom Brocke 2011; Marks und Bell 2008) aufgebaut werden. Zum anderen wird die Überführung des SoBM im Rahmen von Implementierungsprojekten sowie die notwendigen intra- und interorganisatorischen Maßnahmen als eigene, weitere Forschungsaufgabe angesehen (siehe Kapitel 6.3). Hierbei sollten die Möglichkeiten und Vorteile, die durch eine direkte Anbindung existierender SOA-Umgebungen an das Geschäftsmodell-Framework entstehen, mit besonderer Aufmerksamkeit untersucht werden.

LMA-Beschreibung oder der Identifikation neuer Bedürfnisse der Akteure in dem Geschäftsmodell erfasst.

Die Geschäftsmodellüberwachung wird als übergreifender Prozess verstanden, der zu einer kontinuierlichen Verbesserung der Wissensbasis und des Geschäftsmodells insgesamt führt. Die in der Gestaltungsphase ermittelten Qualitätskriterien von Services (engl. Quality of Services) können dabei für eine kontinuierliche Überwachung des Geschäftsmodells auf Basis von nachvollziehbaren Kennzahlen aus der Betriebsphase herangezogen werden. Sie dienen damit als Trigger für die Optimierung des SoBM (Schallmo 2013, S. 133). Gleichzeitig können (bspw. durch die Identifikation von neuen Wertbeitragspotenzialen digitaler Technologie) mögliche Verbesserungen der Ressourcendichte durch Dematerialisierung und Entbündelung von Ressourcen im Bottom-up-Verfahren realisiert werden.

4.5 Methoden und Instrumente

Mit den Prinzipien der Modellierung, dem Metamodell und dem Vorgehensmodell wurden wichtige Bausteine des SoBM-Frameworks vorgestellt. Neben neuen mentalen Modellen und Vorgehensweisen benötigen Unternehmen jedoch auch neue Werkzeuge, die das Management von Geschäftsmodellen in digital transformierende Ökosysteme unterstützen und leiten (Storbacka et al. 2012, S. 72). Im Weiteren erfolgt daher die Erläuterung der aus Theorie und Praxis entwickelten Methoden und Instrumente des SoBM-Frameworks. Diese ermöglichen und erleichtern die Ausgestaltung des Geschäftsmodells gemäß dem vorgestellten Vorgehensmodell in einer der SDlogic entsprechenden Weise. Methoden beschreiben dabei die Art und Weise des Vorgehens. Die jeweiligen Instrument die Mittel, die zur Zielerreichung eingesetzt werden (Wilde und Hess 2006, S. 1.). Die Entwicklung des Lösungskonzepts erfolgte auf Basis der beschriebenen Anforderungen (Kapitel 3.2) und ist daher darauf ausgerichtet, die notwendigen Informationen zur Ausgestaltung von Geschäftsmodellen zu generieren und die Transparenz zwischen den funktionalen Silos und Akteuren zu erhöhen. Sie unterstützen eine kooperative Entwicklung von Geschäftsmodellen entlang der beschriebenen Vorgehenssystematik, indem sie normative und repräsentative Praktiken der Akteure lenken (Storbacka et al. 2012, S. 72).

Die Ideen zur Ausgestaltung der Methoden basieren teilweise auf der Literatur entnommenen Vorschlägen (u. a. Ebel und Leimeister 2016; Osajala und Osajala 2015; Osterwalder und Pigneur 2010; Schallmo 2013; Yoo 2010; Yoo et al. 2010a) und solchen Ansätzen, die im Rahmen der beiden Action-Design-Research-Zyklen praxisnah weiterentwickelt und verprobt wurden. Hierbei spiegeln sie insbesondere die Perspektive der SDlogic wider und zielen drauf ab, in einem kooperativen Prozess die Sammlung von relevanten Informationen und Zusammenhängen zur Ausgestaltung von Serviceökosystemen zu strukturieren.

Sie sind als ein Vorschlag zu verstehen und können nach Bedarf angepasst und erweitert werden.[30] Ergänzung sollten immer unter Berücksichtigung der SDlogic vorgenommen werden und dazu dienen, die Informationssammlung zu verbessern und die strukturierte Erfassung der Zusammenhänge gemäß dem Metamodell zu unterstützen.[31] Neben der textlichen Beschreibung setzen die hier beschriebenen Instrumente insbesondere auf Visualisierungstechniken. Diese sollen Denkprozesse in der Gruppenarbeit anregen, die Assoziation von Zusammenhängen erleichtern und die Gestaltung von (domänen-)übergreifenden[32] Geschäftsmodellen ermöglichen (Osterwalder und Pigneur 2010, S. 148; Plattner et al. 2009, S. 129, S. 133; Schallmo 2013, S. 117).

Im Weiteren werden den Phasen der Geschäftsmodellentwicklung folgend, die servicedominierte Ökosystemanalyse, die servicedominierte LMA-Analyse, die Wertwahrnehmungsanalyse, die Geschäftsmodell-Portfolio-Analyse und SoBM-Analyse dargestellt. Sie beschreiben, wie die Teilergebnisse des Vorgehensmodells im Detail erzeugt werden und letztlich ein Geschäftsmodell als Abbild eines Serviceökosystems aus fokaler Perspektive in der SoBM-Analyse entwickelt wird. Hierbei ist die Berücksichtigung der Modellierungsprinzipien obligatorisch und wird durch die beschriebenen Methoden und Instrumente strukturell sowie funktional unterstützt. Zunächst werden jeweils der theoretische Hintergrund der Methode und ihre Verortung im Geschäftsmodell-Framework erläutert. Anschließend werden die Methode und die zum Einsatz kommenden Instrumente vorgestellt. Die Darstellung der erzielten Ergebnisse bildet den Abschluss der Darstellung.

4.5.1 Servicedominierte Ökosystemanalyse

Mit dem Aufkommen von vernetzten, digitalen Technologien hat sich das Konzept von Märkten u. a. deutlich in Richtung von globalen, digital-vernetzten ‚Trust Networks' und der ‚Sharing Economy' entwickelt (Barile et al. 2016, S. 659 f.). Wie in Kapitel 2.1.3 aufgezeigt worden ist, kann in diesem Kontext die Betrachtung von

---

[30] Eine umfassende Übersicht zu weiteren möglichen weiteren Methoden und Instrumenten findet sich u. a. bei Schallmo (2013, S. 45-115; 155-246).

[31] Wie im Grundlagenteil beschrieben, wurde festgestellt, dass existierende Ansätze bisher die Besonderheiten eines digital transformierenden Ökosystems und die Berücksichtigung einer serviceorientierten Perspektive nicht ausreichend unterstützten. Dies führte zur Entwicklung der vorgeschlagenen Methoden und Instrumente (vgl. hierzu Turber et al. 2014, S. 18; Burkhart et al. 2011; Zolnowski 2015)

[32] Dies betrifft sowohl die inhaltliche Domäne (beispielsweise Energie-, Mobilitätsektor) als auch die unternehmensübergreifende Betrachtung von Serviceökosystemen.

Märkten als institutionalisierte Problemlösungen in Serviceökosystemen hilfreich sein. So erleichtert diese Betrachtungsweise das Verständnis der sozialen und ökonomischen Dynamik in Märkten sowie die Entwicklung von Netzwerken von Serviceökosystemen, indem sie Marktteilnehmern erlaubt „to move away from a traditional analysis, planning, and control mentality; develop a keener ability to observe (sense); permit strategies to emerge; and use feedback to learn how to adapt better in the future" (Barile et al. 2016, S. 660). Das Verständnis von Serviceökosystemen als relativ selbstständige, selbstjustierende Systeme von Ressourcen-integrierenden Akteuren, die durch gemeinsame institutionelle Logik und gegenseitige Werterzeugung durch den Austausch von Services verbunden sind (Vargo und Lusch 2011b), bildet hierbei die paradigmatische Grundlage für die Gestaltung von Märkten und Marktlösungen.

Zur Übertragung der Betrachtungsweise der SDlogic in das praktische Management wurde im Rahmen des Action-Design-Research-Zyklen die servicedominierte Ökosystemanalyse als Methode zur Erarbeitung von servicedominierten Ökosystembeschreibungen[33] entwickelt. Die Ökosystemanalyse erlaubt eine, über die Grenzen des fokalen Geschäftsmodells hinausgehende, Modellierung von Serviceökosystemen. Dabei werden mehrere Stufen von Akteuren, Ressourcen und Wertbeitragspotenzialen abgebildet, die direkt oder indirekt zur Ausgestaltung von innovativen Problemlösungen in Serviceökosystemen beitragen.

Die servicedominierte Ökosystembeschreibung als Ergebnis der Analyse stellt hierbei die Ausgangs- und zentrale Wissensbasis zur Ausgestaltung von sowohl Unternehmensgrenzen als auch Produkt-/Servicegrenzen transzendierender Geschäftsmodelle dar.

In der Durchführung der Ökosystemanalyse ist die Anwendung der Modellierungsprinzipien des SoBM-Frameworks von hoher Bedeutung, um eine einheitliche und standardisierte Grundlage für die weitere Modellierung von Geschäftsmodellen zu liefern. Insbesondere werden hierdurch beispielsweise die Voraussetzungen für eine flexible und dynamische Konfiguration von Services zur Entwicklung von neuen Problemlösungen im Serviceökosystem geschaffen. Die Methode hat dabei die Zielsetzung, die folgenden Leitfragen in Bezug auf die Beschreibung eines Serviceökosystems und Geschäftsmodellentwicklung zu beantworten:

---

[33] Die Ökosystembeschreibung wurde im ersten Action-Design-Research-Zyklus entwickelt und auf Basis von Ebel und Leimeister (2016) im zweiten Action-Design-Research-Zyklus als Beta-Version in Verbindung mit dem SoBM-Metamodells verfeinert.

- Wie kann eine Übersicht über ein Serviceökosystem gewonnen werden, die alle relevanten Systemelemente und ihre Beziehungen beschreibt?
- Wie können identifizierte Systemelemente einheitlich strukturiert und beschrieben werden?
- Wie kann das Wertbeitragspotenzial digitaler Technologie für ein Serviceökosystem analysiert und strukturiert erfasst werden?
- Wie kann sichergestellt werden, dass das gewonnene Wissen über Serviceökosysteme und ihre inneren Zusammenhänge auch in der weiteren Geschäftsmodellentwicklung genutzt und weiterentwickelt werden kann?

Ein Vorschlag zur Beantwortung dieser Leitfragen ist die servicedominierte Ökosystemanalyse, die im Hinblick auf die Modellierung digitaler Technologie im Serviceökosystem durch die servicedominierte LMA-Analyse (siehe Kapitel 4.5.2) unterstützt wird.

4.5.1.1 Elemente und Beziehungen

Innerhalb der Ökosystemanalyse werden unterschiedliche Systemelemente und deren Interdependenzen strukturiert, erfasst und beschrieben. Wie einführend bereits erläutert, ist die Kenntnis von Elementen und Zusammenhängen eines Serviceökosystems in der Entwicklung von Geschäftsmodellen von wesentlicher Bedeutung. Nur auf dieser Basis kann eine erfolgreiche Ausgestaltung des ökonomischen Austauschs im Sinne von institutionalisierten Problemlösungen erfolgen. Abbildung 14 führt die im Rahmen der Ökosystemanalyse erfassten Elemente und Zusammenhänge auf Basis des Metamodells auf.

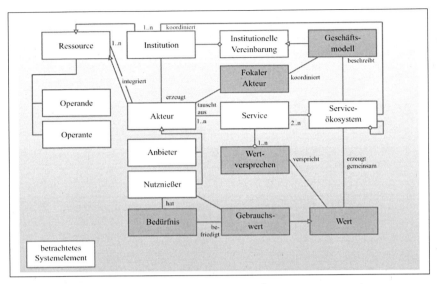

Abbildung 14: Systemelemente der servicedominierten Ökosystemanalyse als Teil des Metamodells Service-oriented Business Model
Quelle: eigene Darstellung

Dem Konzept der SDlogic folgend (Vargo und Lusch 2016, S. 20), ist die Ökosystemanalyse darauf ausgerichtet, nicht nur eine dyadische Betrachtung des ökonomischen Austauschs und eine auf Ressourcen beschränkte Sicht auf ein Ökosystem widerzuspiegeln. Vielmehr wird über sie ein größeres System von (generischen) Akteuren(-netzwerken) und Ressourcen (einschließlich institutioneller Vereinbarungen) betrachtet. Dies begründet sich auch daraus, dass die Werterzeugung als kooperativer, interaktiver Wertschöpfungsprozess verstanden wird. In diesen integrieren verschiedene Akteure unterschiedliche Ressourcen zur Unterstützung der Schaffung kontextabhängiger Gebrauchswerte bei einem Nutznießer (z. B. dem Kunden). In diesem kollaborativen und interaktiven Werterzeugungsprozess löst sich dabei die Unterscheidung zwischen Produzent und Konsument zunehmend auf. Um ebendieser Sichtweise gerecht zu werden, ist es erforderlich im Rahmen der Ökosystemanalyse die relevanten Systemelemente aus einer ganzheitlichen Perspektive zu identifizieren, zu strukturieren und in Abhängigkeit zueinander zu setzen. Im Rahmen der Analyse ist es daher notwendig, durch eine möglichst offene Herangehensweise mögliche Verbesserungspotenziale in einem Serviceökosystem zu identifizieren. Dies gelingt beispielsweise, indem angrenzende Serviceökosysteme und die darin integrierten Ressourcen und Akteure in die Betrachtung einbezogen werden. Erst darauf aufbauend kann die Entwicklung eines Geschäftsmodells aus fokaler Perspektive gelingen, welches die Einbeziehung kontextueller Rahmenbedingungen (z. B. institutioneller Vereinbarungen, Ressourcenverfügbarkeit bei Servicenutzern) für die Erzeugung einer optimalen Ressourcendichte im Serviceaustausch berücksichtigt. So ist es möglich, durch Aufnahme der Systemelemente Fragen nach den spezifischen Bedürfnissen der Akteure, der Relevanz des Serviceökosystems für die Akteure, der Abhängigkeit von der Ressourcenintegration der verschiedenen Akteure und den damit verbundenen institutionellen Voraussetzungen zu beantworten.

Zentraler Untersuchungsgegenstand der Ökosystemanalyse ist dabei das Serviceportfolio und das damit verbundene System von Wertversprechen und kontextuellen Gebrauchswerten. Letztere werden von Vargo et al. (2008) als Verbesserungen des Wohlbefindens im Serviceökosystem und der Fähigkeit, sich an die Umwelt anzupassen, definiert (Vargo et al. 2008, S. 148).

Tabelle 3 führt die wesentlichen Systemelemente auf und erläutert deren Nomenklatur im Rahmen der Ökosystemanalyse. Die Einführung einer einheitlichen Nomenklatur wird hierbei als wichtige Ausgangsvoraussetzung zur Anwendung der Modellierungsprinzipien des SoBM angesehen. So verhindert eine einheitliche Nomenklatur beispielsweise, dass Systemelemente doppelt, unvollständig oder missverständlich erfasst werden.

Tabelle 3: **Nomenklatur der Ökosystemanalyse gemäß Metamodell**
Quelle: eigene Darstellung

Element	Begriffsbildung	Beispiel deutsch	Beispiel englisch
Operande Ressource	Nomen	Ladestation	Charging station
Operante Ressource	Nomen + Verb	Ladestation betreiben (Fähigkeit)	Manage charging station
Service	Substantivierung oder Komposition Nomen + Verb Nomen + Nomen	Ladestationsbetrieb	Charging station management
Akteur	Komposition	Ladestationsbetreiber	Charging station Operator

4.5.1.2 Methode und Instrumente

Nach Vorstellung des konzeptionellen Hintergrunds und der Elemente der servicedominierten Ökosystembeschreibung werden im Weiteren die Methode und die Instrumente der Ökosystemanalyse vorgestellt.[34] Zielsetzung der Analyse ist die Ent-

---

[34] Die Idee zur Entwicklung der servicedominierte Ökosystemanalyse basiert auf existierenden Methoden wie der Ecosystem-Assessment nach Flügge (2016) und aus Bestandteilen des ‚Business Model Framework for IoT-driven Enviroments' bei Turber et al. (2014). Die Anpassung bzw. Entwicklung einer eigenen Lösung war aufgrund des verwendeten Metamodells

wicklung einer kombinierten grafischen und textuellen Darstellung des betrachteten Serviceökosystems in vier miteinander lose verbundenen Ebenen. Diese servicedominierte Ökosystembeschreibung (siehe Abbildung 15) zeigt auf der ersten Ebene die operanden bzw. passiven Ressourcen (z. B. physikalische Objekte, Maschinen, Regeln, Normen, andere Institutionen), auf der zweiten Ebene die operanten bzw. aktiven Ressourcen (z. B. menschliche oder nicht-menschliche Fähigkeiten). Insbesondere auf Ebene der operanden Ressourcen hat sich eine grafische Darstellung als nachvollziehbare und hilfreiche Abbildungsform erwiesen. Speziell im Hinblick auf die Entwicklung von Ideen und Ableitung der übrigen Ebenen regt die Visualisierung Denkprozesse an und erleichtert das Verständnis von Zusammenhängen (Schallmo 2013, S. 117). Bei den übrigen Ebenen ist hingegen i. d. R. aufgrund der Komplexität der abzubildenden Zusammenhänge auf Benennung gemäß der Nomenklatur zurückzugreifen. Daher sind auf der dritten Ebene die abstrakte Beschreibung der ausgetauschten Services und auf der vierten Ebene eine generische Akteursübersicht (bzw. Rollenbezeichnungen) zu erarbeiten. Die Elemente können durch grafische Verbindungen über die Ebenengrenzen hinweg miteinander verknüpft werden, um Beziehungen und Abhängigkeiten zu dokumentieren (siehe Tabelle 4). Neben der grafischen Darstellung sind die Elemente, zugehörige Attribute sowie Beziehungen der Elemente in gesonderten Verzeichnissen unter Berücksichtigung der Modellierungsprinzipien (siehe Kapitel 5.2) zu dokumentieren. Hierdurch kann auch im Nachhinein eine eindeutige Verwendung der Begrifflichkeiten sichergestellt werden.

Tabelle 4: Verzeichnis der Systemelemente der serviceorientierten Ökosystembeschreibung
Quelle: eigene Darstellung

Operande Ressource	Name	Beschreibung	Beziehung			
Operante Ressource	Name	Beschreibung	Beziehung			
Service	Name	Beschreibung	Typ {Koordinierender Service; Business Service; Business Process Service}	SLA	Wertversprechen	Beziehung
Akteur	Name	Beschreibung	Typ {Fokaler; Regulator; Partner; Wettbewerber; Kunde; unbekannt}	Beziehung		

und aufgrund der konsequenten Anwendung einer serviceorientierten Betrachtungsperspektive der SDlogic notwendig.

Die Entwicklung einer servicedominierten Ökosystembeschreibung erfolgt in vier Schritten:

1. Beschreibung der operanden Ressourcen,
2. Beschreibung der operanten Ressourcen,
3. Ableiten und Beschreiben eines Service-Portfolios,
4. Ableiten und Beschreiben generischer Rollen.

Damit baut die Ökosystemanalyse auf einer dynamischen Entwicklung und Ableitung von Systemelementen durch eine Betrachtung von Teilaspekten auf verschiedenen Ebenen auf. Gleichzeitig ermöglicht sie durch die flexible Bearbeitung von Ökosystemaspekten über die Ebenen hinweg eine ganzheitlich vernetzte Erarbeitung einer Ökosystembeschreibung. So können beispielsweise durch Nennung von generischen Akteuren konkrete Services abgeleitet werden. Diese führen wiederum zur Beschreibung von Ressourcen. Eine starre Abfolge sollte daher einem flexiblen Memorieren und Erfassen im Sinne einer Kreativtechnik weichen.

Die Analyse orientiert sich im ersten Schritt an der aktuellen Situation des fokalen Akteurs. Hierbei kann aufbauend auf vorhandenen servicedominierten Ökosystembeschreibungen, Marktbeschreibungen und Unterlagen zunächst eine Untersuchung von Veränderungen am Systemumfeld (bspw. regulatorische Änderungen, technische Neuerungen) vorgenommen werden. In einem weiteren Schritt können eine Wettbewerbsanalyse (bspw. in Form von Produktbeschreibungen) oder mithilfe der servicedominierten LMA-Analyse (siehe Kapitel 4.5.2) durchgeführte Analysen digitaler Technologien dazu dienen, Erweiterungen des Systemumfelds zu beschreiben. Schließlich können die dergestalt identifizierten Elemente genutzt werden, Anknüpfungspunkte in angrenzenden Industrien zu suchen oder neue operande oder operante Ressourcen in das System einzufügen, um weitere Wertbeitragspotenziale zu identifizieren. Die Ergebnisse der Analyse werden einheitlich in der servicedominierten Ökosystembeschreibung erfasst und in Verzeichnisse überführt. In diesen Verzeichnissen werden in tabellarischer Form die Informationen zu den Elementen erfasst, gepflegt und für die Verwendung in den weiteren Phasen der Geschäftsmodellentwicklung dokumentiert.

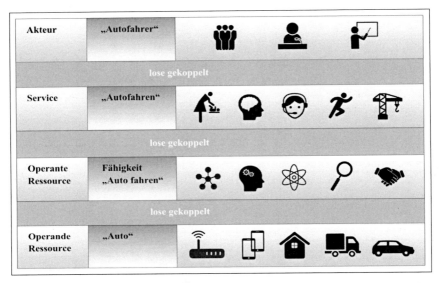

Abbildung 15: Die servicedominierte Ökosystembeschreibung als Ergebnis der servicedominierten Ökosystemanalyse
Quelle: eigene Darstellung

Methodisch wird die Erstellung einer servicedominierten Ökosystembeschreibung in der Ökosystemanalyse durch eine Kombination von Einzelarbeit (auch in Gruppenform) und der Arbeit im Plenum unterstützt. Auf Basis der empirischen Erfahrungen werden folgende Schritte vorgeschlagen:

1. Einführung: Der Moderator stellt die Aufgabe vor und gibt ein Beispiel.

2. Vorbereitung: In Einzelarbeit bereiten sich die Teilnehmer auf die Aufgabe (bspw. Analyse existierender Ökosystembeschreibungen, durch Anwendung der servicedominierten LMA-Analyse, Wettbewerbsanalysen) vor und halten diese schriftlich/grafisch fest (bspw. auf Karten, Zeichnungen).

3. Sammlung und Assoziation: Die Ideen werden auf einer Metaplanwand (servicedominierte Ökosystembeschreibung), die in vier Ebenen geteilt ist, in Gruppenarbeit eingetragen und diskutiert.

4. Ausarbeitung: Die servicedominierte Ökosystembeschreibung wird in Einzelarbeit durch vertiefte Analyse (bspw. servicedominierte LMA-Analyse) und Befüllung von Verzeichnissen weiterentwickelt und vertieft.

5. Konsolidierung: Die detaillierten Ergebnisse werden an der Metaplanwand (servicedominierte Ökosystembeschreibung) überprüft, vervollständigt und sofern nötig neu strukturiert.

Im Rahmen der Analyse werden durch Beschreibung der Mikroebene damit Elemente und Strukturen eines Serviceökosystems auf der Mesoebene erarbeitet. Ein wesentliches Ergebnis der Ökosystemanalyse bildet das Serviceportfolio des Serviceökosystems in der Serviceebene. Dieses wird ausgehend von den Grundannahmen der SDlogic durch die Kombinationen der Elemente der Ressourcen- und Serviceebene entwickelt. Durch lose Kopplung der Ebenen lässt sich dabei das Serviceportfolio unabhängig von existierenden oder möglichen Zugehörigkeiten zu Marktpartnern oder Ressourcen gestalten (Turber et al. 2014, S. 23). Hierdurch können vollständig neue Wertbeitragspotenziale entstehen, die durch flexible Kombinationen von Ressourcen und Akteurskonstellationen entwickelt werden.

Die servicedominierte Ökosystemanalyse und die servicedominierte Ökosystembeschreibung bilden eine praktische Umsetzung der SDlogic. Sie ermöglichen den Entwicklern von Geschäftsmodellen ein Verständnis für die Komplexität des Kontexts und Zusammenhänge im Serviceökosystemen zu generieren. Hierbei kann durch Modellierung von existierenden und notwendigen Institutionen und institutionellen Vereinbarungen auf der Ressourcen-Ebene auch ein möglicher Rahmen für die Abbildung von sozialen Praktiken der Serviceebene vorgezeichnet werden. Dies stellt einen praktikablen Weg zur Entwicklung von neuen Marktlösungen und der Ausgestaltung von Serviceökosystemen im Sinne der institutionellen Arbeit dar.

4.5.1.3 Ergebnisse

Die servicedominierte Beschreibung eines Ökosystems bietet einen strukturierten Überblick über Ressourcen, Services und Akteure. Durch einheitliche Definition und Abbildung der Beziehungen zwischen den Elementen unter Berücksichtigung der Modellierungsprinzipien wird sichergestellt, dass sie als erweiterbare Wissensbasis für die Geschäftsmodellentwicklung verwendet werden kann. Die lose Kopplung der Ebenen erleichtert dabei eine offene Diskussion über Einsatzszenarien von Ressourcen in der Serviceerbringung, unabhängig beispielsweise von einer Ressourceneigentümerschaft. Gleichzeitig können neue Ressourcen (bspw. digitale Technologien oder Fähigkeiten) einfach in die Betrachtung einbezogen werden, um Auswirkungen bspw. auf der Serviceebene im Zusammenspiel mit anderen Ressourcen zu evaluieren. Hierdurch werden die servicedominierte LMA-Analyse und die servicedominierte Ökosystembeschreibung zur Basis für eine flexible Ausgestaltung des ökonomischen Austauschs in den weiteren Phasen. Die servicedominierte Ökosystemanalyse ist als Methode der Geschäftsmodellentwicklung darauf angelegt, akteurs- und unternehmensunabhängig durchgeführt zu werden. Insofern die Geschäftsmodellentwicklung im SoBM-Framework als eine gemeinsame Entwicklungsarbeit der Marktakteure verstanden wird, kann und sollte die servicedominierte Ökosystembeschreibung daher als gemeinsame Wissensbasis der Geschäftsmodellentwicklung betrachtet werden, die im Rahmen der institutionellen Arbeit kontinuierlich weiterentwickelt wird.

Als Ergebnisse liegen somit vor:

- servicedominierte Beschreibung eines Ökosystems als grafisch-textuelle Übersicht,
- Verzeichnisse mit Ressourcen, Akteuren und Services.

4.5.2 Layered-Modular-Architecture-Analyse

Die Entwicklung von Geschäftsmodellen in digital transformierenden Umfeldern ist in einem starken Maß von digitalen oder digitalisierten Artefakten geprägt (siehe Kapitel 2.2, Kapitel 2.3 und Kapitel 5). Die zunehmende Verbreitung digitaler Technologie ermöglicht die Erweiterung existierender Services mit digitalen Komponenten bis hin zur Entstehung von komplett neuen digitalen oder digital-basierten Services. Diese können zu einer Erweiterung der Wertversprechen und zur Erhöhung der Wertabschöpfung durch Unternehmen führen (Yoo et al. 2010a, S. 727 ff.). In diesem Zusammenhang sind Aufbau und Integration eines digitalunterstützten Service-Portfolios eine wichtige Basis für die serviceorientierte Geschäftsmodellentwicklung. Die im zweiten Action-Design-Research-Zyklus als Beta-Version verprobte servicedominierte LMA-Analyse unterstützt die Gestaltung von Geschäftsmodellen, indem sie eine akteursunabhängige, technologieübergreifende Analyse und Konzeption digitaler Technologie gestattet. Hieraus kann ein transzendierendes Portfolio an digital-unterstützten oder ermöglichten Services konzipiert und in die Entwicklung eingebracht werden. Die servicedominierte LMA-Analyse wird dabei als Bestandteil bzw. Hilfsmethode der servicedominierten Ökosystemanalyse verstanden.

Die servicedominierte LMA-Analyse wurde basierend auf den Erkenntnissen zu den Eigenschaften digitaler Technologie im Rahmen des Design-Science-Projekts entwickelt und verprobt (siehe Kapitel 5.2). Auf Grundlage der Architektur sogenannter ‚pervasive digital technology' nach Yoo et al. (2012) erlaubt die Methode eine strukturierte und ebenenbezogene Analyse der Komponenten digitaler Technologien (Yoo et al. 2012, S. 1398 ff.). Gleichzeitig können Architekturen für Ressourcen konzipiert und überprüft werden, die im Verlauf der Geschäftsmodellentwicklung in die Lösungskonzeption einfließen. Aufgrund der modularen und ebenenbezogenen

Architektur ist es möglich, akteurs- und ressourcenunabhängige Wertbeitragspotenziale digitaler Technologie (Ressourcen) abzubilden. Diese können direkt oder indirekt zur Ausgestaltung von innovativen Problemlösungen in Serviceökosystemen genutzt werden.

Die Methode wurde unter Berücksichtigung der Anforderungen zur Geschäftsmodellentwicklung entwickelt und ermöglicht es, konzeptionelle Herausforderungen bei der Abbildung digitaler Technologie in Geschäftsmodellen zu bewältigen. Die Durchführung richtet sich nach den Modellierungsprinzipien des SoBM-Frameworks und adressiert die Zielsetzung, folgende Leitfragen in der Geschäftsmodellentwicklung zu beantworten:

- Wie kann das Wertbeitragspotenzial digitaler Technologie für ein Serviceökosystem und Geschäftsmodelle analysiert und strukturiert erfasst werden?

- Wie können identifizierte Systemelemente einheitlich strukturiert und beschrieben werden?

- Wie kann sichergestellt werden, dass das gewonnene Wissen über Serviceökosysteme und ihre inneren Zusammenhänge auch in der weiteren Geschäftsmodellentwicklung genutzt und weiterentwickelt werden kann?

4.5.2.1 Elemente und Beziehungen

Aufbauend auf dem Paradigma einer „pervasive digital technology" (Yoo et al. 2010a, S. 724) ermöglicht die servicedominierte LMA-Analyse eine detaillierte Analyse der Bestandteile digitaler Technologien und die Konzeption neuer Technologien durch Kombination von Technologiekomponenten. Die servicedominierte LMA-Analyse kann als Bestandteil der servicedominierten Ökosystemanalyse, losgelöst als kontinuierliches Technologie-Screening oder im Rahmen der Geschäftsmodellentwicklung zur Lösungskonzeption verwendet werden.

Durch logische Trennung von Technologiekomponenten in vier Ebenen erfolgt eine strukturierte Sammlung von Informationen über die potenziell in den Serviceaustausch zu integrierenden digitalen Technologien sowie damit verbundenen Institutionen und institutionellen Vereinbarungen. Abbildung 16 zeigt die im Rahmen der servicedominierten LMA-Analyse betrachteten Systemelemente und Zusammenhänge auf Basis des Metamodells auf.

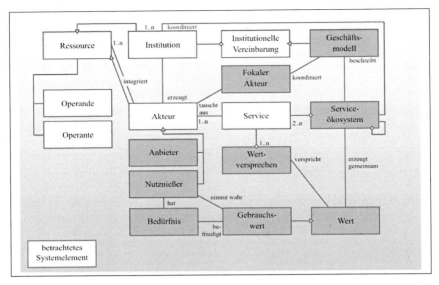

Abbildung 16: Systemelemente der Layered-Modular-Architecture-Methode als Teil des Metamodells Service-oriented Business Model
Quelle: eigene Darstellung

Abbildung 16 verdeutlicht, dass die servicedominierte LMA-Analyse eine akteursunabhängige Betrachtung von Ressourcen und deren Beitrag in der Wertkreation erfolgt. Diese Fokussierung auf die Integration von Ressourcen in den ökonomischen Austausch und die Berücksichtigung von institutionellen Aspekten erleichtert im ersten Schritt die Analyse des Beitrags von digitaler Technologie in der Servicebereitstellung. Das Vorgehen erlaubt dabei eine Zusammenführung von internen und externen Ressourcen unter der Maßgabe der Generierung einer hohen Ressourcendichte durch die Liquifikation und Entbündelung von Ressourcen. Neben der Analysefunktion gestattet die servicedominierte LMA-Analyse dadurch auch die Konzeption von operanten Ressourcen durch Kombination externer und interner Ressourcen. Dies erlaubt eine – im Verhältnis zur vorherrschenden ressourcenbasierten Sichtweise – erweiterte Sicht auf die Ausgestaltung des ökonomischen Austauschprozesses (Turber et al. 2014, S. 23). Daneben werden durch explizite Berücksichtigung von institutionellen Aspekten digitaler Technologien wesentliche Grundlagen zum Verständnis und der Gestaltung digital-basierter Lösungen bereits in einer frühen Phase der Geschäftsmodellentwicklung berücksichtigt.

Bei der Ausgestaltung der servicedominierte LMA-Analyse wurden unter Berücksichtigung der eingenommenen Perspektive der SDlogic die Elemente der LMA nach Yoo et al. (2010) wie in Abbildung 17 ersichtlich modelliert. Die Ressourcenkomponenten digitaler Technologie werden auf der physischen Geräte-, Netzwerkebene sowie teilweise auf der Inhaltsebene als operande Ressourcen verstanden. Diese Maschinen, Netzwerke, Protokolle und Daten werden durch operante Ressourcenkomponenten digitaler Technologien, die auf der Inhaltsebene abgebildet werden, verarbeitet und in der Serviceebene als Service dokumentiert. Die Modellierung folgt hier den Prinzipien der Modellierung gemäß Kapitel 4.2.

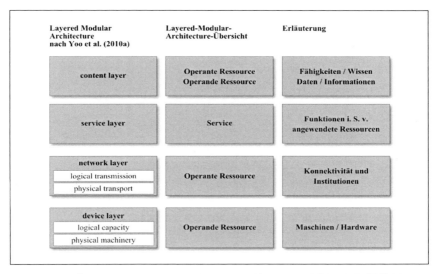

Abbildung 17: Überführung der Layered Modular Architecture nach Yoo et al. (2010a) in die servicedominierte Layered-Modular-Architecture-Übersicht
Quelle: in Anlehnung an Yoo et al. 2010a, S. 727

Tabelle 5 führt die Systemelemente der servicedominierten LMA-Analyse auf und erläutert deren Nomenklatur. Die Nomenklatur folgt hierbei den Regeln der Metamodellbeschreibung und stellt, ebenso wie die Anwendung der Modellierungsprinzipien, die Überführbarkeit in die servicedominierte Ökosystemanalyse sicher. Die abgeleiteten Informationen werden entweder in gesonderte Verzeichnisse oder in die Verzeichnisse der servicedominierten Ökosystemanalyse eingepflegt.

Tabelle 5: Nomenklatur der servicedominierten LMA-Analyse gemäß Metamodell: Beispiele und Herleitung in Anlehnung an Yoo et al. (2010a)
Quelle: eigene Darstellung

Element	Begriffsbildung	Beispiel deutsch	Beispiel englisch	LMA nach Yoo et al. (2010a)
Operande Ressourcen	Nomen	Ladestation Modem	Charging station Modem	Gerät Netzwerk Protokoll
Operante Ressourcen	Nomen + Verb	Daten analysieren (Fähigkeit)	Analyse data	Inhalt (IT als operante Ressource)
Service	Substantivierung oder Komposition Nomen + Verb Nomen + Nomen	Datenanalyse Daten analysieren	Data analysis	Service

4.5.2.2 Methode und Instrument

Da die servicedominierte LMA-Analyse auf die Erhebung des möglichen Wertbeitragspotenzials digitaler Technologie ausgerichtet ist, wird im Rahmen der Analyse digitale Technologie zunächst logisch in Ressourcen- und Services-Komponenten unterteilt. Die servicedominierte LMA-Analyse orientiert sich dabei an einer modularen Architektur auf vier separaten Ebenen: der Geräte-, Verbindungs-, Service- und Inhaltsebene (siehe Abbildung 18). Diese Ebenen sind lose miteinander verbunden, sodass die Kombination von Elementen der verschiedenen Ebenen ohne Beeinträchtigung der einzelnen modularen Komponenten möglich ist. Jede dieser Ebenen bietet das Potenzial, durch Integration von Ressourcenbestandteilen in die Wertkreation und die damit verbundenen kombinatorischen Evolutionsmöglichkeiten neue Serviceangebote anzubieten. Diese werden letztlich auf der Serviceebene abgebildet. Die Dokumentation der mit den Services verbundenen Wertversprechen erfolgt im Übrigen in separaten Verzeichnissen.

Die Methode ist darauf ausgelegt, in interdisziplinären Teams angewendet zu werden. Eine solche Verwendung bietet den Vorteil, dass das Verständnis der Zusammenhänge und Fähigkeiten digitaler Technologien bei allen an der Geschäftsmodellentwicklung beteiligten Akteuren verbessert wird. Zudem bedürfen ganzheitliche Betrachtungen der Kompetenz sowohl vonseiten der Techniker als auch der fachlich-orientierten Akteure. Es hat sich jedoch gezeigt, dass erstens eine intensive Auseinandersetzung mit den Komponenten für Nicht-Techniker eine besondere Herausforderung begründet. Zweitens ist die Ableitung von Wertbeitragspotenzialen für Techniker ohne Wissen um die ökonomischen Austauschvorgänge eingeschränkt möglich. Zur Lösung dieser Problemstellung hat es sich als hilfreich erwiesen, im Kreise von Technikern generische servicedominierte LMA-Übersichten für einzelne digitale Technologien oder Technologiekompositionen vorzubereiten. Diese können dann im Rahmen der Methodendurchführung im Plenum und vor dem Hintergrund einer serviceorientierten Ökosystembeschreibung insbesondere im Hinblick auf die Serviceebene erweitert werden. Auf diese Weise lässt sich der notwendige Wissenstransfer zwischen den Beteiligten herstellen.

Die servicedominierte LMA-Analyse startet mit der Betrachtung einzelner digitaler Technologien, die anschließend zu digitalen Technologienkompositionen aggregiert und als solche untersucht werden können (bspw. eine Ladestation als digitale Technologie, die Ladestationsinfrastruktur als Kombination von Ladestationen, Kommunikationseinrichtung und Ladestationsmanagementsystem). Die Aggregation digitaler Technologie erfolgt dabei unabhängig von der Eigentümerschaft an der Ressource bzw. von Bestandteilen einer Ressourcenkomponente, um eine offene und lösungsorientierte Herangehensweise sicherzustellen. Erst in der Weiterverwendung der Ergebnisse der servicedominierten LMA-Analyse werden im Zuge der Ausgestaltung des ökonomischen Austauschprozesses digitale Technologiekomponenten und digitale Technologiekompositionen ressourcenintegrierenden Akteuren zugeordnet. Hierbei unterliegt die Betrachtung jedoch zentral der Betrachtung einer optimalen Ressourcendichte des Serviceökosystems.

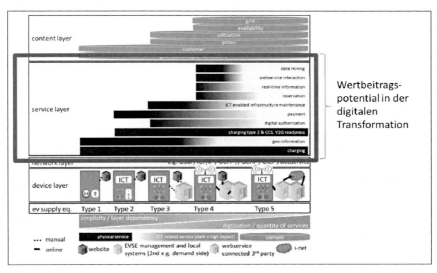

Abbildung 18: Wertbeitragspotenzial abgebildet auf der Serviceebene in der Layered Modular Architecture digitaler Technologie am Beispiel von Ladeinfrastruktur für Elektrofahrzeuge
Quelle: Pfeiffer und Jarke 2017, S. 32 in Anlehnung an Yoo et al. 2010a, S. 727

Um die Wertbeitragspotenziale einer Technologie identifizieren zu können, werden zunächst die physischen Komponenten auf der Geräteebene und die Kommunikationswege auf der Netzwerkebene betrachtet. Als Besonderheit sind die institutionellen Bestandteile der Technologie zu nennen. So ist die Identifikation und Abbildung von verwendeten Kommunikationsprotokollen als operande Ressourcen erforderlich. Dies gilt insbesondere mit Blick auf die Gestaltung von Geschäftsmodellen als institutionalisierte Problemlösungen, beispielsweise bei Aggregation von digitalen Technologien bzw. bei der Digitalisierung von Technologien. Aufbauend auf diesen grundlegenden Ebenen werden existierende Elemente der Inhaltsebene abgeleitet. Diese beinhaltet in der – im Verhältnis zu Yoo et al. (2010a) erweiterten Betrachtung – sowohl operande als auch operante Ressourcen. Insbesondere die Identifikation von operanten Ressourcen ist bei der Technologiebetrachtung eine Herausforderung. Wie im Grundlagenteil beschrieben, sind digitale Technologien durch ihre duale Natur als operand und operant wirkende Ressourcen gekennzeichnet (siehe Kapitel 2.2). In der LMA ist die Trennung dieser Technologieeigenschaften mit Blick auf das Wertbeitragspotenzial im ökonomischen Austausch ein wichtiger Analysebestandteil. Der Perspektive der SDlogic folgend zeigen operante Ressourcen einen wichtigen Wettbewerbs- bzw. einen Nutzenvorteil auf (Vargo und Lusch 2016, S. 7 f., S. 19), weil diese in der Lage sind, aktive Auswirkung auf die Wertkreation zu nehmen und die Einbringung der operanden Ressourcen zu ermöglichen.[35]

Die Analyse des Wertbeitragspotenzials einer digitalen Technologie bildet den nächsten Schritt der servicedominierten LMA-Analyse. Hierbei erfolgt eine Betrachtung der durch Anwendung von Ressourcen möglichen Servicebereitstellung und der damit verbundenen Wertversprechen. Services werden dabei durch die Kombination der identifizierten Ressourcen und die Anwendung von operanten Ressourcen identifiziert. Zu den Services werden im Zuge der Analyse die zu integrierenden Ressourcen als Beziehungen dokumentiert. Dies ermöglicht eine nachträgliche Rückverfolgung der Beziehungen zwischen Services und Technologiekomponenten einer Ressource in der weiteren Gestaltung des ökonomischen Austauschs. Hierdurch können beispielsweise auf Basis des identifizierten Techno-

---

[35] In der Anwendung der servicedominierten LMA-Analyse hat sich gezeigt, dass die Identifikation und Beschreibung von operanten (digitalen) Ressourcen durch die Vorgabe von anschaulichen Beispielen erleichtert wird. Zu operanten digitalen Ressourcen zählen beispielsweise die automatische Identifikation von Nutzern oder Produkten (bspw. anhand von RFID-Chips und Lesegeräte), die Ortslokalisierung von Produkten oder die adaptive Steuerung von Produkten anhand der Zustandsüberwachung und intelligenten Vorhersagefunktionen (siehe hierzu bei Ardolino et al. 2016, S. 563).

logieeinsatzes bei Akteuren Rückschlüsse auf die notwendige Integration von Ressourcen und damit verbundene institutionelle Aspekte gezogen werden.

Im Zuge der Analyse der Serviceebene werden in Rückkopplungen mit den übrigen Ebenen Konkretisierungen und Ergänzungen zu den betrachteten Komponenten vorgenommen. In diesem Kontext ist anzumerken, dass auch über die betrachteten digitalen Technologiekomponenten hinaus weitere operante Ressourcen modelliert werden sollten. Dies gilt insbesondere dann, wenn diese operanten Ressourcen für eine digital-unterstützte Wertkreation notwendig sind bzw. sofern dies zur Bereitstellung eines Wertbeitragspotenzials erforderlich ist. Hierbei kann es sich sowohl um außerhalb der betrachteten digitalen Technologie(-komposition) liegende technologische (weitere technische Einrichtungen) oder nicht-technologische (Fähigkeiten oder Wissen von menschlichen Nutzern) operante Ressourcen handeln.

Da nicht jede im Einsatz befindliche bzw. zur Verfügung stehende Technologie dem Charakter einer „pervasive digital technology" entspricht, sind flexible Kombinationen von identifizierten Ressourcenbestandteilen kritisch auf ihre Einbringung in die Service-Bereitstellung zu prüfen. Hierbei können die dokumentierten institutionellen Technologiebestandteile die Analyse unterstützen. Voraussetzungen für die zur Erbringung eines Services notwendigen institutionellen Rahmenbedingungen in Bezug auf die ebenenübergreifende Kombination von Elementen sind daher zu dokumentieren.

Nach Abschluss einer Technologiebetrachtung werden weitere Technologien – bspw. aus der servicedominierten Ökosystemanalyse – in die Modellierung einbezogen.

Darüber hinaus können durch Kombination von operanten Technologiekomponenten mit operanten oder operanden Ressourcen von erweitert betrachteten digitalen Technologien neue Wertbeitragspotenziale in einem Ökosystem identifiziert werden. So können neue Services beispielsweise durch Inhaltskomponenten entstehen, die sich aufgrund der losen Kopplung der Architekturebenen durch Zusammenführung von Daten aus vorher disjunkten Umweltsensoren und der Verbrauchserfassungen bilden.

Die Durchführung einer servicedominierten LMA-Analyse ist beendet, wenn für den betrachteten Kontext (beispielsweise eine konkrete digitale Technologie oder die Komposition von digitalen Technologien aus einer serviceorientierten Ökosystembeschreibung) eine servicedominierte LMA-Übersicht inkl. Verzeichnis vorliegt, welche die Wertbeitragspotenziale (inkl. der Wertversprechen) einer digitalen Technologie(-komposition) und die Beziehungen der Komponenten zueinander beschreiben.

4.5.2.3 Zusammenfassung

Die servicedominierte LMA-Analyse bildet einen wichtigen Baustein in der Gestaltung von Geschäftsmodellen im Kontext der digitalen Transformation und ermöglicht eine Analyse der Digitalisierung von Technologien sowie des daraus entstehenden Wertbeitragspotenzials. Durch Zusammenführung der LMA- und SDlogic-Paradigmen in einer Methode wurde die Basis für eine an den Optionen der Digitalisierung orientierten, serviceorientierten Ausgestaltung von Geschäftsmodellen im SoBM-Framework gelegt. Die Verwendung einheitlicher Modellierungsprinzipien und Überführung der Ergebnisse der servicedominierten LMA-Analyse in die servicedominierte Ökosystemanalyse ermöglicht eine an einer LMA orientierte Ausgestaltung des ökonomischen Austauschs. Die transzendierende Betrachtung der servicedominierten LMA-Analyse schafft eine letztlich am potenziellen (Wert-)Beitrag zur Erhöhung der Ressourcendichte orientierte Analyse digitaler Technologie. Diese orientiert sich durch eine produkt-, dienstleistungs- sowie akteursunabhängige Untersuchung von Wertbeitragspotenzialen digitaler Technologien letztlich an der durch die Digitalisierung möglichen Ressourcenliquifikation und -entbündelung (Barrett et al. 2015, S. 142; Lusch und Nambisan 2015, S. 160) auf der digitalen Abstraktionsebene. Hiermit wird sie der Anforderung gerecht, digitale Technologie fernab ihrer digitalen oder physischen Materialität über die Abbildung in Services in ökonomische Austauschprozesse einzubinden (siehe Kapitel 3.2). Ferner ermöglicht die Methode, neben ihrer Funktion als Analyseinstrument auch die gestalterische Aufgabe der Geschäftsmodellentwicklung zu unterstützen. So können digitale Technologiekompositionen entlang ihres Einsatzes im ökonomischen Austausch dergestalt konzipiert werden, dass neue Services ermöglicht werden, die aufgrund der losen Kopplung unabhängig von Unternehmensgrenzen die Ressourcenliquifikation und die Entbündelung der Ressourcenkonfigurationen ermöglichen. Dies erfolgt insbesondere aufgrund der logischen Entkopplung von Ressourcenkomponenten, der freien Komposition von Services über die Ebenen hinweg und der Berücksichtigung institutioneller Aspekte. Letztlich können durch Anwendung der LMA-Analyse die generativen Fähigkeiten digitaler Technologie und die damit verbundenen Chancen zur Entwicklung neuer Lösungen in die Weiterentwicklung des ökonomischen Austauschs übertragen werden. Damit stellt die servicedominierte LMA-Analyse in Verbindung mit der servicedominierten Ökosystemanalyse die Grundlage für eine, durch einen fokalen Akteur, aktiv gesteuerte digitale Transformation des ökonomischen Austauschs dar. Hierbei berücksichtigt die servicedominierte LMA-Analyse, dem Verständnis einer Geschäftsmodellentwicklung als institutionelle Arbeit folgend, durch Betrachtung von institutionellen Bestandteilen digitaler Technologien sowie durch Einbindung von nicht-technischen, operanten Ressourcen auf der Inhaltsebene wichtige Voraussetzungen zur Schaffung und Umsetzung von institutionalisierten Problemlösungen.

Ein solches Vorgehen ist insofern vorteilhaft, als dass das Wertbeitragspotenzial einer Technologie vom gewählten Kontext abhängt (Herterich und Mikusz 2016, S. 4). Erst in der Komposition von Technologien im konkreten Ökosystem werden Services und die mit ihnen verbundenen Wertversprechen und erzielbaren Gebrauchswerte für die potenziellen Nutznießer (Kunden) erkennbar.

Als Ergebnisse liegen somit vor:

- servicedominierte LMA-Übersicht als grafisch-textuelle Beschreibung,
- Verzeichnisse mit Ressourcen und Services.

4.5.3 Wertwahrnehmungsanalyse

Die Generierung von kontextbezogenen Gebrauchswerten durch den reziproken Serviceaustausch bildet ein zentrales Konzept der SDlogic (siehe hierzu die Ausführung im Grundlagenkapitel SDlogic zu den Axiomen 2 und 4). Dieser vom Nutznießer bestimmte kontextbezogene Gebrauchswert lässt sich dabei auf den Kontingenzparametern der individuellen Ressourcenintegration der nutznießenden Akteure und der Nutzungssituation bestimmen (Jacob et al. 2013, S. 32). Daher müssen aus Perspektive der SDlogic unter Berücksichtigung der – bspw. im Rahmen der servicedominierten Ökosystemanalyse – identifizierten Ressourcen und der durch ihre Anwendung in Services ermöglichten Wertversprechen, insbesondere auch die Gebrauchswerte aus Perspektive der Nutznießer in individuellen Nutzungssituationen für eine zielgerichtete Gestaltung von Geschäftsmodellen ermittelt werden. So liegt die Ausgestaltung von Wertversprechen mit dem Ziel der Erzeugung von möglichst hohen Gebrauchswerten für alle an der Wertkreation beteiligten Akteure im Zentrum der Gestaltung von Geschäftsmodellen (Frow und Payne 2011, S. 225). Hierbei kann der fokale Akteur die Schaffung von Gebrauchswerten durch die Bereitstellung von ‚passenden' Ressourcen verbessern und anderen Akteuren helfen, diese Ressourcen mit anderen soziokulturellen Ressourcen zu integrieren. Eine größere Dichte von Ressourcen, die für eine spezifische soziale Praktik und für die Ziele oder Bedürfnisse des Wertschöpfungspartners relevant sind, entsprechen hierbei einem höheren Wert (Storbacka et al. 2012, S. 70 ff.). Mit dem Konzept des ‚Value Sensing' stellen Storbacka und Nenonen (2011) einen konzeptionellen Einstiegspunkt zur Identifikation des Gebrauchswerts vor. Sie beschreiben damit die Fähigkeit eines fokalen Akteurs „to generate a deeper understanding of the value creation potential in a selected market configuration" (Storbacka und Nenonen 2011, S. 251). Sie sehen in einer solchen repräsentativen Praktik die Möglichkeit, mit anderen Akteuren die Ausgestaltung des ökonomischen Austauschs zu diskutieren, mögliche Wertpotenziale zu identifizieren und letztlich Akteure von der Vorteilhaftigkeit der Ausgestaltung zu überzeugen. Gleichwohl halten sie fest, dass „[f]urther research is needed in order to operationalize the different elements of value sensing" (Storbacka und Nenonen 2011, S. 251).

Die Entwicklung der Analysemethode basierte auf der Idee des ‚Value Sensing' und auf Methodenbestandteilen der People-Value-Canvas-Methode nach Wildevuur et al. (2014). Im Rahmen des zweiten Zyklus der Action Design Research (Zyklus II - Virta) wurde das hier vorgestellte Artefakt Wertwahrnehmungsanalyse verprobt.

Die Methode wurde unter Berücksichtigung der Anforderungen zur Geschäftsmodellentwicklung konzipiert und dient der Identifikation von kontextbezogenen Gebrauchswerten potenzieller Kunden(-gruppen), von notwendigen Wertversprechen und letztlich als Ausgangsbasis zur Gestaltung von kundenwertbezogenen Service-Portfolios. Hierbei erfolgt die Modellierung akteursbezogen, jedoch unabhängig von der konkreten Architektur der Servicebereitstellung durch das Akteursnetzwerk. Die Methodendurchführung richtet sich nach den Modellierungsprinzipien des SoBM-Frameworks und adressiert die Zielsetzung, folgende Leitfragen in der Geschäftsmodellentwicklung zu beantworten:

- Wie kann der kontextbezogene Gebrauchswert von Akteuren auf Basis einer serviceorientierten Ökosystembeschreibung eines Serviceökosystems analysiert und strukturiert erfasst werden?

- Wie können identifizierte Gebrauchswerte und potenzielle Kunden(-gruppen) einheitlich strukturiert und beschrieben werden?

- Wie kann sichergestellt werden, dass das gewonnene Wissen über Serviceökosysteme und ihre inneren Zusammenhänge auch in der weiteren Geschäftsmodellentwicklung genutzt und weiterentwickelt werden kann?

4.5.3.1 Elemente und Beziehungen

Wie erläutert, basiert die Wertwahrnehmungsanalyse auf der Idee des ‚Value Sensing' (Storbacka und Nenonen 2011, S. 251) und folgt der netzwerkorientierten, inhärent kunden- und service-bezogenen Sichtweise der SDlogic. Mit der Definition kontextueller Gebrauchswerte führt die Methode dabei die bereits identifizierten Systemelemente der serviceorientierten Ökosystembeschreibung am Ergebnis des ökonomischen Austauschs orientiert zusammen. Damit leistet die Methode die Überführung der Ergebnisse der servicedominierten Ökosystemanalyse in einer kontextbezogenen Ausgestaltung von Problemlösungen auf Ebene korrespondierender Wertversprechen und Gebrauchswerte.

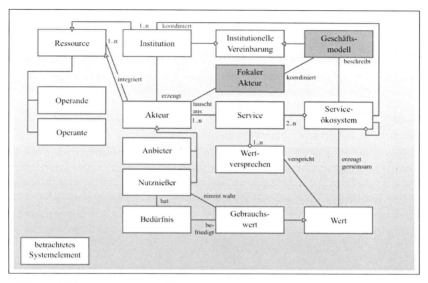

Abbildung 19: Systemelemente der Wertwahrnehmungsanalyse als Teil des Metamodells Service-oriented Business Model
Quelle: eigene Darstellung

Abbildung 19 verdeutlicht, dass im Rahmen der Wertwahrnehmungsanalyse die in der servicedominierten Ökosystembeschreibung nicht erfassten Aspekte zur Ausprägung von Akteuren (als Anbieter und Nutznießer) in die Betrachtung einbezogen werden. Hierbei wird insbesondere der Nutznießer mit seinen Bedürfnissen und den von ihm phänomenologisch wahrgenommenen Gebrauchswerten zum Modellierungsgegenstand. Gleichwohl sind die bereits erfassten Ressourcen, die Services und damit die verbundenen Wertversprechen wichtige Basis der Analyse, da der kontextuelle Gebrauchswert „phenomenologically [is] determined based on existing resources, accessibility to other integratable resources, and circumstances" (Vargo und Akaka 2009, S. 39).

Da gerade in dieser tiefgehenden Analyse des ökonomischen Austauschs Erkenntnisse zu den Systembestandteilen und ihren Abhängigkeiten gesammelt werden, ist deren konsistente und einheitliche Zusammenführung und Dokumentation für die weiteren Schritte der Geschäftsmodellentwicklung von hoher Bedeutung.

4.5.3.2 Methode und Instrument

Wie bereits erwähnt, erfordert die Gestaltung eines Geschäftsmodells ein tieferes Verständnis darüber, wie in der gemeinsamen Wertkreation Gebrauchswerte für potenzielle Kunden entstehen (Zolnowski 2015, S. 146 ff.). Die Wertwahrnehmungsanalyse unterstützt die Geschäftsmodellentwicklung, indem sie ein Vorgehen zu diesem ‚Value Sensing' (Storbacka und Nenonen 2011, S. 251) auf Basis einer serviceorientierten Ökosystembeschreibung bereitstellt und in der Wertwahrnehmungsbox (siehe Abbildung 20) beschribt.

Ausgangsbasis für die Analyse ist die servicedominierte Ökosystembeschreibung. Aus der Akteursebene wird ein potenzieller Kunde identifiziert und als Persona[36] beschrieben. Im nächsten Schritt werden die Bedürfnisse bzw. Ziele dieser Persona definiert und erfasst. Da der Wert-in-Kontext auf einem Kontinuum von Akteursbedürfnissen und zugänglicher Ressourcen besteht[37] (z. B. Fähigkeit, externe Wertvorschläge zu erwerben), werden anschließend die internen operanten und operanden Ressourcen des Akteurs anhand der Ökosystembeschreibung identifiziert. Hierbei werden i. d. R. auch weitere, bisher nicht berücksichtigte Aspekte in die Analyse einbezogen und dokumentiert.

Anschließend werden für den konkreten Nutzungskontext der Persona zusätzlich benötigte, externe Ressourcen in Form von service-basierten Wertversprechen aus der Serviceebene der Ökosystembeschreibung benannt. Diese kapseln operande und operante externe Ressourcen, die über einen Austausch von Services im Rahmen einer Wertkreation integriert werden müssen, um den gewünschten Gebrauchswert

---

[36] Das Konzept der Persona entstammt dem Design Thinking (vgl. McKim 1980) und ersetzt im Kontext der Entwicklung von Produkten, Dienstleistungen und Anwendungen den Begriff ‚Nutzer'. In Anwendung des Konzepts auf die Wertwahrnehmungsanalyse beschreibt eine Persona den Archetypus eines Akteurs, der durch ähnliche oder übereinstimmende Verhaltensweisen eines Akteurs von Akteursgruppen gekennzeichnet ist. Ziel ist es dabei den Entwicklern von Geschäftsmodellen „einen Realitätsbezug mit kreativer Note nebst Reflexionsraum zu vermitteln" (Flügge 2016, S. 45). So bildet der Archetypus die Bedürfnisse, Ressourcen, Services und Gebrauchswerte eines Akteurs möglichst umfänglich ab (Flügge 2016, S. 45).

[37] Der Zusammenhang zwischen Zielen und Ressourcen lässt sich auf der Basis der Means-End-Theorie modellieren (Woodruff 1997, S. 142 f.). So verfolgt ein Nachfrager verschiedene Ziele (Goals), die er versucht, durch das Hinzuziehen geeigneter Mittel (operande Ressource, operante Ressourcen) und insbesondere durch die Anwendung dieser in möglichst zielführende Art und Weise unter der Integration seiner eigenen Fähigkeiten (operante Ressourcen zu erreichen (Jacob et al. 2013, S. 31 ff.). Basierend auf diesen Annahmen und in Anlehnung an Arnould et al. (2006) nähern uns dem Wertentstehungsprozess von einer Ressourcenintegrationsperspektive, d. h. durch das Zusammenwirken der Ressourcen eines Nachfragers, mit dessen Zielen bestimmt sich der Value in Context. Eine solche Konzeptualisierung des Value-in-context ist folglich nicht deterministisch, sondern lässt nachfragerspezifische Ziele und Ressourcen als Kontingenzvariablen zu (vgl. hierzu Jacob et al. 2013, S. 35 ff.).

zu erzeugen. Hierbei zielt die Modellierung der Wertkreation auf die Erreichung einer hohen Ressourcendichte für das beschriebene Serviceökosystem auf der Mikroebene. Daher gilt es Möglichkeiten zur Entbündelung sowie Liquifikation von Ressourcen durch die Akquisition der Services zu erreichen. Dies bedeutet auch, dass beispielsweise zu prüfen ist, auf die Einbringung persona-eigener Ressourcen zu verzichten oder durch einen Beitrag persona-eigener Ressourcen die Ressourcendichte für die Wertkreation insgesamt zu erhöhen. Damit gilt es, bestehende Kompetenzen (operante Ressourcen), statische Einsatzfaktoren (operande Ressourcen) sowie die Fähigkeit des Zugangs zu weiteren Ressourcen (über den Austausch von Services) unter Berücksichtigung des jeweiligen Kontexts (Ökosystembeschreibung) in die Entwicklung von Problemlösungen einzubeziehen (Vargo et al. 2008, S. 134).[38]

Die auf diese Weise identifizierten Bedürfnisse in Verbindung mit den servicebasierten Wertversprechen bilden die Ausgangsbasis für die Erarbeitung von fokalen Wertversprechen in der weiteren Geschäftsmodellentwicklung.

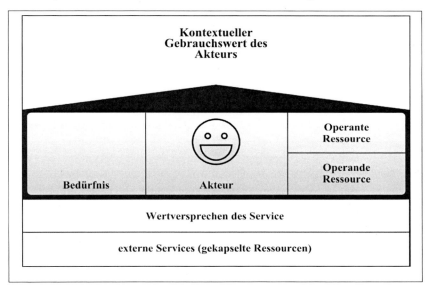

Abbildung 20: Wertwahrnehmungsbox
Quelle: eigene Darstellung

---

[38] Vgl. hierzu auch die Ausführung in Kapitel 2.1.

4.5.3.3 Ergebnisse

Durch die Ermittlung der Erzeugungsbedingungen für kontextbezogene Gebrauchswerte begründet die Wertwahrnehmungsanalyse eine zentrale Methode zur kundenorientierten Gestaltung von Geschäftsmodellen. So können auf Basis der Gebrauchswerte beim Kunden vorhandene Ressourcen in Verbindung mit der ökonomisch-technologischen Ökosystemanalyse die notwendigen und beziehbaren Ressourcen für einen ökonomischen Austausch mit hoher Ressourcendichte ermittelt werden. Die notwendigen und beziehbaren Ressourcen werden dabei mit dem Ziel der Komplexitätsreduktion über servicebasierte Wertversprechen gekapselt dargestellt. Da der kontextbezogene Gebrauchswert für einen Akteur auf einem Kontinuum seiner Bedürfnisse und der für ihn zugänglichen Ressourcen (z. B. seiner Fähigkeit, externe Wertvorschläge zu integrieren) liegt, erkennt die Wertwahrnehmungsanalyse auch die Bedürfnisse des Akteurs und seine operante und operande Ressourcenbasis an (Jacob et al. 2013, S. 35). Durch Betrachtung der vollständigen Ökosystembeschreibung werden darüber hinaus ein breites Spektrum möglicher Optimierungen der Ressourcendichte und Zusammenhänge im Ökosystem berücksichtigt. Durch Lösung von einer akteursspezifischen Betrachtung im Hinblick auf die Integration externer Ressourcen hin zu einer Bewertung von serviceorientierten Wertversprechen einer Ressource wird damit eine transzendierende und lösungsorientierte Vorgehensweise bei der Entwicklung von Problemlösungen aus Perspektive des nutznießenden Akteurs gewählt.

Da der eigentliche Wert digitaler Technologie im ökonomischen Austausch erst in ihrer Anwendung und ihrem Beitrag zur Steigerung der Ressourcendichte deutlich wird. Herterich und Mikusz 2016, S. 4), können die der Wertwahrnehmungsanalyse vorgeschalteten Phasen als notwendige, aber nicht hinreichende Voraussetzung zur Bestimmung des Beitrags der digitalen Transformation von Ökosystemen angesehen werden. Erst die Wertwahrnehmungsanalyse stellt die notwendige Verbindung zwischen Kontext, digitaler Technologie und ihrer generativen Bestimmung her und ermöglicht so eine zielgerichtete Gestaltung digital transformierender Ökosysteme.

Als Ergebnisse der Wertwahrnehmungsanalyse liegen somit vor:

- Wertwahrnehmungsbox als grafisch-textuelle Beschreibung,
- Verzeichnisse mit Ressourcen, Services, Gebrauchswerten und Akteuren.

4.5.4 Geschäftsmodell-Portfolio-Analyse

Die Geschäftsmodell-Portfolio-Analyse besteht aus den Elementen der Geschäftsmodellideenentwicklung und der Attraktivitätsanalyse von Geschäftsmodellen. So sind die Entwicklung und Bewertung von Geschäftsmodellideen wichtige Bausteine in der kontinuierlichen Überwachung der Attraktivität von Geschäftsmodellen und der Auswahl neuer Geschäftsmöglichkeiten (Zollenkopp 2014, S. 149). Gleichzeitig sind sie für den Entwicklungsprozess von Geschäftsmodellen von hoher Relevanz. So kann dieser Prozess zwar grundsätzlich parallel für mehrere Geschäftsmodellideen durchgeführt werden. Da er insbesondere in der Gestaltungsphase jedoch ein komplexes und umfangreiches Unterfangen darstellt, ist es erforderlich, mit i. d. R. limitiert vorhandenen Kapazitäten effizient und effektiv zu arbeiten (Weimann und Beul 2016, S. 218). Insbesondere können auch Interdependenzen zwischen Geschäftsmodellen (bspw. in Form von gemeinsam genutzten Services, betroffenen externen Akteuren) dazu führen, dass eine abgestimmte Entwicklung erfolgen muss. Die Vorauswahl von Geschäftsmodellen auf Basis der zur Verfügung stehenden Informationen (bspw. Ökosystembeschreibung, Wertwahrnehmungsbox) stellt daher eine notwendige Aktivität dar, um die Entwicklungsarbeiten auf vielversprechende Ansätze zu beschränken und ein abgestimmtes Vorgehen zu ermöglichen.

Die Geschäftsmodell-Portfolio-Analyse ist eine Methode, mit deren Hilfe eine Bewertung von existierenden Geschäftsmodellen und neuen Geschäftsmodellideen aus einer servicedominierten Perspektive ermöglicht wird. Zur Auswahl von Kandidaten für die weiteren Entwicklungsarbeiten werden dabei sowohl interne als auch externe Faktoren berücksichtigt (Schallmo 2013, S. 198 ff.; Teece 2010, S. 189).

Die Methode der Geschäftsmodell-Portfolio-Analyse setzt im ersten Schritt auf dem Abgleich von existierenden Geschäftsmodellen mit den zuvor identifizierten kontextuellen Gebrauchswerten möglicher Kunden und im zweiten Schritt auf die Identifikation von neuen Geschäftsmodellideen. Anschließend wird aufbauend auf dem ermittelten Ideenset eine Bewertung in Form eines Attraktivitätsportfolios vorgenommen. Letzteres dient zur Ableitung von Handlungsvorschlägen.

Mithilfe der Methode werden folgende Leitfragen in der Geschäftsmodellentwicklung beantwortet:

- Welche Geschäftsmodelle lassen sich anhand der identifizierten Gebrauchswerte und Wertversprechen identifizieren?

- Inwiefern tragen existierende fokale Wertversprechen zur Erzeugung der identifizierten kontextuellen Gebrauchswerte in existierenden Werterzeugungspartnerschaften bei?

- Welche Geschäftsmodelle haben eine hohe interne und externe Attraktivität?

4.5.4.1 Elemente und Beziehungen

Die Geschäftsmodell-Portfolio-Analyse basiert im Wesentlichen auf den in der servicedominierten Ökosystemanalyse und der Wertwahrnehmungsanalyse ermittelten Informationen. Da existierende Geschäftsmodelle zum Abgleich von möglichen Wertbeiträgen herangezogen werden, können im Bedarfsfall auch darüber hinausgehende Informationen zu Analysezwecken herangezogen werden. Sofern diese zur Entscheidungsfindung benötigt werden, sollten sie in den Verzeichnissen zur Vervollständigung der Wissensbasis entsprechend hinterlegt werden.

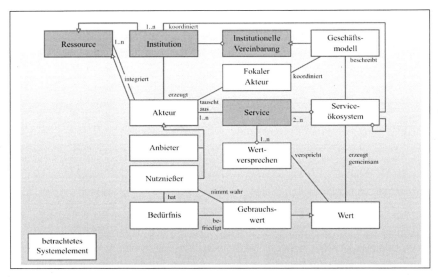

Abbildung 21: Systemelemente der Geschäftsmodell-Portfolio-Analyse als Teil des Metamodells Service-oriented Business Model
Quelle: eigene Darstellung

Abbildung 21 verdeutlicht, dass im Rahmen dieser Methode eine fokale Perspektive eingenommen wird. So werden Geschäftsmodelle (inkl. der Basisattribute Beschreibung, Akteure) und – aufbauend auf Bedürfnissen, Gebrauchswerten und korrespondierenden Wertversprechen – die relevant beteiligten Akteure des Geschäftsmodells identifiziert. Durch die Reduktion der Betrachtungselemente wird die Entscheidungsfindung vereinfacht und auf wesentliche Kernelemente des Geschäftsmodells aus einer geschäftsorientierten Betrachtungsweise reduziert.

4.5.4.2 Methode und Instrumente

Mit der servicedominierten Ökosystemanalyse und der Wertwahrnehmungsanalyse wurden die Grundlagen dafür gelegt, die Entwicklung von Geschäftsmodellideen auf Basis von kontextuellen Gebrauchswerten in einem Serviceökosystem vorzunehmen. Dadurch kann eine – zunächst akteurs- und akteurskonstellationsunabhängige – serviceorientierte Betrachtung von Geschäftsmodelloptionen vorgenommen werden, die möglichst frei von existierenden Denkmustern, fokalen oder industrieabhängigen Geschäftsmodellen ist. Im Rahmen der Geschäftsmodell-Portfolio-Analyse muss diese Betrachtungsweise um die Akteursdimension erweitert werden, um die Beschreibung von Geschäftsmodellideen zu ermöglichen. Dies gilt insbesondere, da ein Geschäftsmodell die Wertlogik des fokalen Akteurs in Bezug auf die Erstellung und Erfassung von Werten erklärt. Damit verbunden ist ebenso die Betrachtung der aus der Akteurskonstellation entspringenden Werterzeugungsbeiträge der beteiligten Akteure.

Für die Bewertung der Attraktivität von existierenden und neuen Geschäftsmodellideen und die Erarbeitung eines Geschäftsmodell-Portfolios werden daher in Anlehnung an Schallmo (2013) folgende Schritte vorgeschlagen:

I. Entwicklung und Beschreibung von Geschäftsmodellideen

II. Bewertung der internen und externen Attraktivität von Geschäftsmodellideen

III. Einordnung in das Attraktivitätsportfolio und Ableitung von Handlungsempfehlungen

Im Weiteren werden die einzelnen Schritte näher erläutert.

I. Entwicklung und Beschreibung von Geschäftsmodellideen

Grundlage zur Ableitung von Geschäftsmodellideen bilden Ökosystembeschreibungen und Wertwahrnehmungsboxen. Vor dem Hintergrund des/der beschriebenen Serviceökosystem(e) werden die von Akteuren wahrgenommenen kontextuellen Gebrauchswerte und zu ihrer Erzeugung notwendigen service-basierten Wertversprechen in den entwickelten Wertwahrnehmungsboxen betrachtet. Die intensive und strukturiert textlich wie grafisch dokumentierte Vorarbeit begünstigt hier die Entwicklung und Beschreibung von Geschäftsmodellideen (Ahrend 2016, S. 282) für das beschriebene Serviceökosystem, da auf eine theoretisch wie praktisch fundierte Basis aufgesetzt werden kann. Zudem kann zusätzlich auf existierende SoBMs zurückgegriffen werden, in denen die zur Analyse notwendigen Informationen in standardisierter und wiederverwendbarer Form vorliegen.

Zu Beginn der Entwicklung von Geschäftsmodellideen werden aus den entwickelten Wertwahrnehmungsboxen Wertversprechenbündel zusammengestellt. Diese kapseln die notwendigen externen Services, die zur Erfüllung von kontextuellen Gebrauchswerten oder Gebrauchswertbündeln der ausgewählten potenziellen Kundengruppen erforderlich sind. Anschließend werden Akteure aus der Ökosystembeschreibung identifiziert, die entsprechende Wertvorschläge erbringen können. Nachfolgend entscheidet der fokale Akteur, welche Wertvorschläge durch ihn erbracht werden können und welche durch weitere Akteure im Netzwerk (u. a. auch der potenzielle Nutznießer bzw. Kunde) eingebracht werden müssen.

Dieser Schritt kann gleichzeitig zur Bewertung des Fits existierender Geschäftsmodelle (hier insbesondere der Wertversprechen) zu den im Ökosystem benötigten Beiträgen zur Erfüllung von kontextuellen Gebrauchswerten verstanden werden. Ergänzend kann ein solches Geschäftsmodell-Assessment auf Basis von Wertversprechen ebenfalls zur Analyse von wettbewerblichen Geschäftsmodellen herangezogen werden. Auch hieraus können alternative Geschäftsmodellideen generiert werden.

Aufbauend auf diesen Analyseschritten werden die identifizierten Geschäftsmodelle (i. S. v. Serviceökosystemen auf der Mikro-/Meso-Ebene) anhand zusammenpassender kontextueller Gebrauchswerte und Wertversprechen benannt.[39] Geschäftsmodelle zeichnen sich in dieser Phase durch die Fokussierung auf die, durch eine gemeinsame Werterzeugung geschaffenen, kontextuellen Gebrauchswerte des Kunden aus. So werden Geschäftsmodellideen auf Basis der kontextuellen Gebrauchswerte, die mit der Erzeugung verbundenen Wertversprechen und der möglichen Akteurskonstellationen aus Perspektive des fokalen Unternehmens beschrieben. Geschäftsmodellideen können auf dieser Basis in einem Verzeichnis (vgl. ähnlich Schallmo 2013, S. 158) dokumentiert werden. Dieses beinhaltet:

a) Geschäftsmodell-Namen,

b) (Haupt-)Nutznießer des Geschäftsmodells,

c) betroffene Akteure,

d) Beschreibung des Geschäftsmodells,

e) erfülltes Bedürfnis,

---

[39] Es existieren auch weitere Möglichkeiten durch Kreativitätsmethoden auf Basis der Ökosystembeschreibung Ideen für Geschäftsmodelle zu entwickeln (z. B. kollektives Notizbuch, Galerie-Methode). Diese können ebenso nach Bedarf zum Einsatz kommen (vgl. hierzu ausführlicher Schallmo 2013, S. 258 ff.).

f) kontextueller Gebrauchswert des (Haupt-)Nutznießers,

g) eingebrachtes service-basiertes Wertversprechen (bspw. angewendete Fähigkeiten),

h) erhaltenes service-basiertes Wertversprechen (bspw. erhaltende Services oder Service-Surrogate in Form von Imagezuwachs oder Umsätze),

i) Schätzung des Aufwands,

j) Dauer der Realisierung.

II. Bewertung der internen und externen Attraktivität

Die auf diese Weise identifizierten und strukturiert erfassten Geschäftsmodelle werden nach ihrer Bewertung zum Bestandteil des Geschäftsmodell-Portfolios des Serviceökosystems. Die Bewertung erfolgt hinsichtlich der internen und externen Attraktivität, um so eine Priorisierung für die im Weiteren zu entwickelnden Geschäftsmodelle zu erhalten.

Die interne Attraktivität wird anhand der gesammelten Informationen zu möglichen Aufwänden zu dem Aufsetzen und der Durchführung des Geschäftsmodells (bspw. Investitionen, laufende Kosten) gemessen. Diese Aufwände werden den durch den Serviceaustausch möglichen Beiträge zur eigenen Wertkreation (d. h. der fokale Gebrauchswert) in Form von Umsätzen oder Chancen zur weiteren Wertkreation bspw. mit erhaltenen Daten, gegenübergestellt.[40]

Die Bewertung der externen Attraktivität der Geschäftsmodellidee basiert zum einen auf der Analyse der Zusammenhänge im Serviceökosystem durch die servicedominierte Ökosystemanalyse und die Wertwahrnehmungsanalyse. Zum anderen sollten aber auch erste Vorabdiskussionen mit Marktpartnern auf Basis der Analyseergebnisse ein Feedback zu den Annahmen liefern. Durch die Einbindung von so-

---

[40] Es sei darauf hingewiesen, dass in der frühen Phase der Geschäftsmodell-Portfolio-Analyse in der Regel noch nicht ausreichend detaillierte Informationen zu Aufwänden und Ertragschancen eines Geschäftsmodells vorliegen. Daher erscheint die Anwendung von aufwendigen Analyseverfahren wie der Business-Model-Value-Methode (Schallmo 2013, S. 198 ff.) nicht zielführend. Vielmehr sollte hier eine erste abschätzende Kategorisierung der internen Bewertung der Attraktivität erfolgen. In späteren Ausarbeitungsphasen des Geschäftsmodells können dann die Business-Model-Value-Methode oder andere Verfahren dabei helfen, Handlungsempfehlung für die Umsetzung des Geschäftsmodells zu erarbeiten. Darüber hinaus führt Schallmo (2013) auch weitere mögliche Kriterien zur Bewertungen von Geschäftsmodellideen vor, die sich aus den gesammelten Informationen ableiten lassen. Nach Bedarf und Verfügbarkeit könnten diese in ein Analyseraster zur Bewertung der internen und externen Attraktivität aufgenommen werden (Schallmo 2013, S. 162).

genannten „Lead-Usern" bzw. „Lead-Partnern" (Schallmo 2013, S. 200) können frühzeitig Fehleinschätzungen zur Ökosystembetrachtung aufgedeckt werden. Hiermit entspricht die Diskussion der servicedominierten Ökosystembeschreibung und der Wertwahrnehmungsboxen einer Laborprüfung zur Identifikation von Risiken und Chancen der Geschäftsmodellansätze (vgl. Schallmo 2013, S. 200). Im Rahmen des SoBM-Frameworks zählen jedoch zu ‚Lead-Partnern', die in die externe Bewertung einbezogen werden, nicht nur Kunden, sondern gleichsam Akteure, die indirekte Anbieter und Nutznießer im Rahmen der gemeinsamen Wertkreation der Geschäftsmodellideen[41] sein können.

III. Einordnung in Attraktivitäts-Portfolio und Ableitung von Handlungsempfehlungen

Im nächsten Schritt werden die bewerteten Geschäftsmodellideen in das Geschäftsmodell-Portfolio überführt. Hierdurch wird eine vorläufige Beurteilung auf der Grundlage der ersten Annahmen in den genannten Kategorien zur Identifikation von erfolgsversprechenden Ideen und zur Ableitung von Handlungsempfehlungen genutzt. Dazu werden die Geschäftsmodellideen entsprechend ihrer Bewertung in ein aus vier Quadranten bestehendes Attraktivitäts-Portfolio eingeordnet (siehe Abbildung 22).

Durch Berücksichtigung von kontextuellen Gebrauchswerten und der Gestaltung des ökonomischen Austauschs auf Basis von Wertversprechen entspricht die Bewertung von Geschäftsmodellideen der inhärent kundenorientierten und relationalen Perspektive der SDlogic. Dies spiegelt sich auch in der internen wie externen Attraktivitätsanalyse der Geschäftsmodellideen wider. So werden neben der fokalen Betrachtung auch die kunden- und partnerbezogenen Bewertungen mit als Einflussvariablen für die Erfolgswahrscheinlichkeit eines Geschäftsmodells als Abbild eines Serviceökosystems herangezogen.

---

[41] Ein Beispiel hierfür stellt das Geschäftsmodell ‚Digitale Werbung beim Laden eines E-Autos' dar. Hier sind nicht nur die Bewertung der Attraktivität für den Kunden (Nutzer der Ladestation zur Beladung des E-Autos mit Energie), sondern auch mögliche Werbepartner als indirekte Nutznießer in die Bewertung einzubeziehen (vgl. Instanziierung des Geschäftsmodells).

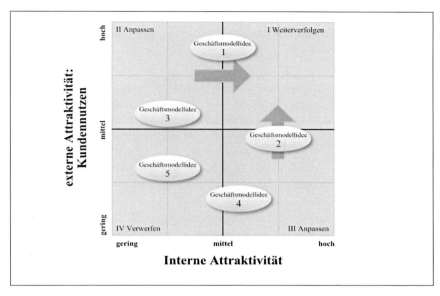

Abbildung 22: Attraktivitäts-Portfolio von Geschäftsmodellideen
Quelle: in Anlehnung an Schallmo 2013, S. 202

Nach Schallmo (2013) ergeben sich folgende vier Empfehlungen je nach Bewertung der Geschäftsmodellidee:

„I Weiterverfolgen: Geschäftsmodellideen innerhalb dieses Quadranten weisen eine hohe interne und externe Attraktivität auf und sollten daher weiterverfolgt werden.

II Anpassen: Geschäftsmodellideen innerhalb dieses Quadranten weisen eine geringe interne und eine hohe externe Attraktivität auf. Zielsetzung ist es, die Geschäftsmodell-Prototypen anzupassen (z. B. durch die Reduktion der Kosten), um die interne Attraktivität zu erhöhen und die Geschäftsmodellideen in den Quadranten I zu verschieben.

III Anpassen: Geschäftsmodellideen innerhalb dieses Quadranten weisen eine hohe interne, aber eine geringe externe Attraktivität auf. Zielsetzung ist es, Anpassungen (z. B. Veränderung von Leistungen) vorzunehmen, welche die externe Attraktivität erhöhen.

IV Verwerfen: Geschäftsmodell-Prototypen innerhalb dieses Quadranten weisen eine geringe interne und eine geringe externe Attraktivität auf. Diese Geschäftsmodellideen werden verworfen, da der Aufwand, sie in den Quadranten I zu verschieben, zu hoch ist" (Schallmo 2013, S. 202).

Auf Basis dieser Handlungsempfehlung können Geschäftsmodellideen des ersten Quadranten in die weitere Entwicklung übernommen werden. Sollten keine Ideen im ersten Quadranten gefunden werden, so gilt es, den Handlungsempfehlungen entsprechende Anpassungen vorzunehmen.

4.5.4.3 Ergebnisse

Die Attraktivitätsanalyse des Geschäftsmodellideen-Portfolios bildet den Abschluss der Vorbereitungsphase zur eigentlichen Ausgestaltung von SoBMs. Die Methode lehnt sich an der Idee der ‚light version' des ‚Service Logic Business Model Canvas' (Ojasalo und Ojasalo 2015b, S. 309) und den damit verbundenen Ansätzen des ‚rapid prototyping' bzw. des ‚lean business development' (vgl. bspw. Blank 2013; Maurya 2012) an und ermöglicht eine schnelle Ideenentwicklung, Ideenprüfung und Bewertung. Damit ermöglicht sie eine vorläufige Einordnung von Ideen und erhöht die Chancen Entwicklungskapazitäten zielgerichtet zu nutzen. Durch Einbindung von möglichen Wertschöpfungspartnern in die Attraktivitätsanalyse (externe Attraktivität) können zudem frühzeitig Optionen zur Verbesserung der Tragfähigkeit des Serviceökosystems insgesamt identifiziert werden.

Durch die sektoren- und akteursunabhängigen Beschäftigung mit Elementen und Strukturen des Serviceökosystems im Rahmen der servicedominierten Ökosystemanalyse wird die Identifikation und Analyse von Geschäftsmodelloptionen auf einer fundierten und breiten Wissensbasis durchgeführt (Ahrend 2016, S. 282). Hierbei werden insbesondere auch die durch digitale Technologien möglichen Werterzeugungsbeiträge über die Einbindung in die Wertwahrnehmungsanalyse als Wertversprechen aufgegriffen und in Problemlösungsansätze überführt. Im Rahmen der Entwicklung von Geschäftsmodellideen werden zudem potenzielle Wertkreationspartnerschaften auf Basis von Akteursrollen und Services der Ökosystembeschreibung identifiziert. Diese werden einheitlich beschrieben und so dem Domänenwissen hinzugefügt. Generische Rollen und Servicebeschreibungen können im Rahmen der weiteren Schritte als Profile für eine nicht alleine auf existierende Denkmuster beschränkte Ansprache von möglichen Wertschöpfungspartnern genutzt werden.

Im Ergebnis liegen damit erfolgsversprechende Geschäftsmodellideen (höchste interne und höchste externe Attraktivität) vor, die im Rahmen der weiteren Geschäftsmodellentwicklung ausgeprägt werden können. Gleichzeitig wurde die Wissensbasis zur Domäne durch die Anwendung und Verbesserung der servicedominierten Ökosystembeschreibung und Wertwahrnehmungsboxen auf Konsistenz und Validität geprüft. Darüber hinaus bietet die Einordnung in das Attraktivitäts-Portfolio die Möglichkeit, auf Basis der Handlungsempfehlungen zielgerichtet Verbesserungen an den Ideen vorzunehmen, um die Attraktivität von Geschäftsmodellideen zu erhöhen (Schallmo 2013, S. 204).

Insgesamt ermöglicht die Attraktivitätsanalyse eine eher qualitative Bewertung der Geschäftsmodellideen. Dies entspricht auch dem Verständnis, dass „a business model [is] a conceptual, rather than financial, model of a business" (Teece 2010, S. 173). So ist auch gerade aufgrund des frühen Abgleichs von Chancen und Risiken eine quantitative Methode und Bewertung eines Geschäftsmodells (wie bspw. mithilfe der Business Model Value-Methode nach Schallmo (2013)) kritisch zu sehen. Hierbei würde eine Genauigkeit in der Bewertung suggeriert, die zum Prozesszeitpunkt noch nicht gegeben ist. Durch die Verwendung einer relativ einfachen Abschätzung der internen Attraktivität und der durch Partner abgesicherten externen Attraktivitätsbewertung kann zum einen der Fehlentwicklung durch die Auswahl von ‚falschen' Ideen entgegengewirkt werden. Zum anderen kann der hohe Aufwand zur Erhebung von finanziellen Daten in der Bewertung selbst und die Betrachtung von wenig erfolgsversprechenden Ansätzen vermieden werden.

Als Ergebnisse der Attraktivitätsanalyse von Geschäftsmodellideen liegen somit vor:

- Verzeichnis mit Geschäftsmodellideen,
- bewertetes Geschäftsmodellideen-Portfolio mit Geschäftsmodellideen,
- Handlungsempfehlungen zur Entwicklung von Geschäftsmodellen,
- rollenbasierte Übersicht zu möglichen Wertschöpfungspartnerschaften.

4.5.5 Service-oriented-Business-Model (SoBM)-Analyse

Im Grundlagenteil wurde gezeigt, dass die Beschäftigung mit Geschäftsmodellen aus einer fokalen Perspektive heraus eine der Schlüsselaktivitäten zur aktiven Gestaltung und Verbesserung des ökonomischen Austauschs darstellt. Aus Perspektive der SDlogic wurde darauf aufbauend ein Verständnis für die Ausgestaltung von Geschäftsmodellen erarbeitet. Dabei wurde die Entwicklung von Geschäftsmodellen als eine strukturierte, institutionelle Arbeit auf der Mikro- und Mesoebene von Serviceökosystemen begriffen. So wird die Institutionalisierung von Lösungen für neue oder bestehende ökonomische und technische Problemstellungen in einem Serviceökosystem als Ergebnis einer erfolgreichen Geschäftsmodellentwicklung betrachtet. Der fokale Akteur ergreift in der Entwicklung von Geschäftsmodellen die Initiative, um andere Akteure von seinen mentalen Modellen zu überzeugen und diese gemeinsam mit ihnen umzusetzen (Storbacka et al. 2012, S. 59; Storbacka und Nenonen 2011, S. 249). Insgesamt zielt dieser Akteur mit seinem Handeln darauf ab, die Ressourcendichte für sich und weitere Akteure zu erhöhen und die Tragfähigkeit eines Serviceökosystems so zu verbessern (Storbacka und Nenonen 2015, S. 81).

In den bereits dargestellten Aktivitäten der Vorbereitungsphase wurden alle relevanten Informationen über das Serviceökosystem aggregiert und relevante Akteure (oder deren Profile) für die Entwicklung eines Geschäftsmodells identifiziert. Die SoBM-Analyse nutzt diese Wissensbasis für eine kooperative Geschäftsmodellentwicklung und strukturiert sie in einer vernetzten Darstellungsform aus mehreren Schichten. Ein SoBM wird dabei in drei Schichten (Geschäft, Service und Ressourcen) und jeweils für drei Perspektiven (Kunden, fokales Unternehmen und Partner) entwickelt. Dieser Ansatz wird verfolgt, um zum einen eine Komplexitätsreduktion und Fokussierung in der Entwicklungsarbeit zu ermöglichen. Zum anderen ermöglicht eine modulare und auf mehreren Schichten stattfindende Entwicklung eine flexible und dynamische Verbindung von Systemelementen. Damit folgt das SoBM einem Ansatz, in dem Geschäftsmodelle so konzipiert sind, dass sie als Plattform für die Bereitstellung von Serviceangeboten fungieren (Lusch und Nambisan 2015, S. 166 ff.).

Die Durchführung der Methode richtet sich nach den Modellierungsprinzipien des SoBM-Frameworks und hat die Zielsetzung, folgende Leitfragen für die Serviceökosystembeschreibung und Geschäftsmodellentwicklung zu beantworten:

- Wie können die Elemente eines Serviceökosystems so strukturiert werden, dass ein Geschäftsmodell aus fokaler Perspektive abgebildet werden kann.

- Wie kann diese Abbildung Netzwerkaspekte beinhalten und eine perspektivenentsprechende einfache Darstellung ermöglichen.

- Wie kann sichergestellt werden, dass das gewonnene Wissen über Serviceökosysteme und ihre inneren Zusammenhänge auch in der weiteren Geschäftsmodellentwicklung genutzt und weiterentwickelt werden kann?

4.5.5.1 Elemente und Beziehungen

Der SoBM führt die bereits erfassten Systemelemente aus der Wissensbasis über das Serviceökosystems zusammen. Durch das SoBM werden die Elemente so strukturiert, dass ein fokales Geschäftsmodell in drei Schichten in der Vernetzung zu den Geschäftsmodellen der involvierten Akteure dargestellt wird. Hierbei erfolgt die Modellierung des Geschäftsmodells aus einer Mesobetrachtung des Serviceökosystems und umfasst in der Geschäftsschicht die Mikrobetrachtungen von Serviceökosystemen. Entsprechend handelt es sich bei der SoBM-Darstellung um eine fokalzentrierte Sichtweise auf ein Serviceökosystem.

Im Rahmen der Durchführung der SoBM-Analyse werden bekannte Systemelemente der Ökosystembeschreibung und Wertwahrnehmungsbox wiederverwendet und, sofern notwendig, neue Elemente ergänzend in der Wissensbasis aufgenommen. Neben der Wiederverwendung von Elementen ist die flexible und dynamische Zusammenstellung von Elementen ein wesentliches Merkmal der Modellierung in der SoBM-Analyse. Dieses wird durch die Anwendung der Modellierungsprinzipien und der dargestellten Struktur des SoBM-Metamodells ermöglicht und unterstützt. Damit können durch die flexible Kombination von Ressourcen aus verschiedenen Quellen neue Serviceangebote konzipiert und durch die Vereinbarung von neuen Praktiken in der gemeinsamen Wertkreation umgesetzt werden. Abbildung 23 führt die Systemelemente und ihre gegenseitigen Beziehungen auf und zeigt ihre Verwendung innerhalb der Schichten der SoBM-Darstellung auf.

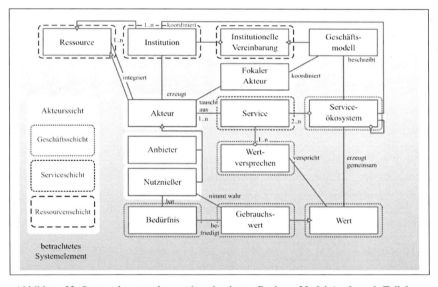

Abbildung 23: Systemelemente der serviceorientierten Business-Model-Analyse als Teil des Metamodells Service-oriented Business Model sowie ihre Zuordnung zu den Schichten des Service-oriented Business Model
Quelle: eigene Darstellung

Struktur des Service-oriented Business-Model-Instruments

Geschäftsmodelle werden in Akteurssichten abgebildet: kunden-, fokal- und partnerzentrierte Sichten. Diese werden anhand der betrachteten Akteure des Serviceökosystems der Mesoebene gebildet und nach diesen benannt.

Auf der Geschäftsschicht des SoBM werden die Wertversprechen als Beitrag zur Erzielung eines kontextuellen Gebrauchswerts von Nutznießern beschrieben. Dieser wird für die Geschäftsschicht der Kundensicht abgebildet, der mit den fokalen Wertversprechen verbunden ist. Darüber hinaus umfasst die Geschäftsschicht die Serviceökosysteme der Mikroebene, die benötigt werden, um die Wertversprechen zu realisieren. Die Summe der Serviceökosysteme der Mikroebene mit den darüber gekapselten Services ermöglichen Akteuren Wertversprechen über das Geschäftsmodell anzubieten und die Realisierung des Gebrauchswerts im Serviceaustausch zu ermöglichen. Mittel und Verfahren (d. h. die gemeinsame Wertkreation durch Ressourcenintegration), die erforderlich sind, um das Serviceökosystem auf der Mikroebene zu erzeugen, sind auf der Service- und Ressourcenschicht detailliert dargestellt.

In der Serviceschicht wird das fokale ‚Service Repository' beschrieben. Dieses organisiert alle relevanten internen und externen Services, die in der gemeinsamen Werterzeugung der identifizierten Serviceökosysteme der Mikroebene in den Serviceaustausch eingebracht werden. Das Service Repository transzendiert dabei die Akteurssichten und führt die Aktivitäten bzw. Services der Akteure zur Realisation von Wertversprechen des fokalen Akteurs im Sinne der gemeinsamen Werterzeugung zusammen. Hiermit werden die externen Services in die fokale Sphäre übertragen, indem das Service Repository die Ressourcenintegrationsaktivitäten aller beteiligten Akteure (also des fokalen Akteurs, der Kunden, der Netzwerkpartner) aufnimmt. Hierbei werden Services als Geschäftsprozess-Services, abstrakte Koordinations-Services und atomare Geschäfts-Services kategorisiert. Über die Eigenschaft ‚fokal' werden eigene typisiert. ‚Öffentliche' Services sind die von Partnern eingebrachten Services. Services sind mit den über sie in Anwendung gebrachten Ressourcen verknüpft, die in der darunterliegenden Ebene beschrieben werden.

In Übereinstimmung mit der SDlogic wird auf der Ressourcenschicht zwischen operanden und operanten Ressourcen unterschieden. Hierbei nutzen Akteure operande Ressourcen „to obtain support (i.e., they enable or facilitate)" (Lusch und Nambisan 2015, S. 159). Operande Ressourcen sind oft natürliche Ressourcen wie zum Beispiel Maschinen, die Hardware digitaler Technologie, Normen, Regeln. Operante Ressourcen hingegen „act on other resources to produce effects—that is, they act or operate on other things rather than being operated on" (Lusch und Nambisan 2015, S. 159). Dies sind Enabler- und Initiatorressourcen mit hohem Einfluss insbesondere auf den geschäftlichen Erfolg in digital transformierenden Ökosystemen (siehe Kapitel 2.2). Operative Ressourcen sind oft immateriell und dynamisch wie menschliche Fähigkeiten, IT-Anwendungen, Geschäftsbeziehungen und (digitalisierte) Informationen.

4.5.5.2 Methode und Instrumente

Die SoBM-Analyse bildet den Kern des SoBM-Frameworks. Die Entwicklung eines fokalen Geschäftsmodells erfolgt dabei in der modularen Struktur des SoBM (siehe Abbildung 23). Hierbei wird die netzwerkorientierte Sichtweise der SDlogic durch die Bildung von vernetzten Akteurssichten berücksichtigt. Somit bildet das SoBM durch die hinterlegten Beziehungen die Struktur des Geschäftsmodells ab. Damit zeigt das SoBM, wie Systemelemente zusammenhängen, welche Ressourcen von Akteuren in die gemeinsame Wertkreation eingebracht werden und welche Gebrauchswerte durch die Ressourcenintegration erzeugt werden.[42] Das fokale Geschäftsmodell mit seinem Service-Repository bildet hierbei den zentralen Knotenpunkt der Wertkreation und eine Serviceplattform für das Ökosystem.

Akteurssichten in der SoBM-Analyse und kooperative Geschäftsmodellentwicklung

Wie in Abbildung 23 dargestellt, wird es durch eine Reihe von zusammenhängenden Geschäfts-, Service- und Ressourcenschichten für alle relevanten Akteurssichten entwickelt, die zur Bildung des Serviceökosystems der Mesoebene (d. h. eines zu beschreibenden Geschäftsmodells) beitragen. Die Modellierung basiert auf der Ökosystembeschreibung und den Wertwahrnehmungsboxen, sodass die gesammelten Informationen wiederverwendet und bei Bedarf ergänzt werden können. Die Ausgestaltung des Geschäftsmodells steht dabei unter der Prämisse, eine Akteurs- und Ressourcenkonstellation mit hoher Ressourcendichte zu erreichen. Gleichzeitig erfolgt die Modellierung im Hinblick auf ihren Detaillierungsgrad je nach betrachteter Akteursperspektive in verschiedener Tiefe.

So hat die Kundenperspektive einen Fokus auf die für das Geschäftsmodell relevanten Gebrauchswerte, die damit verbundenen kundenseitigen Services und auf zu integrierende Ressourcen. Ressourcen sind in der Betrachtung insbesondere deswegen relevant, weil sie bei der Identifikation von eventuellen Restriktionen und Anforderungen an den kundenseitigen Serviceschnittstellen von Nutzen sind (z. B. Kompa-

---

[42] Zielsetzung ist es dabei nicht beispielsweise die Orchestrierung von Aktivitäten abzubilden, wie es dies im Business Process Modeling der Fall wäre (siehe hierzu im Überblick Havey 2005). Die Entwicklung von Geschäftsprozessen ist auf Grundlage des SoBM möglich, aber nicht Bestandteil des hier beschriebenen SoBM-Frameworks. Vielmehr wäre das Modellieren der Geschäftsprozesse Teil der Geschäftsmodellimplementierung. Durch Erweiterung des SoBM-Frameworks um Methoden und Instrumente des Business Process Modeling könnte der hier entwickelte Ansatz noch einmal deutlich operationalisiert werden. Dies stellt im Übrigen eine mögliche und sinnvolle weitere weitere Forschungsaktivität auf Grundlage dieser Arbeit dar (siehe Kapitel 6.3).

tibilität im Hinblick auf die Einbringung von digitalen Technologie durch Betrachtung des institutionellen Anteils dieser Ressourcen).

In der Partnerperspektive werden hingegen Wertversprechen und hierzu notwendige Services identifiziert, die zur Erbringung der fokalen Wertversprechen notwendig sind. Dabei können häufig Servicebeschreibungen aus einer ‚Make or Buy'-Entscheidung heraus als Request for Quotation (RFQ) an Partner herausgegeben werden. Die Beschreibung von Partnerressourcen ist i. d. R. hierbei durch die Kapselung über den Service und entsprechende Serviceschnittstellen nicht notwendig. Für beide Aspekte wird deutlich, dass eine partnerschaftlich kooperative Entwicklung von Geschäftsmodellen die Qualität der Geschäftsmodellbeschreibung und Geschäftsmodellentwicklung deutlich erhöhen kann. Dies gilt auch für das vermittelte Verständnis der fokalen Perspektive, die in einem hohen Detaillierungsgrad über die Schichten hinweg eine Ausarbeitung des Geschäftsmodells einschließt. Gleichwohl gilt, dass insbesondere durch die Bildung von Schichten und Abstraktion der im Rahmen einer Geschäftsmodellentwicklung vermittelte Detaillierungsgrad erhöht oder verringert werden kann, um beispielsweise bei einer geringen Vertrauensbasis oder am Anfang von Geschäftsbeziehungen nicht zu viele interne Informationen preiszugeben.

Top-down-Modellierung in der Service-oriented Business-Model-Methode

Ein SoBM wird in mehreren rekursiven Schritten entwickelt. Zunächst erfolgt eine Top-down-Modellierung beginnend mit der Geschäftsschicht. Diese wird aus Sicht für einen oder mehrere Nutznießer (d. h. Kunden) gemäß der in der Wertwahrnehmungsanalyse ermittelten Gebrauchswerte beschrieben. Anschließend werden die korrespondierenden Wertversprechen des fokalen Akteurs in der fokalen Sicht festgelegt. Zur Bereitstellung dieser Wertversprechen notwendige ‚externe' Wertversprechen von weiteren Netzwerkpartnern werden im dritten Schritt thematisiert. Hierzu ist es i. d. R. hilfreich, auch die Serviceökosysteme der Mikroebene zu benennen, um entsprechende Ableitungen von Kombinationen aus Wertversprechen und Gebrauchswerten zu erhalten.

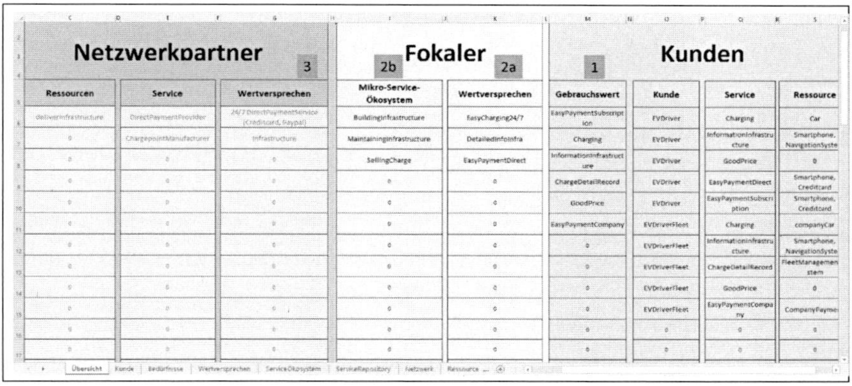

Abbildung 24: Aggregierte Sicht auf ein Service-oriented Business Model im Excel-basierten Service-oriented Business-Model-Instrument
Quelle: eigene Darstellung

Aufbauend auf der Geschäftsschicht wird die Serviceschicht modelliert. Hierbei dienen die Serviceökosysteme der Mikroebene als inhaltlicher Ausgangspunkt, wobei im Modellierungsprozess auch Rückkopplungen (bspw. durch Ergänzung von Serviceökosystemen) zwischen der Modellierung von Services und Serviceökosystemen auf der Geschäftsschicht möglich sind. Ein großer Teil der Services kann direkt aus der Ökosystembeschreibung inklusive der Servicebeschreibung übernommen werden. Eventuelle Anpassungen oder Konkretisierungen aufgrund der fokalen Betrachtung (bspw. im Hinblick auf die Verknüpfung von Services mit Ressourcen) sind entsprechend zu berücksichtigen. Hierzu zählt insbesondere die Bewertung von Services mit finanziellen Kennzahlen (im Sinne von nicht-funktionalen Eigenschaften). Diese können im Weiteren als Grundlage für die Durchführung einer Kosten-Nutzen-Analyse (vgl. Brent 2007) oder bei der Durchführung einer ‚Business Model Value'-Analyse (Schallmo 2013, S. 198 ff.) zur servicebasierten Bewertung des Geschäftsmodells dienen.

Die Elemente der Serviceschicht werden als Bestandteil des fokalen Service-Repository modelliert. Dieses stellt den zentralen Informations- und Verknüpfungspunkt in der Ausgestaltung eines SoBM dar und wird zur Wissensbasis des fokalen Geschäftsmodells. So inkludiert das Service-Repository alle Services, die zur Erbringung des Serviceaustauschs aus Perspektive der fokalen Firma in Verbindung mit externen Kunden- und Partnerservices notwendig sind. Als zentrale Verknüpfungselemente sind Services mit der darüberliegenden Schicht über die Serviceökosysteme der Mikroebene und indirekt darüber mit den Wertversprechen verbunden. Mit der darunterliegenden Schicht sind sie über die in Services integrierten Ressourcen verbunden. Da im fokalen Repository auch ‚öffentliche' Services dokumentiert werden, verbindet das Repository die Geschäftsmodelle über Akteursgrenzen hinweg.

Neben der vollständigen Dokumentation der Informationen zu einem Service (siehe Abbildung 24) ist die Anwendung der Modellierungsprinzipien (siehe Kapitel 4.2) von Relevanz. So gilt es beispielsweise im Sinne der Bedarfsorientierung eine fachlich-orientierte Servicegranularität zu verfolgen, die es ermöglicht, hinreichend genau geschäftliche Konzepte abzubilden (beispielsweise indem fachliche Aktivitäten wie das Laden eines Elektrofahrzeugs beschrieben werden) und hierbei Informationen zu diesen Betrachtungsgegenständen (beispielsweise Ladeinfrastrukturkomponenten, Fahrzeugkomponenten, Datenformaten) vollständig zu umfassen. So kann die Verständlichkeit der Beschreibung für nicht in die Modellierung involvierte Personen erhöht werden. Daneben wird ebenfalls eine Wiederverwendbarkeit von Services über die betrachtete Ökosystemgrenze hinweg erleichtert. Diese kann ebenfalls durch eine, auf Generalisierbarkeit des Services ausgerichtete, Verwendung von technischen Standards und Benennung dieser institutionellen Komponenten der Ressourcenschicht (wie beispielsweise technischer Standards) unterstützt werden. Generell kann durch die Anwendung der Prinzipien der Serviceorientierung und Modularität die Entwicklung von stabilen Serviceverträgen erreicht werden. So können beispielsweise einheitliche Spezifikation der Systemelemente und die Verwendung eines zentralen Repository zur Gewährleistung stabiler Austauschbeziehungen beitragen.

Die Anwendung der Prinzipien der losen Kopplung und die Standardisierung einzelner Komponenten ermöglicht hierbei auch die Wiederverwendbarkeit, Verteilbarkeit und Interoperabilität im Geschäftsmodell und über Geschäftsmodellgrenzen hinweg. Letztlich wird dergestalt die Basis gelegt für eine flexible und dynamische Verwendung von Services und von Geschäftsmodellen (als Serviceökosysteme) in digital transformierenden Ökosystemen. Schließlich stellt die Berücksichtigung der Modellierungsprinzipien sicher, dass ein zuverlässiger, aber auch hinreichend flexibler ‚Betrieb' eines Geschäftsmodells durch die Vereinbarung von stabilen integrativen Praktiken gewährleistet wird.

Im letzten Schritt werden die über Services integrierten Ressourcen auf der Ressourcenschicht hergeleitet. Hierzu sollten die Erkenntnisse der servicedominierten Ökosystemanalyse herangezogen werden. Diese kann Aufschluss über mögliche Verbindungen zwischen Ressourcen und Services geben. Da im Rahmen der SoBM-Analyse eine vertiefte und detaillierte Beschäftigung mit einem Serviceökosystem der Mikro- und Mesoebene erfolgt, wird i. d. R. die Wissensbasis jedoch deutlich erweitert und konkretisiert. Entsprechende zusätzliche Informationen über

Ausprägung der Ressourcenintegration in Services sollte hierbei parallel in der servicedominierten Ökosystembeschreibung nachgehalten werden. Im Hinblick auf die Zuordnung von Services zu Akteuren erfolgt, bei der Ausprägung des SoBM, eine der Natur der Sache nach erforderliche Festlegung von Zugehörigkeiten von Ressourcen zu Akteuren. Diese ist in den entsprechenden Sichten des SoBM festzuhalten. Eine Dokumentation in der netzwerkorientierten Ökosystembeschreibung ist hingegen nicht erforderlich.

Bottom-up-Modellierung in der Service-oriented Business-Model-Analyse

Neben dem Vorgehen in einem Top-down-Verfahren ist auch ein Botton-up-Verfahren möglich. So kann im Rahmen der Modellierung eine lineare und rekursive Ausprägung und Optimierung der einzelnen Schichten und Sichten erforderlich werden. Aufgrund der Struktur des SoBM, die durch eine modulare und schichtenbezogene Betrachtungsweise gekennzeichnet ist, lassen sich auch ausgehend von der Betrachtung von Ressourcen, die beispielsweise in der servicedominierten Ökosystembeschreibung mit den Beziehungen zu Services dokumentiert sind, Services und Wertversprechen herleiten und in Sichten des SoBM verorten. So können Ressourcen und durch ihre Anwendung ermöglichte Wertpotenziale in der Bereitstellung über Services ergänzt werden, die aus einer konventionellen Betrachtung heraus nicht bekannt gewesen sind. Hieraus lassen sich Services und zusätzliche Serviceökosysteme der Mikroebene und damit verbundene Wertversprechen oder Bestandteile von Wertversprechen dem Geschäftsmodell hinzufügen.

Hierin zeigt sich ein weiterer Vorteil der modularen und schichtenbezogenen Architektur des SoBM. Es ist möglich zu beliebigen Entwicklungszeitpunkten alleine oder gemeinsam mit Partnern Auswirkungen der Veränderung von einzelnen Komponenten (wie dem Hinzufügen oder Entfernen von Ressourcen, Services oder Wertversprechen) für das Geschäftsmodell und das umfassende Serviceökosystem der Mesoebene abzuleiten. Dies ermöglicht es, kreativ mit dem Geschäftsmodell zu experimentieren, neue Netzwerkpartnerschaften zu evaluieren, Technologieeinflüsse nachzuvollziehen und neue normative Praktiken zu entwickeln. „Doing this theoretical exercise and communicating it to relevant stakeholders can facilitate collective sense" (Tolkamp 2015, S. 9).

Abbildung 25 und 26 visualisieren das Vorgehen anhand des SoBM-Instruments, das im Rahmen von Workshops als interaktiv entwickeltes Wandbild verwendet werden kann. Die Modellierung in den einzelnen Säulen kann in Form von Post-its interaktiv erfolgen. Verknüpfungen zwischen den Elementen können durch Linien aufgezeigt werden. Es ist jedoch empfehlenswert, parallel Verzeichnisse mit den Elementen und ihren Verknüpfungen zu pflegen. Hieraus wurde im Rahmen des

Design-Research-Projekts ein IT-Artefakt als Prototyp entwickelt. Dieser basiert auf einem Excel-Sheet, in dem die einzelnen Sichten und Dimensionen in Tabellenform abgebildet und miteinander verknüpft sind. Durch die Verknüpfungen ist hierbei eine interaktive Bearbeitung möglich.

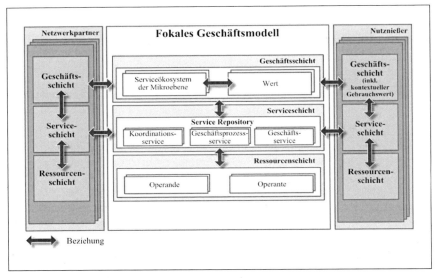

Abbildung 25: Das Service-oriented Business-Model-Instrument als tabellarische Darstellung inklusive existierender Beziehungen
Quelle: eigene Darstellung

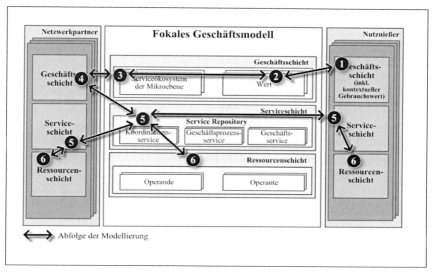

Abbildung 26: Ablauf der Modellierung in der Service-oriented Business-Model-Analyse
Quelle: eigene Darstellung

Bewertung des Service-oriented Business Model

Während der Entwicklung des SoBM und zum Abschluss der Gestaltungsphase wird das Geschäftsmodell im Hinblick auf seine Praxistauglichkeit anhand seiner internen und externen Attraktivität geprüft. Hierbei kann im Gegensatz zur Bewertung in der Vorphase auf eine breitere und detaillierte Informationsbasis zurückgegriffen werden.

So wird die externe Attraktivität zum einen anhand der Übereinstimmung der Wertversprechen und korrespondierenden Gebrauchswerte untersucht. Zum anderen können aber auch die modellierten Serviceökosysteme der Mikroebenen auf Vollständigkeit und Stimmigkeit überprüft werden. Dies erfolgt in der hier empfohlenen kooperativen Entwicklungsarbeit im direkten Austausch mit den Marktpartnern, sodass notwendige Anpassungen direkt vorgenommen werden können. Sollten keine Partner für die Auswertung zur Verfügung stehen, so kann die Konsistenz des Modells auch im Hinblick auf Vollständigkeit und Übereinstimmung von Wertversprechen und Gebrauchswerten auf Basis der servicedominierten Ökosystembeschreibung und der Wertwahrnehmungsboxen erfolgen.

Die interne Attraktivität des Geschäftsmodells kann beispielsweise mithilfe einer Business-Model-Value-Analyse anhand von finanziellen Kennzahlen, die im Rahmen der Entwicklung der Serviceschicht dokumentiert wurden[43], bewerten werden (siehe hierzu Schallmo 2013, S. 198 ff.). Alternativ ist auch die Durchführung einer einfachen Kosten-Nutzen-Bewertung (Brent 2007) möglich. Das Geschäftsmodellkonzept wird im Rahmen dieser Arbeit zwar eher als „a conceptual, rather than financial, model of a business" (Teece 2010, S. 173) verstanden, aufgrund der serviceorientierten Modellierung ist jedoch eine Auswertung in der beschriebenen Form auf Basis der ‚sowieso' erfassten Werte mit den notwendigen Einschränkungen beispielsweise hinsichtlich des Genauigkeitgrads und der notwendigen Abschätzung von Aufwand und Ertrag möglich.

4.5.5.3 Ergebnisse

Mit der SoBM-Analyse werden die Informationen über ein Serviceökosystem dergestalt strukturiert, dass ein fokales Geschäftsmodell in drei Schichten in Vernetzung zu den Geschäftsmodellen der übrigen betroffenen Akteure dargestellt wird. Das SoBM ist im Ergebnis eine institutionelle Vereinbarung zur Durchführung des ökonomischen Austauschs in einem Serviceökosystem. Auf spezifischen Schichten ausgearbeitet, unterstützt die SoBM-Analyse ausgehend von der Betrachtung von Gebrauchswerten und Wertversprechen, der Beschreibung von Serviceökosystemen der Mikroebene, die Entwicklung eines Serviceökosystems der Mesoebene. Hierbei werden zur Reduktion der Komplexität im Entwicklungsprozess die relevanten Geschäftsmodellelemente der unteren Schichten (z. B. Ressourcen) auf höheren Schichten (z. B. Services) gekapselt. Durch Anwendung von – aus dem SOA-Paradigma abgeleiteten – Modellierungsprinzipien wird über die Schichten hinweg ein granularer und modularer Aufbau des Geschäftsmodells erreicht. Dieser ermöglicht in der zentralen fokalen Serviceschicht eine flexible Konfiguration von Services über Akteurssichten hinweg. In diesem Sinne wird das Geschäftsmodell zu einer Serviceplattform für die dynamische Bereitstellung von Services zur gemeinsamen Wertkreation im beschriebenen Serviceökosystem. Gleichzeitig ermöglicht die Verwendung der Modellierungsprinzipien und des Konzepts ‚Service Repository'

---

[43] Diese Kennzahlen können aus der Kosten-Nutzen-Architektur des Service-Repository abgeleitet. Hier werden die spezifischen servicebezogenen Kosten- und Erlösmodelle erfasst. Zum einen werden diese Informationen im Rahmen der Entwicklung des SoBM herangezogen um Entscheidungen für das Out- oder In-Sourcing von Services zu treffen. Zum anderen können im Rahmen bspw. einer Business-Model-Value-Analyse (Schallmo 2013, S. 198 ff.) diese Daten zur Bewertung der internen Attraktivität des Geschäftsmodells herangezogen werden. Damit unterstützen diese On-Demand verfügbaren Informationen die Entscheidungsfindung innerhalb der Gestaltungsphase in zweierlei Hinsicht.

die Wiederverwendung von Komponenten in anderen Geschäftsmodellen und Kontexten.

Der Modellierungsvorgang selbst und die Anwendung des SoBM-Instruments entsprechen einer Kombination aus integrativen, normativen und repräsentativen Praktiken. So werden im Sinne von integrativen Praktiken im Rahmen der Modellierung Ressourcen in einen gemeinsamen Geschäftsmodellentwicklungsprozess eingebracht. Im Sinne von normativen Praktiken werden korrespondierende Wertversprechen der Akteure zur Vereinbarung der gemeinsamen Wertkreation entwickelt und in der Umsetzung eines Geschäftsmodells institutionalisiert. Im Sinne einer repräsentativen Praktik spiegelt der SoBM die gemeinsame Weltanschauung der involvierten Akteure wider und beschreibt die Systemelemente sowie ihre Beziehungen aus fokaler Perspektive.

Die Methode ist den Grundprinzipien der SDlogic folgend (Wieland et al. 2015, S. 3) darauf ausgelegt, eine kooperative Gestaltung von Geschäftsmodellen zu unterstützen. So werden die differenten Akteurssichten in gleicher Art und Weise entwickelt und dokumentiert. Dadurch können sie über das SoBM zusammengeführt und auf Stimmigkeit überprüft werden. Durch Reduktion oder Erweiterung von Informationsgraden kann dabei verschiedenen Vertrauensverhältnissen zwischen den Akteuren entsprochen werden. Hierbei kann zwischen dem Verbergen von Information zu einzelnen Systemelementen bis hin zum Ausblenden von Schichten oder weiteren Akteurssichten variiert werden.

Tabelle 6 stellt zentrale Vorteile der SoBM-Analyse dar, die sich aus der Architektur des Modells und der Anwendung der Modellierungsprinzipien ergeben[44].

---

[44] Die Vorteile wurden im zweiten Action-Design-Research-Zyklus durch Befragung von Teilnehmern und in Experteninterviews ermittelt.

Tabelle 6: Vorteile durch Modellierung im Service-oriented Business Model
Quelle: eigene Darstellung auf Basis von Experteninterviews

Komplexitätsreduktion durch Bildung von Sichten und Ebenen
Unabhängigkeit der Ressourcen-Eigentümerschaft in der Modellierung (nicht limitierend)
Transzendierende Betrachtungsweise (nicht Produkt oder Dienstleistungs-spezifisch)
Auffindbarkeit von Services für Weiterentwicklung oder Verwendung in anderem Kontext
Flexible Kombinierbarkeit
Experimentieren von Auswirkung von neuen Services oder (digitalen) Ressourcen
Nachvollziehbarkeit der Auswirkungen von Ressourcenkonfigurationen und dem Einsatz digitaler Technologien
Möglichkeit Informationen vor Verhandlungspartner in der Entscheidungsfindung zu verbergen
Dokumentation des Geschäftsmodell-spezifischen Domänenwissens (> Geschäftsmodell als Wissens-Asset)

Als Ergebnisse liegen somit vor:

- Geschäftsmodell-Beschreibung auf Geschäfts-, Service- und Ressourcenschicht für alle relevanten Sichten
- Fokales Service-Repository mit privaten und öffentlichen Services als zentrale Wissensbasis
- Finanzielle Eckdaten zur kommerziellen Bewertung eines Geschäftsmodells

4.6 Zusammenfassung

Das hier vorgestellte SoBM-Framework besteht aus einer Zusammenstellung von Modellierungsprinzipien, einem Metamodell, einem Vorgehensmodell und den zur Durchführung einer Geschäftsmodellentwicklung notwendigen Methoden sowie Instrumenten. Hierbei sichert die Anwendung der Modellierungsprinzipien eine serviceorientierte, modulare und bedarfsorientierte Ausgestaltung eines Geschäftsmodells. Die Modellierungsprinzipien wurden eingeführt, um die Umsetzung der SDlogic nicht nur durch strukturelle und funktionale Elemente, sondern auch durch konkrete Modellierungsanweisungen in der Geschäftsmodell-Entwicklung zu verankern. Das Metamodell beschreibt die Elemente und deren Beziehungen zueinander. Darüber hinaus inkludiert es eine Erläuterung, Nomenklatur und ein einheitliches Raster zur Beschreibung der Elemente. In Kombination mit der Anwendung der Prinzipien stellt dies ein einheitliches Verständnis über die zu entwickelnden Elemente sowie eine Wiederverwendbarkeit der Komponenten in differenten Kontexten sicher. Das Vorgehensmodell beschreibt die Entwicklungsphasen, durchzuführenden Aktivitäten sowie die darin eingehenden Informationen und resultierenden Ergebnisse. Die im Rahmen der einzelnen Phasen des Vorgehensmodells angewendeten Methoden und Instrumente erläutern im Detail die Art und Weise des Vorgehens und die Mittel, die zur Zielerreichung eingesetzt werden.

Das SoBM-Framework umfasst dahingehend sämtliche Elemente eines Geschäftsmodell-Frameworks und setzt die erarbeiten Anforderungen (Kapitel 3.2) an die Entwicklung von Geschäftsmodellen in digital transformierenden Ökosystemen aus Perspektive der SDlogic um (siehe Abbildung 27). Hiermit schließt es die identifizierte Forschungslücke und bietet eine praktische Umsetzung der SDlogic in der Geschäftsmodellentwicklung.

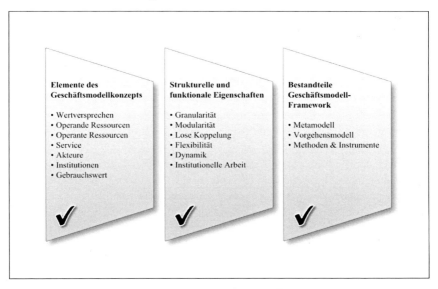

Abbildung 27: Erfüllung der Anforderungen an ein Geschäftsmodell-Framework
Quelle: eigene Darstellung

5 Entwicklung des Lösungsansatzes im Untersuchungsgebiet Elektromobilität

Die vorliegenden Ergebnisse sind in einem Action-Design-Research-Projekt entwickelt worden, das in zwei Zyklen im Untersuchungsgebiet Elektromobilität durchgeführt worden ist. Die Forschungsmethode ist ausgewählt worden, da sie – ausgehend von der Definition einer konkreten Fragestellung aus der Praxis – eine aktive Entwicklung und Evaluierung von Lösungsansätzen hin zu formalen und übertragbaren Lösungen (d. h. prädiktivem Designwissen) erlaubt. Das Ergebnis der vorliegenden Arbeit bestätigt, dass auf diese Weise innovative und nützliche Lösungen für in der Praxis relevante Klassen von Problemen entwickelt werden können (Sein et al. 2011; Hevner et al. 2004).

Ausschlaggebend für die Formulierung der zentralen Zielstellung dieser Arbeit

> „Die Herleitung eines anforderungsgerechten Ansatzes zur Entwicklung von Geschäftsmodellen in digital transformierenden Serviceökosystemen am Beispiel der Elektromobilität"

sind u. a. die Erfahrungen des Autors in der Elektromobilität (2008-2014). So basiert die vorliegende Arbeit auf der aktiven Mitarbeit in der Nationalen Plattform Elektromobilität (NPE) (2010-2014), der Gremienarbeit im Bundesverband der Energie- und Wasserwirtschaft (BDEW) (2009-2014), der Mitwirkung in bundesgeförderten Forschungsprojekten des Bundeswirtschafts- und Bundesverkehrsministeriums (2009-2012) sowie einer langjährigen Praxiserfahrung u. a. als Geschäftsführer in Unternehmen der neu entstehenden Elektromobilitätswirtschaft (Energie- und Automobilwirtschaft). Durch Letztere konnten Erkenntnisse zur Entwicklung von innovativen Geschäftsmodellen in der Schnittstelle Fahrzeugindustrie, Mobilitätswirtschaft, Energiewirtschaft sowie Informations- und Telekommunikationsindustrie mit in die Forschungsarbeit eingebracht werden. Insofern bilden diese Erfahrungen auch das Vorverständnis des Autors ab. Dieses wurde von 2015-2017 mithilfe der Action-Design-Research-Methode (siehe Kapitel 1.3.2) in die praxisorientierte Entwicklung eines Managementinstruments für die Entwicklung von Geschäftsmodellen in digital transformierenden Serviceökosystemen überführt.

Auch wenn die Entwicklung und die Erforschung von Geschäftsmodellen der Elektromobilität noch am Anfang steht (Stryja et al. 2015a, S. 112), so konnte durch die Wahl der Partnerunternehmen auf eine breite und vertiefte fachliche, wissenschaftliche und praktische Expertise in diesem Ökosystem zurückgegriffen werden. Durch Einbindung in wissenschaftlich begleitete, anwendungsorientierte Forschungsprojekte waren beide Unternehmen als Studienpartner inhaltlich auf dem aktuellsten Forschungsstand und hatten durch mehrjährige Tätigkeit als energiewirtschaftliche

Akteure in der Elektromobilität bereits Erfahrung in der wirtschaftlich-technischen Umsetzung gesammelt. So konnte die Entwicklung von Geschäftsmodellen im Action-Design-Research-Zyklus zielgerichtet und fachlich fundiert durchgeführt werden.

Kapitel 5.1.1 führt in das gewählte Untersuchungsgebiet ein. Hierbei zielt die Darstellung darauf ab, ein grundlegendes Verständnis für das Serviceökosystem Elektromobilität zu generieren. Anschließend wird im Kapitel 5.1.1 aufgezeigt, dass in der Elektromobilität – wie in anderen Industriebereichen auch (Berman 2012; Bharadwaj et al. 2013; Picot et al. 2017; Yoo et al. 2010a; Yoo 2013) – mit dem Einsatz digitaler Technologie die Erwartung verknüpft ist, Elektromobilität technisch und wirtschaftlich umsetzbar zu machen (u. a. Hanelt et al. 2015a, S. 1033 ff.; Hildebrandt et al. 2015; Klör et al. 2014). Gleichwohl wird gerade auch für das Serviceökosystem Elektromobilität verdeutlicht, dass Technologie keinen Wert per se aufweist, sondern diesen erst in der Nutzung entfalten kann (Chesbrough 2006, S. 43). Entsprechend ist das Geschäftsmodellkonzept als wichtiger Ansatz zur Zusammenführung von technologischer Innovation und Marktinnovation im Untersuchungsgebiet positioniert.

In den weiteren Kapiteln werden anschließend die Action-Design-Research-Zyklen vorgestellt. Dabei inkludiert Kapitel 5.2 den mit der Illwerke vkw Gruppe (VKW) durchgeführten ersten Zyklus mit den dort erzielten Ergebnissen. Die VWK war zu einem sehr frühen Zeitpunkt im entstehenden Elektromobilitätsmarkt vertreten und hat eines der ersten mit staatlichen Mitteln geförderten Forschungsprojekte (Vflotte im Jahr 2008) durchgeführt. Damit konnte bei diesem Industriepartner auf eine breit fundierte Wissensbasis und Erfahrung in der Entwicklung sowie Pflege von Geschäftsmodellen der Elektromobilität aufgebaut werden. Zudem war bekannt, dass die VKW über die Jahre hinweg eine Digitalisierung der Ladeinfrastruktur vorgenommen hat. Damit waren die Erfahrungen des Unternehmens für die Validierung und Beantwortung der Forschungsfragestellung dieser Arbeit relevant. Kapitel 5.3 stellt mit dem zweiten Zyklus in Zusammenarbeit mit Virta Ltd. (Virta) die Entwicklung des Artefakts hin zu prädiktivem Designwissen, dem im Kapitel 4 vorgestellten SoBM-Framework, dar. In Kapitel 5.3.3 wird hierzu auch die Instanziierung eines Geschäftsmodells ‚Digitale Werbung beim Laden' im SoBM als Ergebnis beschrieben.

5.1 Problemstellung im Untersuchungsgebiet Elektromobilität

Nun folgend wird die Relevanz des Untersuchungsgebiets Elektromobilität für die Entwicklung und Beantwortung der Forschungsfragestellung der vorliegenden Arbeit aufgezeigt. Zu diesem Zweck wird in Kapitel 5.1.1 auf Basis des Stands der

Wissenschaft eine definitorische Grundlage aus Perspektive der SDlogic erarbeitet. Anschließend werden in Kapitel 5.1.2 zentrale Eigenschaften des Serviceökosystems unter besonderer Berücksichtigung der Wirkung digitaler Technologie aufgezeigt. Die daraus resultierende Fragestellung und Eignung der Elektromobilität für die Entwicklung eines Ansatzes zur Ausgestaltung von Geschäftsmodellen in digital transformierenden Serviceökosystemen werden abschließend in Kapitel 5.1.3 erläutert.

5.1.1 Das Untersuchungsgebiet Elektromobilität

Elektromobilität (engl. electric mobility) ist ein Kofferwort und setzt sich aus dem griechischen ‚Elektro' (elektron (ἤλεκτρον) ‚Bernstein', an dem Elektrizität erstmals beobachtet wurde) und ‚Mobilität' aus dem lateinischen Begriff für ‚Beweglichkeit' (lat.: mobilitas) zusammen. Im hier verwendeten Kontext der räumlichen Mobilität bezeichnet Elektromobilität nach dem Wortsinn die Bewegung im Raum mithilfe von Elektrizität bzw. dem Energieträger Strom und bezieht sich damit auf das Bedürfnis des Menschen, sich selbst oder Güter räumlich zu bewegen. Der Duden definiert Elektromobilität als „Fortbewegung mit elektrisch angetriebenen Fahrzeugen bzw. Verkehrsmitteln; Kurzwort: E-Mobilität" (Duden 2016).

An diesem Punkt setzen technisch-orientierte Begriffsdefinitionen an, die sich auf das elektrifizierte Antriebskonzept des Fahrzeugs konzentrieren. So definieren Hennings und Linssen (2015): „Elektromobilität im weiten Sinn umfasst alle Fortbewegungsmittel, die mit einem Elektromotor angetrieben werden". Die Diskussionen um das Thema ‚Elektromobilität' im Kreise der Experten und in wissenschaftlichen Veröffentlichungen basierte in den vergangenen Jahren noch auf dieser eher technisch-orientierten und häufig nicht mehrdimensionalen Begriffsdeutung (Stryja et al. 2015b, S. 2).

So werden zunehmend deutlich mehr Dimensionen als das Elektrofahrzeug in den Definitionsraum einbezogen, dies jedoch häufig in den für die jeweilige Fragestellung relevanten Einzelaspekten. Diese variieren hinsichtlich des Fahrzeugs selbst, der kulturellen Bedeutung des Automobils, der politischen und rechtlichen Rahmenbedingungen, der Transport- und Energieinfrastruktur, der informations- und kommunikationstechnologischen Infrastruktur oder der Dienstleistungen, Wertschöpfungssysteme und Industriestruktur sowie der Kundenbedürfnisse und Kundenverhalten (Göcke 2016, S. 106).

Beispielsweise definieren Brand et al. (2015) vor dem Hintergrund einer zusammenführenden Betrachtung des Elektromobilitäts- und Energiemarkts „electric mobility as the concept of using electric technologies, in-vehicle information, and communication technologies and connected infrastructures to enable the electric propulsion of vehicles and fleets" (Brand et al. 2015, S. 128). Folglich werden informations- und kommunikationstechnologische Aspekte und Interaktionsaspekte zwischen Infrastruktur, (Fahrzeug-)Technologie und Herausforderungen der informationstechnologischen Interoperabilität in den Vordergrund der Betrachtung gestellt.

Abdelkafi et al. (2013) erweitern diese Sichtweise, indem sie eine Systemperspektive einnehmen: „Electric mobility denotes a system of interacting actors, technologies, and infrastructures that aims to achieve sustainable transportation by means of electricity" (Abdelkafi et al. 2013, S. 1340003-4). Diese Perspektive betont die Interdependenz zwischen Akteuren, Technologie und den Infrastrukturen.

Keichel und Schwedes (2013) konstatieren in diesem Zusammenhang, dass es sich bei dem in der öffentlichen und wissenschaftlichen Debatte diskutierten Phänomen Elektromobilität häufig um eine Betrachtung des Elektro-‚Verkehrs' handelt. Mit der Bezeichnung Elektroverkehr ist dabei die aus „Beobachterperspektive wahrnehmbare physische Bewegung im Raum" gemeint. Dahingegen bezeichnet Elektro-‚Mobilität' die subjektive Wahrnehmung von „Möglichkeitsräumen potentieller Ortsveränderungen (Beweglichkeit)" (Keichel und Schwedes 2013, S. 2). Die von Canzler und Knie (1998) in die Debatte eingeführte Unterscheidung ist insofern relevant, als Mobilität als ‚Bewegung in möglichen Räumen' in Abgrenzung zu Verkehr als ‚Bewegung in konkreten Räumen' zu verstehen ist (Canzler und Knie 1998, S. 32). Die Ebene des Zukünftigen und Möglichen erlaubt es hierbei, neben räumlicher Ausstattung und persönlicher Entscheidung auch überindividuelle Möglichkeiten und Fähigkeiten in die Betrachtung mit einzubeziehen (Ahrend 2002, S. 58, Canzler und Knie 1998, S. 31). Hiermit wird das Verständnis des Phänomens ‚Elektromobilität' von einer auf rein technologische Komponenten des elektrischen angetriebenen Verkehrs beschränkten ganzheitlich auf eine den soziotechnischen Möglichkeitsraum beschreibende Sichtweise weiterentwickelt.

Mit Blick auf die holistische Fragestellung der vorliegenden Arbeit würde eine Definition, die nur isoliert auf bspw. technologische Einzelaspekte eingeht, nicht nur zu kurz greifen. Sie würde ebenfalls der weiterentwickelten Diskussion des Phänomens Elektromobilität nicht gerecht werden (Abdelkafi et al. 2013; Augenstein 2015; Canzler und Knie 2011, S. 101 ff.; Remane et al. 2016; Rammler und Sauter-Servaes 2013, S. 48 ff.).

Eine umfassende Betrachtung ökonomischer Austauschvorgänge im Phänomen Elektromobilität kann daher lediglich unter Einbezug möglichst aller relevanten endogenen Umweltbedingungen erfasst, analysiert und gestaltet werden. Insbesondere die Berücksichtigung von regulativen Eingriffen, aber auch und im Besonderen die Betrachtung von sozialen Praktiken – im Sinne überindividueller Möglichkeiten und Fähigkeiten – im Umfeld der Mobilität und Energieversorgung scheinen für eine ganzheitliche Betrachtung der ökonomischen Austauschvorgänge von Relevanz (Canzler und Knie 1998, S. 31; Göcke 2016, S. 107 f.; Johnson und Suskewicz 2009). Eine auf den Zweck – nämlich die Erfüllung von Mobilitätsbedürfnissen – ausgerichtete Definition, die neben der Technologie (Mittel) auch die Veränderung sozioökonomischer und sozioökologischer Parameter zum Verständnis der Austauschprozesse hinzuzieht, scheint daher sinnvoll und zweckmäßig.

Aufgrund der ganzheitlichen Fragestellung der vorliegenden Arbeit und der gewählten Perspektive der SDlogic, stützt sich die hier verwendete Definition von Elektromobilität auf die Arbeiten von Abdelkafi et al. (2013) sowie Keichel und Schwedes (2013) und überträgt diese in die Begrifflichkeiten der SDlogic:

> Elektromobilität bezeichnet ein Serviceökosystem interagierender Akteursnetzwerke, die eine nachhaltige Befriedigung von räumlichen Mobilitätsbedürfnissen menschlicher Akteure anstreben. Hierzu integrieren Akteure operante und operande Ressourcen (bspw. Verkehrsmittel, Energie, digitale Technologie), um kontextuelle Gebrauchswerte (bspw. räumliche Mobilität, Speicherung von Energie) durch den Austausch von Services (bspw. Nutzung eines Verkehrsmittels, Energieabnahme im Verteilnetz, Rückspeisung von Energie aus dem Fahrzeug) zu erzeugen. Verkehrsmittel auf Basis von zumindest teilweise stromnetzbasiert beladenen, batterieelektrisch betriebenen Straßenfahrzeugen stellen dabei eine zentrale Ressource des Serviceökosystems dar. Der Austausch von Services wird durch die von Akteuren endogen geschaffenen Institutionen und institutionellen Vereinbarungen ermöglicht und begrenzt.

Die Definition der Elektromobilität ist für den Kontext der vorliegenden Arbeit bewusst weit gefasst worden, um eine Integration und Überschneidung mit weiteren Serviceökosystemen zu ermöglichen. Die Verwendung einer servicedominierten Perspektive ermöglicht es, die in diesem Abschnitt herausgestellten soziotechnischen Aspekte der Elektromobilität mithilfe der Begrifflichkeiten der SDlogic zu fassen. Ausgehend von diesem servicedominierten Verständnis kann die Ausgestaltung des Serviceökosystems Elektromobilität, wie bei Wieland et al. (2016) ausführlich beschrieben, analysiert und gestaltet werden.[45]

---

[45] Wieland et al. (2016) zeigen beispielsweise auf, wie die Einführung des Tesla Model S durch die Zusammenarbeit verschiedener Akteure, die Ausprägung von neuen institutionellen Vereinbarungen, den gleichzeitigen Aufbau von Ladestationen und letztlich aufgrund eines neuen Verständnisses der Bedeutung von nachhaltigem Mobilitätsverhalten i. S. d. Nutzung von erneuerbaren Energieträgern in Fahrzeugen ermöglicht wurde (Wieland et al. 2016, S. 40 ff.).

5.1.2 Betrachtung ausgewählter Systemkomponenten

Die Betrachtungsweise der Elektromobilität als Serviceökosystem ermöglicht es, Elektromobilität als ein System zur Befriedigung räumlicher Mobilitätsbedürfnisse durch die physische Beförderung von Personen zu verstehen. Elektromobilität stellt dabei einen dynamischen Komplex menschlicher Akteure sowie deren relevanter Umwelt als eine, in gegenseitiger Wechselwirkung stehende, funktionale Einheit dar. Der systemischen Betrachtung ist hierbei zu eigen, dass sie die Analyse von Subsystemen erlaubt (Löbler 2016, S. 132). Im Falle der Elektromobilität handelt es sich hierbei beispielsweise um die Subsysteme Mobilität und Energie. Die akteursbezogene Systembetrachtung ist gerade mit Blick auf die im wissenschaftlichen und praktischen Diskurs herausgestellten Interdependenzen und soziotechnischen Zusammenhänge notwendig und zur Bewältigung der analytischen Herausforderungen sinnvoll (Göcke 2016, S. 2-3, S. 91 ff., S. 105-119; Schwedes 2013, S. 46 ff.; Kley et al. 2011, S. 3392 ff.; Stryja et al. 2015b, S. 2 ff.). Akteure im System Elektromobilität sind u. a. die Fahrzeugnutzer, Fahrzeugeigentümer (u. a. private Eigentümer als Einzelpersonen, Flottenbetreiber), Mobilitätsanbieter, Ladeinfrastrukturbetreiber, Energielieferanten, Energieerzeuger. Grob können die Akteure dabei den Wirtschaftssystemen Energiewirtschaft, Automobilwirtschaft, Verkehrswirtschaft und zuliefernden Wirtschaftszweigen zugeordnet werden. Darüber hinaus sind je nach Betrachtungsfokus Wirtschaftszweige wie die Finanzwirtschaft, Informations- und Kommunikationsindustrie oder staatliche Organisationen als Share- und Stakeholder im System Elektromobilität aktiv (Wells und Nieuwenhuis 2015, S. 4 f.; Metzger et al. 2016, S. 260 ff.; Stryja et al. 2015a, S. 112). Durch die Wahl einer akteursbezogenen Perspektive werden nicht die technologischen Verkehrsmittel selbst, sondern zweckbezogene soziotechnische Interaktionen der Akteure in das Zentrum der Betrachtung gerückt. Hierbei steht im Gegensatz zu Abdelkafi et al. (2013) der Möglichkeitsraum der räumlichen Mobilität im Vordergrund und nicht das tatsächlich zu beobachtende Verkehrsverhalten.

Ergänzend hierzu sind mit Blick auf eine politische und gesamtsystembezogene Betrachtung der Elektromobilität auch die Nachhaltigkeitsaspekt zu berücksichtigen. Nachhaltigkeit umschreibt hierbei sowohl die Berücksichtigung eines sozialen, ökonomischen als auch ökologischen Beitrags des Systems Elektromobilität (Augenstein 2015, S. 25 ff.) – also die Möglichkeit sozialer Teilhabe im Bereich der persönlichen Mobilität unter Einbezug ökonomischer Faktoren und des Verbrauchs von Ressourcen und der Verschmutzung der Umwelt (Nykvist und Whitmarsh 2008, S. 1373). Damit inkludiert Elektromobilität hier nicht nur neue Technologien – das Elektrofahrzeug – sondern auch neue Formen der produkt- oder nutzungsbezogenen Individualmobilität, wie der Möglichkeiten der intermodalen Reiseplanung oder des Carsharings (Høyer 2008, S. 68; Wells und Nieuwenhuis 2015, S. 20 ff.).

Aufgrund der gewählten Nachhaltigkeitsperspektive ist die Integration des elektrisch angetriebenen Individualverkehrs nicht nur in das Verkehrssystem, sondern insbesondere auch in das Energiesystem von Bedeutung. Hierdurch sind Möglichkeiten der intelligenten Netzintegration des Fahrzeugs als Energiespeicher relevant und erweitern den Fokus über reine Mobilitätsbedürfnisse auf den ökologischen Einfluss des Mobilitätsverhaltens. Diese erweiterte Betrachtung hat Auswirkung sowohl auf den Umfang und Art der zu betrachtenden Technologien (bspw. Verkehrsmittel) als auch auf die zur Befriedigung des Mobilitätsbedürfnisses notwendigerweise einzubeziehenden materiellen und immateriellen Ressourcen[46].

Aus der Definition ergeben sich hierbei drei wesentliche Ressourcen: (1) das Elektrofahrzeug, (2) die Ladestation und (3) die intelligenten Steuerungskomponenten.

(1) Elektrofahrzeuge

Zentrale Ressource der Elektromobilität ist das Verkehrsmittel ‚Elektrofahrzeug', das aus verschiedenen Teilkomponenten besteht. Die Definition umfasst lediglich Fahrzeuge, die auch über das Stromnetz mit Energie versorgt werden. Hiermit soll der Beitrag der Elektromobilität im Energiesystem deutlich hervorgehoben werden. Es werden ausschließlich solche Fahrzeuge fokussiert, die zur Klasse der rein batterie-elektrisch betriebenen Fahrzeuge (engl.: battery electric vehicle (BEV)) oder der hybriden Fahrzeuge mit Verbrennungsmotor, batterie-elektrischem Antrieb und Stromnetzanschluss (engl. plug-in hybrid electric vehicles (PHEV)) zählen. Betrachtungsrelevant sind damit solche Fahrzeugkonzepte, die über einen Elektromotor, eine Hochvolt-Traktionsbatterie und die Möglichkeit bzw. Notwendigkeit der Beladung aus dem öffentlichen und/oder privaten Stromnetz verfügen.[47] Darüber

---

[46] Die Einnahme einer servicedominierten Betrachtung führt u. a. dazu, dass die Unterscheidung von Infrastrukturen und Technologien, wie sie in verbreiteten Ansätzen diskutiert wird, aufgehoben werden kann. Stattdessen können Infrastrukturen und Technologien allgemein als Ressourcen angesehen werden, die über institutionelle Anteile verfügen und anhand ihrer Wirkung im ökonomischen Austausch zu unterscheiden sind. So leitet sich aus Perspektive der SDlogic der Gebrauchswert einer Ressource (Infrastruktur oder Technologie) aus dem Nutzen für den Servicenehmer ab. Dieser ergibt sich durch Integration der Ressource in der Nutzung und dem spezifischen Kontext des Servicenehmers (siehe Kapitel 2).

[47] Folglich werden Schienenfahrzeuge generell sowie Verkehrsmittel, die auf eine kontinuierliche elektrische Versorgung von außen angewiesen sind (bspw. Trolley Busse, LKWs mit Oberleitung), nicht betrachtet. Darüber hinaus sind für die weitere Betrachtung auch solche Hybridfahrzeuge, die zwar über eine Batterie, aber über keine Anschlussmöglichkeit an das Stromnetz verfügen, nicht relevant. Straßenfahrzeuge mit Brennstoffzelle werden ebenfalls nicht betrachtet. Zwar kann auch Wasserstoff durch Elektrolyse und damit über Stromnetze bereitgestellt werden. Jedoch basiert der Antrieb auf grundsätzlich anderen Energieinfrastruk-

hinaus sind auch solche Technologien betrachtungsrelevant, die im Fahrzeug verbaut oder durch den Fahrzeugnutzer eingebracht werden, der Mensch-Maschine-Kommunikation dienen oder zur Erfüllung des Mobilitätsbedürfnisses beitragen. Hierzu zählen beispielsweise das Navigationssystem oder Smartphones (gekoppelt oder ungekoppelt) (Akram 2016, S. 8; Herterich und Mikusz 2016, S. 4 ff.).

(2) Ladestation

Neben den Fahrzeugen gilt die Ladestation als „elektromobiler Fix- und Schnittpunkt" (Fluhr 2014, S. 28 f.) als weitere wesentliche Ressource der Elektromobilität. An dieser wird die Energieversorgung des Fahrzeugs aus dem Energienetz bereitgestellt. Die Ladestation ist insofern als Technologie hervorzuheben, als dass sie die Verbindung zwischen mobilem Fahrzeug (Mobilitätssystem), verkehrlichem System (Parkplatz) und dem Beitrag im immobilen Energiesystem herstellt. Sie bildet den inhaltlichen, technischen und ökonomischen Schnittpunkt zwischen den betrachteten Sektoren Automobil-, Energie- und Verkehrswirtschaft. Die Versorgung kann hierbei auf differente Arten erfolgen (konduktiv, induktiv, Austausch des Energiespeichers), wobei häufig Informations- und Kommunikationstechnologie notwendig ist, um die sichere Ladung des Fahrzeugs und erweiterte Dienste (wie beispielsweise die Ladesteuerung, Laderegelung, intelligentes Laden) zu ermöglichen (vgl. u. a. Agsten 2011; Kley 2011, S. 146). Diese Einrichtungen müssen in abgestimmter Form zwischen Fahrzeug, Ladestation, Energieverteilung- und -erzeugung bereitgestellt werden (Fluhr 2014, S. 28 f.).

(3) Intelligente Steuerungskomponenten in den Energienetzen

Als dritte wesentliche Ressourcengruppe gelten die Energieerzeugungs- und Verteilungskomponenten und hier im Besonderen die intelligenten Steuerungskomponenten des Energienetzes. Zu diesen zählen Kommunikations-, Mess-, Steuer-, Regel- und Automatisierungstechnik und IT-Komponenten, die in konventionelle Elektrizitätsnetze integriert werden. Letztlich dient dies einer verbesserten Ausnutzung der Energienetzes und der Kopplung von Energieerzeugung und -verbrauch. So führt ihre Verwendung beispielsweise zu einer Optimierung der Netzstabilität und ermöglicht die Abstimmung von Erzeugung und Verbrauch von Energie, was den Ausbaubedarf der elektrotechnischen Komponenten (konventionelles Elektrizitätsnetz) dämpfen kann.

---

turen in der Bereitstellung für den Antrieb im Verkehrsmittel selbst (siehe hierzu u. a. Wallentowitz und Freialdenhoven 2011, S. 71).

5.1.3 Herausforderungen in der Ausgestaltung des Serviceökosystems

Bereits eine oberflächliche Betrachtung der Systembestandteile der Elektromobilität verdeutlicht, dass dieses Serviceökosystem von einer hohen Komplexität, Komplementarität und damit auf Vielzahl von Interdependenzen geprägt ist (Göcke 2016, S. 111 ff.; Kley et al. 2011, S. 3393). So ist eine Vielzahl von Akteuren und Technologien aus differenten Sektoren im Serviceökosystem involviert. Gleichzeitig herrscht ein hoher Grad an Komplementarität zwischen den Systemelementen (z. B. Speichertechnologie, Ladelösung, Dichte und technische Eigenschaften des Infrastrukturnetzes). Beispielsweise ist die Nutzbarkeit eines Elektrofahrzeugs aus Sicht des Fahrzeugnutzers in erheblichem Maß mit der Dichte des Infrastrukturnetzes und der Verwendung einer kompatiblen Ladetechnologie verbunden (Göcke 2016, S. 111 f.). Die hohen gegenseitigen Abhängigkeiten von Systemelementen in der Elektromobilität zwingen dabei technisch, wirtschaftlich und ökonomisch zur Zusammenarbeit zwischen allen beteiligten Stake- und Shareholdern. Darüber hinaus treffen aber auch wettbewerbliche Ambitionen, widerstreitende Prioritäten und Präferenzen von Industriezweigen, die bisher nicht zusammengewirkt haben, aufeinander (Göcke 2016, S. 105). In vielen Bereichen muss der Staat zudem in einem weitgehend unbekannten Umfang regelnd eingreifen bzw. die rechtlichen Rahmenbedingungen setzen, um ein erfolgreiches Zusammenwirken von Energie- und Verkehrssystemen zu ermöglichen. Keiner der beteiligten Akteure ist in der Lage, alle notwendigen Ressourcen zur Erbringung der Mobilitätsleistung alleine bereitzustellen. Vielmehr ist es sogar so, dass beispielsweise gerade auch der Nutzer eines Elektrofahrzeugs ein bedeutender aktiver Anteil an der Werterzeugung in der Elektromobilität ist. So ist neben der durch ihn erbrachten Verkehrsleistung die Integration des Energiespeichers des Fahrzeugs von signifikanter Bedeutung für die Integration der Elektromobilität in das Ökosystem Energieversorgung (Energieerzeugung, -verteilung und -nutzung). Letztlich hängt es von seiner Bereitschaft ab, ob Energiekapazitäten netzfreundlich zur Be- und Entladung bereitgestellt werden. Ferner zeigt sich, dass Digitalisierung als wesentliche Eigenschaften die erforderliche Vernetzung über Systemgrenzen hinweg ermöglichen kann, die notwendige gemeinsame Werterzeugung im Ökosystem unterstützen kann und letztlich relevante Wertschöpfungsmöglichkeiten in und zwischen existierenden Subsystemen und der Elektromobilität begünstigt. Gleichwohl ist digitale Technologie eine Ressource, die erst durch einen akteursgetriebenen soziotechnischen Prozess zum Wertbeitrag werden kann. Hierbei wurde auf die Ausgestaltung eines unterstützenden soziotechnischen Systemumfelds hingewiesen und die Notwendigkeit, ebendiese Konzeptualisierung entlang der Eigenschaften des betroffenen Ökosystems und der digitalen Technologie vorzunehmen, herausgestellt. Dort setzt die eigentliche unternehmerische Herausforderung im digital transformierenden Ökosystem Elektromobilität auf.

Resümierend kann konstatiert werden, dass die generative Wirkung digitaler Technologie Lösungen für Problemstellungen ermöglicht und und erhebliches Potenzial für verschiedene Einsatzfelder der Elektromobilität bereitstellt.[48] So ermöglicht sie beispielsweise die sektorenübergreifende Vernetzung und die Bereitstellung neuartiger Dienste durch Verknüpfung und Verarbeitung von Daten und Informationen (Kuehl et al. 2015; Klör et al. 2014). Hierdurch kann existierenden Herausforderungen in der Einführung von Elektromobilität begegnet werden und gleichzeitig können Chancen der Sektorkopplung – wie beispielsweise der Reduktion von CO_2-Emissionen durch den Einsatz erneuerbarer Energien für den Antrieb von Elektrofahrzeugen – genutzt werden. Damit zeigt sich allerdings auch, dass sich die Relevanz digitaler Technologie erst in der Integration im System Elektromobilität erschließen lässt. Dies erfordert jedoch eine holistische, soziotechnische Betrachtungsweise und Herangehensweise bei der Ausgestaltung des ökonomischen Austauschs in diesem Ökosystem (Abdelkafi et al. 2013, S. 1340003-4; Kley et al. 2011, S. 3392; Rehme et al. 2015, S. 411 ff.).

5.1.4 Zusammenfassung

Es wurde gezeigt, dass das Ökosystem Elektromobilität von einer hohen Akteursvielfalt, einer bisher nicht ausreichend definierten, interdependenten und komplementären Wertschöpfungsarchitektur sowie einem hohen Anteil immaterieller und digitalisierter Artefakte geprägt ist. Daraus ergeben sich im Hinblick auf die Gestaltung und Umsetzung unternehmerischer Aktivitäten im Umfeld der Elektromobilität folgende Anforderungen, die Wahl einer serviceorientierten Herangehensweise an die Problemlösung zu begründen.

Erstens erfordert die Systemgestaltung die Berücksichtigung vernetzter und voneinander abhängiger Werterzeugungsstrukturen mit hohem dienstleistungsspezifischem Anteil. Werte werden hierbei nicht nur durch einen Akteur erstellt, sondern sind Ergebnis der Zusammenarbeit, teilweise aus verschiedenen Sektoren entstammender Akteure. Der Nutzer eines Services ist hierbei wesentlicher und aktiver Beteiligter in der Wertkreation (vgl. zweites Axiom und siebtes Prinzip der SDlogic). So muss beispielsweise der Fahrzeugnutzer das Fahrzeug mit dem Energienetz verbinden,

---

[48] Eine vertiefte Diskussion des Einflusses digitaler Technologie auf Geschäftsmodelle der Elektromobilität (und damit auf das Serviceökosystem) wurde bei Pfeiffer und Jarke (2017) am Beispiel der Ladeinfrastruktur für Elektrofahrzeuge gezeigt. Auf diese Ergebnisse des ersten Action-Designzyklus wird in Kapitel 5.2.4 zusammenfassend eingegangen.

damit dieses anschließend über die gesteuerte Ladung Mehrwerte im Energiesystem erzeugen kann. Hierbei wird deutlich, dass Werte nicht primär durch ein Produkt übertragen werden, sondern in der gemeinsamen Wertkreation in der Sphäre des Kunden entstehen.

Zweitens ist die Vereinbarung von häufig neuen institutionellen Vereinbarungen im Sinne von geschäftlichen Praktiken, Normen und Standards erforderlich und Teil der unternehmerischen Aufgabe. Ebendiese institutionellen Arrangements schließen neben der Berücksichtigung von technologieorientierten Faktoren (z. B. der Standardisierung von Protokollen) auch die Ausbildung von Geschäftsbeziehungen und damit der grundlegenden Austauschprozesse zwischen den Akteuren ein. Gleichwohl agieren die Akteure häufig unter rechtlicher Unsicherheit, da staatliche Regulierung und Anpassungen der Rahmenbedingungen erst auf Basis der fortschreitenden Entwicklung und Wissensentwicklung im Ökosystem erfolgen können.

Drittens spielt die Hebelwirkung digitaler Technologie auf Aufgaben und Prozesse in der Elektromobilität eine wesentliche Rolle für eine erfolgreiche Ausgestaltung von Geschäftsaktivitäten. So ist digitale Technologie eine wesentliche und grundlegende Komponente in der mit der Einführung der Elektromobilität einhergehenden Kopplung des Energie- und Verkehrssektors. An verschiedener Stelle wurde bereits gezeigt, dass eine nachhaltige Einbindung des Verkehrssektors in die regenerative Energiewelt der Zukunft ohne eine digitale Transformation und eine damit einhergehende Zusammenführung beider Sektoren unter Einbeziehung soziotechnischer Aspekte, im Sinne der Bildung institutioneller Arrangements, nicht möglich ist (vgl. u. a. Göcke 2016, S. 105-119; Rodríguez-Sánchez et al. 2015, S. 10 f.). So gewinnen durch die Verwendung digitaler Technologie Informationen und Wissen an Bedeutung für die Ausgestaltung des ökonomischen Austauschs (Barrett et al. 2015, S. 142). Hierbei gilt es, die Voraussetzungen für erfolgreiche unternehmerische Aktivitäten in der Elektromobilität durch Einnahme einer ganzheitlichen, auf die Berücksichtigung immaterieller Leistungsbestandteile ausgerichtete Betrachtungsweise zu schaffen.

Damit kann die häufig zitierte ‚Service-Revolution', also die Betrachtung des immateriellen ‚Dienstleistungsanteils' in Austauschprozessen, eher als eine „service revelation" (Vargo und Lusch 2011a, S. 1 f.) vor dem Hintergrund einer real erfolgenden digitalen Revolution beispielsweise im Kontext der Elektromobilität verstanden werden. Rust (2004) bringt es in seinem Kommentar zur SDlogic auf den Punkt:

> „In essence, the service revolution and the information revolution are two sides of the same coin. Information technology gives the company the ability to learn and to store more information about the customer, which in turn gives the company more ability to customize its services and to develop customer relationships. The result is

that the utility provided to the customer increasingly is based more on information and less on physical benefits" (Rust 2004, S. 24).

Letztlich zeigt sich, dass eine rein auf Güter oder Dienstleistung, also beispielsweise auf den Wert einer digitalen Technologie per se beschränkte Sichtweise für die Gestaltung von Geschäftsmodellen in der Elektromobilität nicht ausreicht. Mit der SDlogic kann eine neue Betrachtungsweise für den ökonomischen Austausch genutzt werden, die eine ganzheitliche und multilaterale Herangehensweise an die Gestaltung von Marktlösungen erlaubt. Gleichzeitig erlaubt die SDlogic – durch die Fokussierung auf den kontextuellen Gebrauchswert und die Wirkung von operanten Ressourcen im reziproken Austausch von Services – eine Herangehensweise, welche die generative Wirkung digitaler Technologie in Serviceökosystemen erfassbar und modellierbar macht (siehe Kapitel 2.2).

5.2 Erster Action-Design-Research-Zyklus: ‚Illwerke vkw Gruppe'

In den einführenden Kapiteln wurden neben der Problemstellung auch die aus der einschlägigen Literatur heraus vorgestellten Ansatzpunkte für eine Problemlösung diskutiert (Kapitel 1-3). In wesentlichen Teilen wurden diese Erkenntnisse während des ersten Action-Design-Research-Zyklus ‚Illwerke vkw Gruppe – Digitale Transformation von Geschäftsmodellen der Elektromobilität' aggregiert. Hierzu zählen u. a. die Evaluierung und Konkretisierung der Problemstellung im Untersuchungsgebiet, die Identifikation von Eigenschaften und Wertbereitstellungspotenzialen digitaler Technologie in Geschäftsmodellen der Elektromobilität, die Annahmen über die Anforderung an die Entwicklung von Geschäftsmodellen, Ansatzpunkte für die methodische und instrumentelle Unterstützung der Geschäftsmodellentwicklung sowie die Anwendbarkeit der SDlogic als theoretischer Bezugsrahmen für die Forschungsfragestellung (siehe Kapitel 5.2.4).

Dieses Kapitel inkludiert eine Darstellung der Aktivitäten des ersten Action-Design-Research-Zyklus, wie sie in Zusammenarbeit mit der VKW in der Zeit von September 2015 bis Februar 2016 durchgeführt wurden. Ergebnisse des Zyklus wurden im Rahmen von Konferenzbeiträgen veröffentlicht und in Praxis und Wissenschaft diskutiert. Auf diese wird in der weiteren Darstellung Bezug genommen und kann zur Vertiefung zurückgegriffen werden (Pfeiffer 2016; Pfeiffer und Jarke 2017).

In Kapitel 5.2.1 wird zunächst die Ausgangslage bei dem Praxispartner VKW vorgestellt. Anschließend erfolgen in Kapitel 5.2.2 eine Abbildung der Problemstellung, der Kernfragestellungen im Zyklus sowie eine Beschreibung des Ablaufs. In Kapitel 5.2.3 wird das im Action-Designzyklus untersuchte Alpha-Artefakt ‚Enhanced Business Model Canvas-Framework' mit seinen Methodenbausteinen vorgestellt. Ein Zwischenergebnis schließt die Darstellung des ersten Action-Design-Research-Zyklus ab.

5.2.1 Ausgangslage des Industriepartners

Mit der Illwerke vkw Gruppe (VKW) aus Österreich konnte ein europäischer Vorreiter im Bereich der Elektromobilität für die Durchführung des ersten Zyklus gewonnen werden. Die VKW war 2008 eines der ersten europäischen Unternehmen, das im Rahmen von Feldversuchen die Einführung der Elektromobilität auf Basis von staatlich geförderten und begleiteten Projekten durchführte. Die VKW sind für den Bereich der Stromerzeugung sowie der Anlagenerhaltung und des Anlagenausbaus (Engineering) im österreichischen Bundesland Vorarlberg zuständig. Sie gehören damit zum Energiesektor und sind in der Lage, Spitzen- sowie Regelenergie zu erzeugen und erfüllen wichtige energiewirtschaftliche Funktionen für ihre Vertragspartner im europäischen Energienetz. Auch der Betrieb der Kraftwerke der VKW, die der Landesversorgung dienen, erfolgt durch die VKW. Im Jahr 2009 wurde das Bundesland Vorarlberg die erste Modellregion für Elektromobilität in Österreich. In diesem Zuge wurde die Vorarlberger Elektroautomobil Planungs- und Beratungs GmbH gegründet. Mit dem Projekt VLOTTE und den Folgeprojekten in der Modellregion setzte die VKW Maßstäbe in der Einführung von Elektromobilität. Mit über 450 in Betrieb befindlichen Elektrofahrzeugen zählt Vorarlberg im Jahr 2016 zu den Vorreiterregionen in Europa. Da eine ganzheitliche Betrachtung der Elektromobilität aus Perspektive der VKW unumgänglich ist, hat die VKW die VLOTTE-Mobilitätszentrale gegründet, die als Anlaufstelle für alle an Elektromobilität Interessierten in Vorarlberg dient. Im Projekt ‚Smart City Rheintal' werden unter der Federführung der VKW Best-Practice-Technologien miteinander vernetzt, um durch den kombinierten Einsatz neuer Technologien zu demonstrieren, wie die Energieeffizienzsteigerungen und die Reduktion von CO_2-Emissionen zugleich erreicht werden können. Die VKW betreibt alle für die Elektromobilität notwendigen Infrastrukturen, hierzu zählen u. a. 150 Ladesäulen, eine 500 m² große Photovoltaikanlage, eine unternehmenseigene Parkgarage sowie die Steuerungssysteme für Ladeinfrastruktur und das Demand Side Management von Elektrofahrzeugen des eigenen Elektroauto-Fuhrparks.

5.2.2 Problemstellung und Vorgehensweise

Zu Beginn des Action-Design-Research-Zyklus stand die VKW vor der Fragestellung, wie die aus Forschungsprojekten heraus entwickelten Geschäftsmodellansätze durch den Einsatz digitaler Technologien an die Kundenanforderungen weiter angepasst und erweitert werden konnten. Hierbei sollten die entwickelten Ansätze genutzt werden, das eigene Angebot unter ökonomischen wie technologischen Gesichtspunkten zu erweitern und die generelle Unternehmensstrategie im Sinne eines dienstleistungsorientierten Energieversorgungsunternehmens weiter auszuprägen. Eine Erhöhung des digitalen Anteils im Produkt- und Serviceangebot sowie die weitere Ausprägung von Netzwerkpartnerschaften wurden daher bereits zum Beginn des Zyklus als Eckpfeiler des neuen Geschäftsmodell-Portfolios vorausgesetzt.

Aus wissenschaftlicher Perspektive zielte der Zyklus darauf ab, die aus der Literatur abgeleiteten Annahmen zu den Handlungsbedarfen in der Entwicklung von Geschäftsmodellen zu evaluieren und die bereits existente Einschätzung zur Problemstellung der digitalen Transformation im Ökosystem Elektromobilität im Kontext des praktischen Falls zu überprüfen. Zudem sollte ein erster Lösungsansatz in Form eines Geschäftsmodell-Frameworks ‚Enhanced Business Model Canvas' überprüft und verbessert werden. Daher galt es erstens die Digitalisierung im Untersuchungsgebiet, zweitens den Einfluss von digitalen Technologien auf Geschäftsmodelle zu ermitteln und drittens ein Verfahren zur Modellierung digitaler Technologie in Geschäftsmodellen zu überprüfen. Letzteres sollte durch eine Mehrperiodenbetrachtung in einem Dreiebenen-Modell ‚Enhanced Business Model Canvas' (siehe Kapitel 5.2.3) empirisch belegt werden. Der ‚Enhanced Business Model Canvas' basiert auf dem ‚Business Model Canvas' nach Osterwalder und Pigneur (2010) und erweitert diesen u. a. um die Möglichkeit einer vergleichenden Mehrebenenbetrachtung. In der Nachbearbeitung und Diskussion der Studie mit den Studienpartnern wurde die LMA nach Yoo et al. (2010a) zur differenzierteren Betrachtung digitaler Technologie im Rahmen von Webkonferenzen angewendet und auf die Geschäftsmodellbetrachtung übertragen. Der detaillierte Ablauf des Workshops als Teil der Action-Design-Research-Projekts bei der Illwerke vkw Gruppe (VKW) findet sich in Tabelle 7.

Tabelle 7: Ablauf des ersten Action-Design-Research-Zyklus ‚VKW'
Quelle: eigene Darstellung

Einführung	Digitalisierung – Grundlagen und Auswirkungen
	Elektromobilität – Marktteilnehmer und Technologie
	Geschäftsmodelle – Vorstellung der Methodik
Modellierung Phase I	Modellierung des gegenwärtigen Geschäftsmodells auf den Ebenen Geschäft, Service, Infrastruktur
	Modellierung des ursprünglichen Geschäftsmodells auf den Ebenen Geschäft, Service, Infrastruktur
Analyse	Rolle von Digitaler Technologie
	Lessons Learned
Modellierung Phase II	Priorisierung von Geschäftsmodelloptionen
	Modellierung eines neuen Geschäftsmodells auf den Ebenen Geschäft, Service, Infrastruktur
Validierung	Inhaltliche Validierung des Ergebnisses
	Planung der nächsten Schritte
	Bewertung der Methodik
Modellierung Phase III	Virtuelle Diskussion der Ergebnisse
	Anwendung der LMA-„Layered Modular Architektur"
	Identifikation des Servicepotenzials digitaler Technologie
	Abbildung von Digitalisierungsoptionen
Reflektieren und Lernen	Zusammenfassen der Ergebnisse und Vorbereitung des nächsten Zyklus

5.2.3 Geschäftsmodell-Framework des ersten Zyklus

In diesem Abschnitt werden die entwickelten und untersuchten Bestandteile des Geschäftsmodell-Frameworks zur Entwicklung von Geschäftsmodellen aus dem ersten Action-Design-Research-Zyklus vorgestellt. Die Fragestellungen des Zyklus befassten sich im Kern mit der Demonstration der Problemlösefähigkeit des entwickelten Lösungskonzepts ‚Enhanced Business Model Canvas' und der Ableitung von Erkenntnissen zur Bedeutung von digitaler Technologie in Geschäftsmodellen der Elektromobilität aus diesem Artefakt. Zu Beginn des Zyklus wurde deutlich, dass eine Methode zur Analyse des ökonomisch-technischen Umfelds der eigentlichen Entwicklung eines Geschäftsmodells vorgeschaltet werden muss. Um digitalisierungsspezifische Aspekte in die Geschäftsmodellentwicklung übertragen zu können, wurde zudem die Entwicklung und Anwendung einer Methode zur Abbildung der LMA digitaler Technologie erforderlich. Beide Methoden und zugehörige Instrumente wurden als Teil des Designartefakts entwickelt und in der Praxis verprobt. Im Weiteren werden daher zunächst die servicedominierte Ökosystemanalyse, die servicedominierte LMA-Analyse und abschließend der ‚Enhanced Business Model Canvas' vorgestellt. Anschließend werden die empirischen Ergebnisse und die Schlussfolgerung des Zyklus vorgestellt.

5.2.3.1 Servicedominierte Ökosystemanalyse (Alpha-Version)

Nach einer Einführung in das Untersuchungsgebiet und während der Diskussionen von technologisch-ökonomischen Zusammenhängen zeigte sich in der ersten Modellierungsphase, dass eine methodische Unterstützung und Dokumentation der Diskussionsergebnisse benötigt wurde. Diese sollte eine möglichst konkrete Festlegung der strategischen Ausrichtung sowie eine auch im Nachgang nachvollziehbare inhaltliche Ausgestaltung der Geschäftsmodelle gewährleisten. Die hierzu entwickelte Methode zielt darauf ab, die Ausgangssituation sowie die Rahmenbedingungen der Entwicklung möglichst genau zu erfassen und überblicksartig zu dokumentieren. Hierbei ist es zunächst erforderlich, das aktuelle Marktumfeld durch Definition der Komponenten Objekte, Services, Marktteilnehmer (Rollen) und Interaktionenbeziehung zu beschreiben und voneinander abzugrenzen. Die einzelnen Komponenten werden dabei grafisch dargestellt und bei Erfordernis mit einer Beschriftung versehen. Abbildung 28 visualisiert die servicedominierte Ökosystembeschreibung als Analyseergebnis. Sie beschreibt das Ökosystem Elektromobilität und bildet die definitorische Grundlage des Geschäftsmodells der VKW. Es stellte sich im Verlauf des Workshops heraus, dass diese Methode einen relevanten Beitrag zur Geschäftsmodellentwicklung begründet, da sich immer wieder auf einzelne Elemente bezogen wurde und eine weitere Detaillierung bei zunehmenden Markt- und Geschäftsmodellverständnis destilliert und dokumentiert werden konnte.

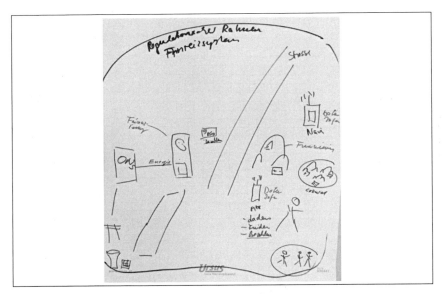

Abbildung 28: Alpha-Version der servicedominierten Ökosystembeschreibung am Beispiel der Elektromobilität
Quelle: eigene Darstellung

Ergebnis und Evaluation

Der Action-Design-Research-Zyklus zeigte, dass die Schaffung eines gemeinsamen Begriffs- und Marktverständnisses als wichtige Grundlage eine zielgerichtete Durchführung der Geschäftsmodellentwicklung fundiert. Hierzu wurde die Alpha-Version der ‚servicedominierten Ökosystemanalyse' entwickelt und angewendet (siehe Abbildung 28). Insbesondere ermöglicht diese Methode eine auch nachträglich nachvollziehbare, ergänzbare und umfängliche Analyse von Gestaltungsoptionen eines Geschäftsmodells. Diese können im weiteren Verlauf der Geschäftsmodellentwicklung in die Übersicht integriert und als Grundlage für ein Geschäftsmodell verwendet werden. So können relevante Ökosystemelemente systematisch identifiziert und dokumentiert werden. Auf Basis der servicedominierten Ökosystembeschreibung können anschließend Zusammenhänge diskutiert und mögliche Geschäftsmodellansätze diskutiert werden. Insbesondere ermöglicht die Verwendung von grafischen Elementen eine einfache und plastische Darstellung der Zusammenhänge im Ökosystem. So wurden für das Ökosystem Elektromobilität auf der physischen Ebene u. a. Verkehrsinfrastrukturen (Straßen, Parkraum), Ladestationen, Stecker, Ortsnetzstationen, Energieerzeugungsanlagen, Fahrzeuge und Smartphones identifiziert und beschrieben. Immaterielle Services bestanden in u. a. Finanzierungen, Energieflüssen, Bezahldiensten, Lademanagement. An Marktteilnehmern wurden u. a. Ladestationsbetreiber, Anbieter von Mobilitätsservice, Fahrzeugnutzer, Flottenbetreiber, Fahrzeughersteller und der Gesetzgeber identifiziert. Interaktionsbeziehungen wurden grafisch durch Verbindungslinien abgebildet.

Die Methode offenbart jedoch im Hinblick auf die Abbildung von Daten- und Serviceelementen des Ökosystems Schwächen. So wird die Darstellung aufgrund der Verwendung von grafischen Elementen schnell unübersichtlich. Auch können notwendige Detaillierungsgrade nicht erfasst werden, da sie inhaltlich auf verschiedenen Ebenen gelagert sind. Insbesondere ermöglicht die Methode auch keine Kopplung oder Trennung von Geschäftsmodellelementen, wie sie insbesondere bei der Gestaltung von Geschäftsmodellen in digital transformierenden Ökosystemen notwendig wird. Insofern unterstützte die Alpha-Version der servicedominierten Ökosystemanalyse noch nicht vollständig die Anforderungen an eine flexible und dynamische Geschäftsmodellentwicklung. Auch wurde festgehalten, dass eine Reduktion der Komplexität, beispielsweise durch die Betrachtung von einzelnen Schichten des Ökosystems (analog zum Konzept der LMA (siehe Kapitel 5.2.3.2)), die Erarbeitung einer Wissensbasis für die Geschäftsmodellentwicklung erleichtern würde.

5.2.3.2 Layered-Modular-Architecture-Analyse

In der Analysephase des Action-Design-Research-Zyklus zeigte sich, dass die Abbildung von Servicebestandteilen digitaler Technologie, wie sie auf IT-Applikationsebene identifiziert wurden, einer erweiterten Analyse-Methode bedurfte. Daher wurde das Konzept der LMA (Yoo et al. 2010a) herangezogen, um diese zu einer Methode zur Analyse der Bestandteile und Aspekte digitaler Technologie weiterzuentwickeln. Die LMA basiert auf der Annahme, dass „pervasive digitization gives birth to a new type of product architecture: the layered modular architecture. The layered modular architecture extends the modular architecture of physical products by incorporating four loosely coupled layers of devices, networks, services, and contents created by digital technology" (Yoo et al. 2010a, S. 724).

Yoo et al. (2010a) sehen die LMA als Schlüssel zum Verständnis der Digitalisierung von technologischen Objekten. Der Action-Design-Research-Zyklus hat gezeigt, dass das Konzept für die Entwicklung von Geschäftsmodellen genutzt werden kann, um die Trennung von materiellen und immateriellen Elementen darzustellen und die Ausgestaltung neuer Konfigurationen digitalisierter Artefakte und die Abbildung von Services zu vereinfachen (siehe Kapitel 2.2.1). Sie kann genutzt werden, um die Konfiguration der ‚digitalen Natur' von digitalen Technologien in Serviceökosystemen abzubilden. Letztlich erleichtert die Anwendung des Konzepts die

Analyse von digitaler Technologie im Rahmen der Geschäftsmodellentwicklung (vgl. Turber et al. 2014).[49]

In der Anwendung im Action-Design-Research-Zyklus wurden hierzu die eingesetzten Technologien daraufhin untersucht, ob eine logische Trennung in verschiedene Ebenen möglich ist bzw. ob diese Trennung bereits in der Architektur dieser Technologie realisiert wurde (dies wäre eine ‚pervasive digital technology'). Da digitale Technologie häufig aus der Kombination von verschiedenen digitalen und digitalisierten Komponenten besteht, werden diese Kombinationsmöglichkeiten auf Basis der Ergebnisse der Ökosystemanalyse durch das Analyseverfahren identifiziert und das entstehende Potenzial für neue Services ermittelt. Zunächst werden die physischen Komponenten und die Kommunikationswege auf der Netzwerkebene betrachtet. Aufbauend auf diesen grundlegenden Ebenen werden existierende und mögliche Elemente der Service- und Inhaltsebene abgeleitet. Darüber hinaus werden durch Kombination von, beispielsweise aus einer servicedominierten Ökosystemanalyse ermittelten, (digitalen) Technologien erweiterte Inhaltskomponenten und Servicepotenziale im Serviceökosystem identifiziert. Hierbei können neue Inhaltskomponenten beispielsweise durch Services entstehen, die sich aufgrund der losen Kopplung der Architekturebenen durch Zusammenführung von Daten aus vorher disjunkten Umweltsensoren und der Verbrauchserfassungen bilden (siehe auch Kapitel 2.2.1).

Ergebnis und Evaluation

Wie ausgeführt, ist die Notwendigkeit für eine Analyse der Komponenten digitaler Technologie im Designzyklus aufgetreten. So bietet die servicedominierte Ökosystemanalyse in der Alpha-Version zwar die Chance, Elemente des Ökosystems zu identifizieren. Es zeigte sich, dass die Identifikation des Potenzials von Technologien und ihres digitalen Anteils für die Ausgestaltung eines Geschäftsmodells eine differenzierte und vertiefende Betrachtung der Ökosystembestandteile erforderlich macht. Hier bietet die servicedominierte LMA-Analyse eine adäquate Methode zur Analyse. So ermöglicht sie aufbauend auf den Ergebnissen der Ökosystemanalyse, insbesondere Servicepotenziale digitaler Technologien zu identifizieren und neue Ökosystembestandteile sowie Servicepotenziale abzuleiten. Dies ist gerade mit Blick auf die Wirkung von digitaler Technologie in Geschäftsmodellen von besonderer Bedeutung, da durch die Anwendung von (digitalen) Ressourcen im Service-

---

[49] Vergleiche hierzu auch das ‚Nest'-Beispiel von Turber et al. (2014). Hier wurden das Servicepotenzial und die Interaktionsmöglichkeiten auf verschiedenen Ebenen des LMA abgebildet und auf mögliche Kooperations- und Geschäftsmodellentwicklung hin analysiert.

austausch Wert im Anwendungskontext für die beteiligten Akteure entfaltet wird (Lusch und Nambisan 2015, S. 157 ff.; S. 167). Im Rahmen der nachgelagerten Diskussion mit ausgewählten Workshop-Teilnehmern wurde das Verfahren verfeinert und in Pfeiffer und Jarke (2017) am Beispiel von Ladeinfrastruktur vorgestellt. Abbildung 29 fasst das Ergebnis anhand von fünf verschiedenen Ausprägungen kombinierter Ladeinfrastrukturlösungen zusammen und bildet sie in einer servicedominierten LMA-Übersicht ab. Basierend auf einem allgemeinen Anwendungsfall ‚Aufladung von Elektrofahrzeugen an öffentlicher und halböffentlicher Ladeinfrastruktur' wurden Hardware- und Netzwerkkomponenten (siehe Basisschichten) in Pfeiffer und Jarke (2017) in ihrer Wirkung auf Geschäftsmodellausprägungen analysiert (siehe Pfeiffer und Jarke 2017, S. 33 ff.). Hier zeigte sich, dass erweiterte Servicepotenziale digitaler Technologien in der Rekombination digitaler Komponenten identifiziert und in die Geschäftsmodellentwicklung übertragen werden können. Darüber hinaus wurden die Entwicklung und Entwicklungspotenziale von Geschäftsmodellen (ex post) auf Basis der servicedominierten LMA-Übersicht erklärbar. Die aufgeführten Ergebnisse im Ökosystem Elektromobilität lassen darüber hinaus auch Schlüsse auf Optimierungen und Weiterentwicklungschancen von Geschäftsmodellen zu. So konnte in diesem Kontext beispielsweise die unkomplizierte und kostengünstige Integration von Onlinebezahldiensten in digital-vernetzte Ladeinfrastrukturen identifiziert und modelliert werden (Pfeiffer und Jarke 2017, S. 43). Es zeigt sich, dass mithilfe der servicedominierten LMA-Analyse die Identifikation und Ableitung des Servicepotenzials digitaler Technologie ermöglicht wird.

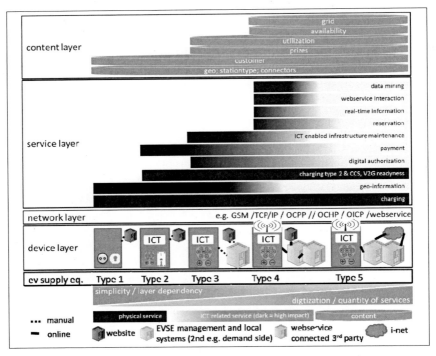

Abbildung 29: Alpha-Version der servicedominierten Layered-Modular-Architecture-Übersicht am Beispiel von Ladeinfrastruktur für Elektrofahrzeuge
Quelle: Pfeiffer und Jarke 2017, S. 32.

5.2.3.3 Enhanced Business Model Canvas

Der Business Model Canvas (Osterwalder und Pigneur 2010) wurde bereits im Grundlagenteil dieser Arbeit als bekannte und weit verbreitete Methode zur Entwicklung von Geschäftsmodellen (Fielt 2013, S. 93) vorgestellt. Der ‚Enhanced Business Model Canvas' ist eine funktional[50]- und technikorientierte Adaption dieses verbreiteten Geschäftsmodell-Frameworks. Durch die Trennung von geschäftsrelevanten (Business Layer), funktionalen (Service Layer) und informationstechnologischen (IT-Application Layer) Aspekten soll zum einen die Komplexität der Geschäftsmodellierung reduziert werden. Zum anderen wurde die Erweiterung vorgenommen, um die Rolle digitaler Technologie in Geschäftsmodellen durch Berück-

---

[50] Im ersten Action-Design-Research-Zyklus wurde zunächst nicht auf eine servicedominierte Betrachtungsweise abgestellt. Daher erfolgte eine eher funktionalorientierte Verwendung des Servicebegriffes.

sichtigung von funktionalen und informationstechnologischen Aspekte modellierbar zu machen.

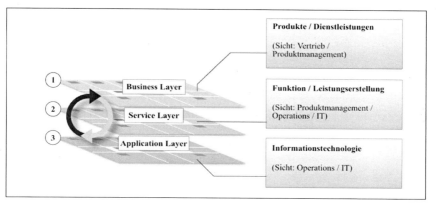

Abbildung 30: Layer und Betrachtunsperspektiven im ‚Enhanced Business Model Canvas'
Quelle: eigene Darstellung

Durch Betrachtung von produkt-/dienstleistungs-, funktions- und informationstechnologie-orientierten Layern (deutsch: Schichten) eines ‚Business Model Canvas' sollen insbesondere digitalisierungsrelevante Aspekte von Geschäftsmodellen identifiziert, vernetzt dargestellt, analysiert und gestaltet werden. Auf der nachgelagerten Darstellungsebene (Service Layer und Application Layer) werden hierzu einzelne Blöcke des Business Model Canvas aufgrund ihrer inhaltlichen Nähe mit dem Ziel der Komplexitätsreduktion zusammengeführt. Gleichzeitig findet auf diesen Layern eine detaillierte Betrachtung der jeweiligen Aspekte statt, sodass sie auf den übergeordneten Ebenen nicht berücksichtigt werden müssen. Bei der inhaltlichen Ausarbeitung eines Geschäftsmodells tragen je nach betrachtetem Aspekt (Layer) differente Stakeholder die Verantwortung für die detaillierte Ausarbeitung und Beschreibung der Elemente (siehe Abbildung 30). So wird empfohlen die Erarbeitung eines Geschäftsmodells (wie im Action-Design-Research-Zyklus) durch ein gemischtes Team von Mitarbeitern aus den Bereichen Vertrieb, Produktmanagement, der Fachabteilung und Mitarbeitern mit informationstechnologischem Hintergrund (z. B. IT-Architekten, Programmierer) erfolgen zu lassen. Hiermit soll ein Verständnis für die Zusammenhänge der Geschäftsmodellelemente geschaffen werden und die Erarbeitung ganzheitlicher Lösungsansätze gewährleistet werden. Durch die Verlagerung der Verantwortlichkeiten für die Geschäftsmodellentwicklung in den verschiedenen Layern wird gleichwohl eine inhaltlich möglichst präzise und umfassende Entwicklung des Modells sichergestellt. Die Verantwortlichkeiten für den Business Layers liegt bei Vertrieb und Produktmanagement, für den Service Layer bei Produktmanagement bzw. Fachabteilung und den Mitarbeitern mit informationstechnologischem Hintergrund. Die Applikationsebene wird durch die Fachabteilung und Mitarbeiter mit informationstechnologischem Hintergrund gestaltet. Insbesondere die Detaillierung der Beschreibung kann damit durch diese Aufteilung im Nachgang zur gemeinsamen Erarbeitungsphase in der inhaltlichen Tiefe gewährleistet werden.

Die Beschreibung eines Geschäftsmodells erfolgt ausgehend von dem Business Layer, über das Service Layer und die Applikationsebene. Gleichwohl kann die Identifikation und Beschreibung von Servicekomponenten zur Erweiterung oder Anpassung des Business Layers führen. Auch Möglichkeiten von informationstechnologischen Komponenten können über die Identifikation von Servicepotenzialen zur Erweiterung des Service Layers und des Business Layers führen.

Der Business Layer beschreibt dabei die Geschäfts- und Vertriebsperspektive auf die neun Bausteine des Geschäftsmodells, um die Erstellung, Lieferung und Erfassung von betrieblichen Leistungen und Kosten abzubilden. Die Erarbeitung der Inhalte wird durch leitende Fragestellungen erleichtert (siehe Abbildung 31).

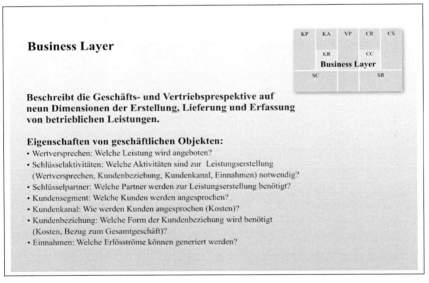

Abbildung 31: Business Layer des ‚Enhanced Business Model Canvas' (Original der Alpha-Versionsbeschreibung)
Quelle: eigene Darstellung

Im Service Layer werden die betrieblichen Funktionen zur Herstellung von Leistungen und ihr Bezug zum Business Layer abgebildet (siehe Abbildung 32). Hierbei können Dienste (Services) zur Herstellung von Leistungen in Form von Produkten oder Dienstleistungen abgebildet werden. Services werden hierbei als Abbildung von fachlicher Funktionalität auf abstrakter Ebene verstanden. Sie sind in sich abgeschlossen (autark) und können eigenständig genutzt werden. Dienste verfügen über definierte Schnittstellen. Lediglich die Ergebnisse eines Diensts sind nach außen hin sichtbar, sodass im Rahmen der Geschäftsmodellentwicklung keine Beschreibung der inneren Funktionsweise vorgenommen werden muss. Dienste werden im Service Layer grobgranular modelliert und den Aspekten der Leistungserstellung für infrastruktur-, kundenbezogene und kommerzielle Komponenten zugeordnet.[51]

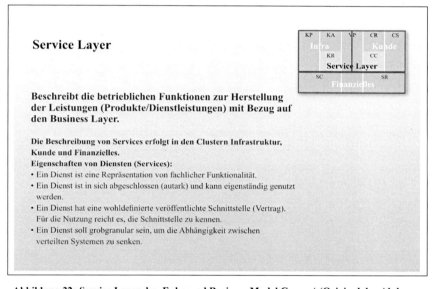

Abbildung 32: Service Layer des ‚Enhanced Business Model Canvas' (Original der Alpha-Versionsbeschreibung)
Quelle: eigene Darstellung

---

[51] Die Notwendigkeit zur Clusterung von infrastruktur-, kundenbezogenen und kommerziellen Aspekten ergab sich im Rahmen des Action-Design-Research-Zyklus, da die Detaillierungstiefe der Canvas-Elemente eine zielgerichtete Arbeit nicht ermöglichte bzw. da diese Detaillierung keine inhaltlichen Mehrwerte für die Modellierer bot.

Der Application Layer beschreibt die informations- und kommunikationstechnologische Unterstützung der betrieblichen Leistungserstellung (siehe Abbildung 33). Hierbei werden die IT-Komponenten den Clustern und Komponenten des Service Layers zugeordnet. Dahingehend bildet der Application Layer die IT-Unterstützung des Geschäftsmodells ab. Hierbei wird die Unterstützung einzelner Leistungskomponenten des Business Layers indirekt über die Zuordnung zu Elementen des Service Layers deutlich. Applikationen werden hierbei als einzelne Systeme verstanden, die aus mehreren Programmteilen bestehen können und zur Lösung von Aufgaben der betrieblichen Informationsverarbeitung oder einzelner betrieblicher Arbeitsbereiche dienen. Programmteile können dabei einen oder mehrere Dienste unterstützen (Gabler 2017).

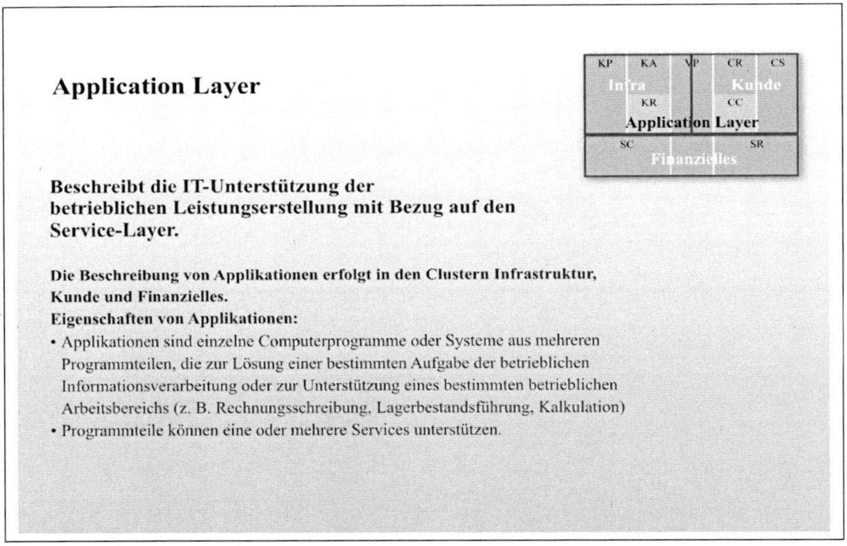

Application Layer

Beschreibt die IT-Unterstützung der betrieblichen Leistungserstellung mit Bezug auf den Service-Layer.

Die Beschreibung von Applikationen erfolgt in den Clustern Infrastruktur, Kunde und Finanzielles.
Eigenschaften von Applikationen:
• Applikationen sind einzelne Computerprogramme oder Systeme aus mehreren Programmteilen, die zur Lösung einer bestimmten Aufgabe der betrieblichen Informationsverarbeitung oder zur Unterstützung eines bestimmten betrieblichen Arbeitsbereichs (z. B. Rechnungsschreibung, Lagerbestandsführung, Kalkulation)
• Programmteile können eine oder mehrere Services unterstützen.

Abbildung 33: Application Layer des ‚Enhanced Business Model Canvas'
(Original der Alpha-Versionsbeschreibung)
Quelle: eigene Darstellung

Ergebnis und Evaluation

Im Action-Design-Research-Zyklus wurde aufbauend auf der Beschreibung des laufenden Geschäftsmodells Elektromobilität (@VKW 2015) das Geschäftsmodell 2009 (@VKW 2009) retrospektiv abgebildet. Der Vergleich der Modelle wurde dann als Basis für die Gestaltung eines Geschäftsmodells (@VKW 2015+) verwendet. Im Weiteren wird beispielhaft auf das Modellierungsergebnis und die Evaluation des enhanced Business Model Canvas im Geschäftsmodell @VKW 2015 und der Erweiterung im Geschäftsmodell @VKW 2015+ eingegangen.[52]

Basis der Modellierung des Geschäftsmodells @VWK 2015 war die zuvor beschriebene servicedominierte Ökosystemanalyse und die Strategie ‚Elektromobilität bei VKW'.

> „Als dienstleistungsorientierter Geschäftsbereich der Vorarlberger Kraftwerksgesellschaft bedient Vlotte alle Bedürfnisse von End- und Geschäftskunden im Vorarlberg von der Information über elektrisch betriebene Fahrzeuge, dem Verkauf von Ladeinfrastruktur (Betrieb, Wartung, Energiebereitstellung) und der Bereitstellung von Ladeservices im Vorarlberg. Hierzu werden lokale Partner (Autohäuser, Öffentlicher Personennahverkehr, Bauunternehmen) sowie Dienstleistungen der VKW (Netz-, Infrastrukturdienstleistung) in Anspruch genommen" (Strategie Elektromobilität bei der VKW).

Aufbauend auf dieser wurde das Angebotsportfolio ‚Electric Charging Services for E-Mobility' in Form von Wertversprechen und einer Kurzbeschreibung formuliert (siehe Tabelle 8)[53].

---

[52] Erkenntnisse aus der Entwicklung der übrigen Geschäftsmodelle und des intertemporalen Vergleichs der Geschäftsmodelle – unter besonderer Berücksichtigung digitalisierungsrelevanter Aspekte – finden sich in Kapitel 5.4.
[53] Die Produktbezeichnungen und ausführlichen Beschreibungen basieren in Teilen auf den Workshop-Ergebnissen und stehen in dieser Form als Fakt- und Produktsheet bei der VKW zur Verfügung.

Tabelle 8: Angebotsportfolio ‚Electric Charging Services for E-Mobility' @VKW 2015
Quelle: eigene Darstellung

Wertversprechen	Beschreibung	Kunden
VKW VLOTTE Work	Mit ‚VKW VLOTTE Work' können Unternehmen ihren Arbeitnehmern eine moderne und komfortable Elektroauto-Lademöglichkeit – die VKW VLOTTE Wallbox – zur Verfügung stellen. VKW übernimmt die Planung, Installation, Wartung, Störungsbehebung und die Abrechnung. So ist der Kunde auch steuerrechtlich auf der sicheren Seite.	B2B2C
VKW VLOTTE Meet & Charge	Mit ‚VKW VLOTTE Meet&Charge' können Hotels und Gastronomiebetriebe ihren Gästen eine komfortable Elektroauto-Lademöglichkeit zur Verfügung stellen. Für einen geringen monatlichen Mietbeitrag bieten wir dem Kunden eine standardisierte Lademöglichkeit für praktisch alle am Markt verfügbaren Elektroautos.	B2B2C
VKW VLOTTE Schnelllade-Contracting	Im Rahmen des VKW VLOTTE Schnelllade-Contracting bieten VKW eine standardisierte Lademöglichkeit für nahezu alle am Markt verfügbaren E-Fahrzeug-Modelle mit Schnellladefunktion. VKW übernimmt die Planung, Errichtung und Betriebsführung der Schnellladestation. Somit entstehen für den Kunden weder hohe Investitionskosten noch Aufwand. Mit einer Listung in der VKW VLOTTE Stromstellen-Datenbank und der dazugehörigen App wird der Betrieb des Kunden für alle E-Mobilisten sichtbar. Darüber hinaus erscheint der Kunde in den marktführenden Ladesäulendatenbanken.	B2B2C
VKW VLOTTE Public	Mit VKW VLOTTE Public können Elektroauto-Nutzer an sämtlichen öffentlichen und halböffentlichen Stromstellen sowie Schnellladestationen in Vorarlberg laden. Nutzer benötigen hierzu lediglich die VKW VLOTTE Ladekarte.	B2C
VKW VLOTTE Public direct	Mit VKW VLOTTE Public direct kann der Kunde an allen VKW VLOTTE Stromstellen laden, welche mit dem Aufkleber ‚intercharge direct' beklebt sind. Um die VKW VLOTTE Stromstellen nutzen zu können, benötigt der Kunde lediglich ein internetfähiges Smartphone und ein Konto beim Bezahldienstleister PayPal oder eine Kreditkarte.	B2C
Kundenberatung	Kostenfreie, unabhängige Beratung zu Möglichkeiten der Elektromobilität.	B2B, B2C
Ladeservices für OEMs	Nutzung der Ladeinfrastruktur für Fremdkunden von OEMs über Roaming-Plattform inkl. Bereitstellung von Echtzeit-Daten der Ladeinfrastruktur.	B2B

Die Entwicklung des enhanced Business Model Canvas erfolgte geleitet durch Abfragen zu den Bausteinen des Geschäftsmodells. Sie wurde mithilfe von verschiedenfarbigen und -formigen Karteikarten dokumentiert. Im Laufe des Workshops wurden Freiräume für das Vorformulieren von Elementen eröffnet, die dann im Rahmen einer offenen Diskussion auf dem Brownpaper befestigt wurden. Neben der umfangreichen Erhebung der Wertversprechen für verschiedene Kundengruppen wurden die Kundenkanäle und die Form der Kundenbeziehungen des aktuellen Geschäftsmodells erarbeitet (siehe Abbildung 34). Hierbei zeichnete sich die Mobilitätszentrale als zentraler Anlaufpunkt für alle angesprochenen Kundengruppen ab.

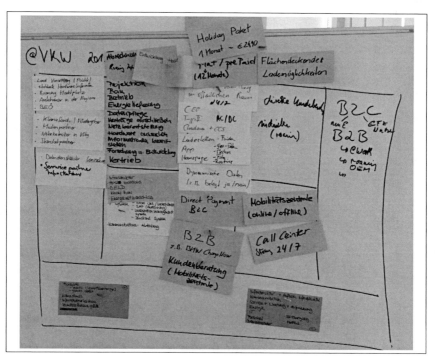

Abbildung 34: Business Layer @VKW 2015
Quelle: eigene Darstellung

Im Bereich des Infrastukturmanagements (Osterwalder und Pigneur 2010) wurde insbesondere mit Blick auf das Partnermanagement die besondere Rolle von regulativen Stakeholdern hervorgehoben, die für die Tragfähigkeit des Geschäftsmodells von Relevanz sind. Hierzu zählen der Klimafonds (Fördergeber), der Bundesverband Elektromobilität Österreich (BEÖ) (Interessensvereinigung), das Land Vorarlberg (Eigentümer) sowie die nationalen und europäischen gesetz- und normgebenden Institutionen (u. a. Vorgabe von technischen Ladestandards, Eichrecht). Darüber hinaus wurden relevante Kernpartnerschaften identifiziert (IT Partner, elektronische Marktplätze). Die Kernaktivitäten (u. a. Ladestationsaufbau, -betrieb, Netzbereitstellung, Energielieferung, Projektierung, IT) und Schlüsselressourcen (u. a. Humankapital, IT-Systeme, Energienetz) wurden auf abstrakter Ebene abgebildet. Eine Betrachtung der finanziellen Aspekte bildete den Abschluss der Betrachtung des Business Layers (siehe Abbildung 31).

Die Abbildung des Service Layers basierte auf den erarbeiteten Bausteinen. Hierbei konnte durch die Vertiefungsebene eine notwendige Detaillierung zu den Servicebestandteilen vorgenommen werden. Durch die detaillierte Betrachtung auf dieser Ebene konnte die abstrakte Darstellung auf dem übergeordneten Business Layer beibehalten und gleichzeitig die notwendige Komplexität der Leistungserbringung in den untergeordneten Ebenen abgebildet werden. Dies führte für die Modellierung zu einer spezifischen und hinreichend genauen Abbildung der relevanten Aktivitäten. So zählen zu den beschriebenen Servicekomponenten beispielsweise im Bereich Partner ‚Gesetze kennen', ‚Informationen an Medienpartner geben'; im Bereich Kernaktivitäten ‚Informationen sammeln, aufbereiten, kommunizieren', ‚Bereitstellen von Netzanschlüssen', ‚Bauplanung durchführen'; im Bereich Wertversprechen ‚Ladepunkt bereitstellen', ‚Vorort-Bezahlung am Ladepunkt ermöglichen', ‚Ladepunkt fernfreischalten'. Während der Erarbeitung wurden weitere Aspekte zu einzelnen Geschäftsmodellelementen identifiziert, die bei der ersten Iteration nicht erkennbar waren. Diese wurde auf der übergeordneten Ebene nachgetragen (siehe Abbildung 35).

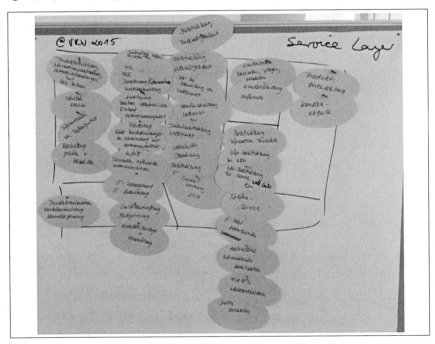

Abbildung 35: Service Layer @VKW 2015
Quelle: eigene Darstellung

Während der Erarbeitung der Service Layers und der Erweiterung des Business Layers wurden parallel auf dem Application Layer digitale Technologiekomponenten identifiziert und eingetragen. Dies führte zu der Beschreibung von weiteren Bestandteilen des Service Layers (siehe Abbildung 36). Durch ein iteratives Vorgehen wurde das Geschäftsmodell so vervollständigt. Insbesondere auf Ebene der Applikationen mussten Zusammenhänge durch Verbindungspfeile abgebildet werden. Zentrale Elemente der Applikationsebene sind das Ladestationsmanagement (LMS), die Abrechnung (Mahnsystem, Kostenübersicht), das Customer Relationship Management (Basis Excel) und das Infosystem des Callcenters. Weiterhin wurden Smartphone Apps, E-Mail-Systeme, Paypal und eRoaming-Systeme aufgeführt.

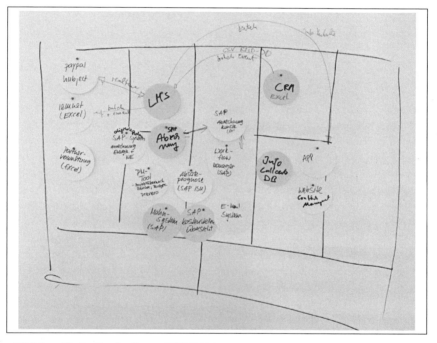

Abbildung 36: Application Layer @VWK 2015
Quelle: eigene Darstellung

Im Anschluss an die Abbildung des Geschäftsmodells @VKW 2015 erfolgte eine Betrachtung des Vorläufergeschäftsmodells @VKW 2009.

Das Geschäftsmodell @VKW 2009 beruhte im Wesentlichen auf einer Stromlade-Flatrate für 80 Euro (Park & Charge Österreich) an Ladestationen, die im öffentlichen Raum durch die VKW bereitgestellt wurden. Daneben existierte ein Beratungsangebot für Endkunden, die Interesse an Elektrofahrzeugen hatten (siehe Tabelle 9).[54]

Tabelle 9: Wertversprechen @VKW 2009
Quelle: eigene Darstellung

Wertversprechen	Beschreibung	Kunden
VKW VLOTTE Public	Mit VKW VLOTTE Public können Elektroauto-Nutzer an sämtlichen öffentlichen Stromstellen (CEE) in Vorarlberg laden. Nutzer benötigen hierzu lediglich einen VKW Ladeschlüssel.	B2C
Kundenberatung	Kostenfreie, unabhängige Beratung zu Möglichkeiten der Elektromobilität.	B2B, B2C

Die Analyse von Unterschieden der Geschäftsmodelle @VKW 2015 und @VKW 2009 auf Basis des enhanced Business Model Canvas legte offen, dass sich die geringe Komplexität des Modells @VKW 2009 auch im Service Layer und dem Application Layer widerspiegelt. Insbesondere Services mit geringem informationstechnologischen Anteil und geringer Ausprägung elektromobilitätsspezifischer Know-how-Anteile, wie beispielsweise die Bauplanung, bildeten den Kern des Geschäftsmodells @VKW 2009. Daneben waren der Know-how-Aufbau und die Akquise von Fördermitteln von hoher Relevanz. Eine nachhaltige Gestaltung der Aktivitäten des Unternehmens war durch den Aufbau erster Kundenbeziehungen, die Produktentwicklung und die Pflege der ersten öffentlich zugänglichen Ladeinfrastrukturverzeichnisse sichergestellt. Die Verwendung des enhanced Business Model Canvas zeigte sich in dieser Phase als vorteilhaft, so ließ sich die Modellierung des Geschäftsmodells @VKW 2009 durch Entfernen von Elementen zunächst auf dem Business Layer und anschließend auf den nachgelagerten Layern des Geschäftsmodells nachvollziehen. Insbesondere ließ sich hierbei die digitale Transformation des Geschäftsmodells @VKW 2009 auf @VKW 2015 nachvollziehen.

Nach dieser retrospektiven Betrachtung wurden Optionen für eine Geschäftsmodellerweiterung diskutiert. Im Rahmen der Priorisierung von Geschäftsmodelloptionen ging die Erweiterung des Geschäftsmodells @VKW 2015 um Ladeangebote für Kunden der VKW in fremdem Ladenetzwerken hervor (siehe Tabelle 10).

---

[54] Eine detailliertere Darstellung zu den Bestandteilen und Einschränkungen dieses Geschäftsmodells „simple Typ I" findet sich in Pfeiffer und Jarke (2017).

Tabelle 10:   Wertversprechen @VKW 2015+
Quelle: eigene Darstellung

Wertversprechen	Beschreibung	Kunden
VKW VLOTTE Public+	Mit VKW VLOTTE Public+ können Elektroauto-Nutzer an sämtlichen öffentlichen und halböffentlichen Stromstellen sowie Schnellladestationen in Vorarlberg laden. Nutzer benötigen hierzu lediglich die VKW VLOTTE Ladekarte.	B2C, B2B

Der Kern der Geschäftsmodellerweiterung sollte eine Verbesserung des Kundenerlebnisses beim Laden ermöglichen (siehe Abbildung 37). Dies sollte durch die Nutzbarkeit von eigener und fremder Ladeinfrastruktur über eine VKW-Webapplikation erreicht werden, weitere Verbesserungen in der Nutzung von Ladeinfrastruktur durch eine Erweiterung des Ticketsystems für Fehlermeldungen durch Kunden (siehe Abbildung 38). Hierzu war die Einbindung von Social-Media-Komponenten angedacht. Parallel wurde das Angebot für B2B-Kunden (Flottenkunden) adressiert, auch hierbei konnte auf existierende Elemente aufgegriffen werden. Entsprechende Komponenten konnten im ‚Enhanced Business Model Canvas' auf den Ebenen Business und Service ergänzt werden. Anpassungen an das Application Layer mussten nicht vorgenommen werden, da nur Verbindungen zwischen den neuen Serviceelementen und den bereits existenten Applikationselementen hergestellt werden mussten. Aufgrund der Teilnahme von Mitarbeitern mit Kenntnissen zu den eingesetzten Applikationen konnten nicht nur die entsprechenden Verbindungen hergestellt, sondern auch eventuelle Machbarkeiten bereits während der Geschäftsmodellentwicklung abgeleitet werden. Für das Geschäftsmodell @VKW 2015+ konnte auf diese Weise sehr zügig festgestellt werden, dass keine Notwendigkeit zur Entwicklung neuer Applikationen bestand.

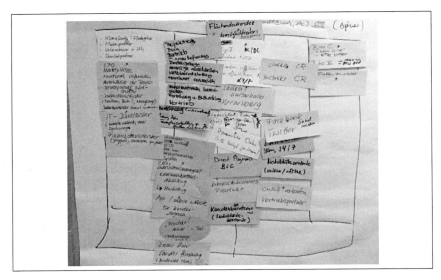

Abbildung 37: Business Layer @VKW 2015+
Quelle: eigene Darstellung

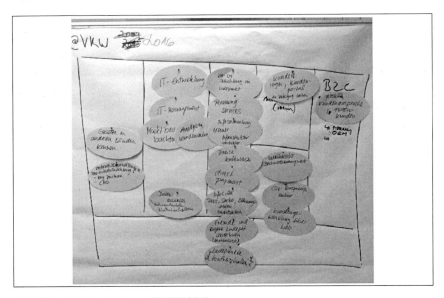

Abbildung 38: Service Layer @VKW 2015+
Quelle: eigene Darstellung

Insgesamt zeigte sich im empirischen Teil des Zyklus, dass die Erarbeitung eines ‚Enhanced Business Model Canvas' insbesondere bei vorhandenem inhaltlichen und methodischen Vorwissen von Teilnehmern zügig möglich ist. Durch Aufnahme eines Ist-Zustands kann die neue Geschäftsmodellierung schnell erlernt und direkt angewendet werden. Ein entsprechendes Vorgehen ist daher anzuraten.

Die Notwendigkeit zur Einführung weiterer Analysemethoden (servicedominierte Ökosystemanalyse, LMA und Priorisierung) sowie die Erfahrungen aus dem Ablauf des Workshops zeigten jedoch auch auf, dass die Entwicklung eines Vorgehensmodells zur Geschäftsmodellentwicklung notwendiger Bestandteil des Geschäftsmodell-Frameworks ist. Insbesondere die Schaffung eines gemeinsamen Verständnisses für Begrifflichkeiten und Zusammenhänge wurde aufgrund der Neuartigkeit des Untersuchungsgebiets, komplexerer Zusammenhänge und eines hohen Anteils digitaler Komponenten als notwendig erachtet. Durch Einführung der servicedominierten Ökosystemanalyse (Alpha-Artefakt) konnte dies in Grundzügen erreicht werden. Im Zyklus zeigte sich, dass die Verknüpfung der ausgewählten Methoden das Verständnis für die Gesamtzusammenhänge erhöht, die Dokumentation erleichtert und die Weiterverwendung von Teilergebnissen in späteren Entwicklungsphasen ermöglicht. Die Entwicklung eines Metamodells für die modellierten Geschäftsmodellelemente wurde in diesem Zusammenhang als wichtiger Ansatzpunkt für den folgenden Action-Design-Research-Zyklus identifiziert. In Übereinstimmung mit den ausgearbeiteten Eigenschaften digitaler Technologie (sieht Kapitel 2.2) wurden darüber hinaus die ‚lose Kopplung' von Geschäftsmodellelementen, die Modularität der Systemelemente und die Verwendung einer bedarfsorientierten Granularität als wesentliche Gestaltungsaspekte zur Realisierung eines bedarfsorientierten, flexiblen und dynamischen Geschäftsmodellentwicklungsansatzes in digital transformierenden Ökosystemen bestätigt.

Letztlich demonstrieren die empirischen Ergebnisse des Zyklus und die dazu geführten Diskussionen im Expertenkreis, dass Struktur und Konzeption des Business Model Canvas im Kontext einer serviceorientierten Betrachtungsweise (Zolnowski und Böhmann 2013; Zolnowski 2015) und unter Berücksichtigung der Anforderungen eines digital transformierenden Ökosystems zu keinen befriedigenden Ergebnissen führen. So wurde der ‚Enhanced Business Model Canvas', der auf den Strukturkomponenten und Konzepten des ‚Business Model Canvas' beruht, den komplexen und interaktionsbezogenen Aspekten einer ganzheitlichen Ökosystembeschreibung nicht ausreichend gerecht. Insbesondere aufgrund der hohen Anzahl an relevanten Systemelementen und ihrer komplementären, vernetzten Struktur war eine übergreifende und auf den Gebrauchswert bei den einzelnen Akteuren ausgerichtete Betrachtung des Geschäftsmodellkonstrukts mithilfe des ‚Enhanced Business Model

Canvas' nicht möglich. Es zeigte sich ebenfalls, dass die Geschäftsmodellierung um die Berücksichtigung des Servicepotenzials digitaler Technologie durch die Abbildung funktionaler und informationstechnologischer Aspekte in einem Mehrebenenansatz verbessert werden kann.

5.2.4 Zwischenergebnisse

Der erste Action-Design-Research-Zyklus ‚Illwerke vkw Gruppe – Digitale Transformation von Geschäftsmodellen der Elektromobilität' wurde mit dem Ziel durchgeführt, ein Verfahren zur Gestaltung von Geschäftsmodellen im Kontext der Elektromobilität zu entwickeln und zu evaluieren. Hierbei wurde auf der vohandenen Wissensbasis zur Geschäftsmodellentwicklung und zu digitalen Technologien aufgebaut. Bereits zu Beginn des Zyklus wurde auf Grundlage des vorhandenen Erfahrungswissens und unter Berücksichtigung wissenschaftlicher Diskussion festgestellt, dass die Anwendung klassischer Geschäftsmodell-Frameworks, wie des ‚Business Model Canvas (BMC)', wesentlichen Anforderungen an die Modellierung von Geschäftsmodellen in digital transformierenden Umfeldern nicht gerecht wird (siehe Kapitel 3). Die in der Action Design Research aggregierten praktischen Erkenntnisse bestätigen diese Einschätzung. Wesentliche Gründe wurden hierbei im hohen Anteil digitaler und immaterieller Leistungsbestandteile (Dienstleistungen) sowie der inhomogenen, in wechselseitig abhängigen Akteursnetzwerken stattfindenden Wertkreation identifiziert (siehe Kapitel 5.1). Insbesondere der Mehrperiodenvergleich der analysierten Geschäftsmodelle bestätigt, dass die Elektromobilität von der digitalen Transformation betroffen ist und lieferte Erkenntnisse über die Wirkung digitaler Technologien in diesem Ökosystem. Unter anderem wird deutlich, dass aufgrund der Sektorkopplung komplexe Systemstrukturen, Interaktionenmuster sowie die notwendige Einbeziehung digitaler Technologien die Entwicklung von Geschäftsmodellen mit konventionellen Modellierungsverfahren erschwert. Eine netzwerkorientierte Betrachtungsperspektive, wie die der SDlogic, wurde daher als möglicher Ansatz zur Analyse und Gestaltung von Ökosystemen im Sinne der Geschäftsmodellentwicklung identifiziert.

In Ansätzen konnten Problemlösefähigkeiten des entwickelten Designartefakts ‚Enhanced Business Model Canvas' demonstriert werden. Jedoch musste das ursprüngliche Lösungskonzept, um eine ganzheitliche, digital-orientierte Entwicklung von Geschäftsmodellen zu ermöglichen, um zwei weitere Methoden (servicedominierte Ökosystemanalyse, servicedominierte LMA-Analyse) erweitert werden. Weiterhin wurde auf die Berücksichtigung von strukturellen und funktionalen Eigenschaften eines von digitaler Transformation betroffenen Ökosystems hingewiesen. Zudem wurde deutlich, dass die Entwicklung und Verwendung eines Metamodells sowie Vorgehensmodells zur Entwicklung von Geschäftsmodellen für eine zielgerichtete Entwicklungsarbeit notwendig ist. Durch Veröffentlichungen und Diskussionen auf Fachkonferenzen (u. a. Pfeiffer und Jarke 2017) wurden die aggregierten Erkenntnisse in der wissenschaftlichen Community geteilt und die daraus resultierenden Erkenntnisse konnten in die interaktive Verbesserung des Design-Artefakts einfließen.

5.3 Zweiter Action-Design-Research-Zyklus: ‚Virta Ltd.'

Der zweite Action-Design-Research-Zyklus baut auf den gewonnenen Erfahrungen und Erkenntnissen des ersten Zyklus (siehe Kapitel 5.1 und 5.2) sowie Diskussionen zum konzeptionellen Ansatz bei wissenschaftlichen und praxisorientierten Konferenzen auf. Zudem sind Ansatzpunkte für die Weiterentwicklung des Konzepts durch Expertengespräche (siehe Anhang Experteninterviews) gewonnen worden und in den zweiten Zyklus eingeflossen.

Ein zentrales Ergebnis des ersten Zyklus war die Feststellung, dass eine konzeptionelle Erweiterung oder Anpassung existierender Geschäftsmodell-Frameworks aus theoretischer und praktischer Perspektive nicht zur Erfüllung der Anforderungen an die Gestaltung von Geschäftsmodellen in digital transformierenden Ökosystemen geeignet ist. Gleichzeitig wurden Erkenntnisse zur Natur digitaler Technologie und zur Ausgestaltung des ökonomischen Austauschs in digital transformierenden Ökosystemen (insbesondere mit Blick auf die Elektromobilität) gewonnen. Darauf aufbauend wurde mit der SDlogic eine neuartige Herangehensweise zur Betrachtung von ökonomischen Austauschprozessen in digital transformierenden Serviceökosystemen zur Entwicklung einer Problemlösung herangezogen (siehe Kapitel 2). Ausgehend von den identifizierten und empirisch validierten Anforderungen an die Entwicklung von Geschäftsmodellen in digital transformierenden Serviceökosystemen (siehe Kapitel 5.2.4) wurde im Verlauf des hier beschriebenen Action-Design-Research-Zyklus anhand eines Anforderungsabgleichs gezeigt, dass bestehende Geschäftsmodellansätze nicht sämtliche notwendigen servicespezifischen Aspekte und Herausforderungen in der Entwicklung und dem Management von Geschäftsmodellen in einem digital transformierenden Umfeld abbilden (siehe Kapitel 3.3). Hiervon ausgehend wurde das in Kapitel 4 vorgestellte Geschäftsmodell-Framework entlang des Anforderungskatalogs entwickelt. Die im Weiteren dargestellten Erkenntnisse beruhen neben den in der Literatur identifizierten Punkten auch auf den Ergebnissen der ‚Reflexion und Lernen'-Phase (siehe Kapitel 5.4), wie sie aus dem ersten Zyklus abgeleitet werden konnten.

Dieses Kapitel inkludiert eine Darstellung der Aktivitäten des zweiten Action-Design-Research-Zyklus, wie sie in Zusammenarbeit mit der Virta in der Zeit von November 2016 bis April 2017 entwickelt worden sind. Ergebnisse des Zyklus wurden im Rahmen von Konferenzbeiträgen veröffentlicht und in Praxis und Wissenschaft diskutiert (Pfeiffer et al. 2017). In Kapitel 5.2.1 wird zunächst die Ausgangslage bei dem Praxispartner vorgestellt. Anschließend erfolgen in Kapitel 5.2.2 eine Abbildung der Problemstellung, der Kernfragestellungen im Zyklus sowie eine Beschreibung des Ablaufs des Action Designzyklus. In Kapitel 5.2.3 wird das Beta-Artefakt ‚Service-oriented Business Model-Framework' anhand eines Instanziierungsbeispiels mit seinen Methodenbausteinen exemplarisch konkretisiert. Die gewonnenen Erkenntnisse der ‚Reflexion und Lernen'-Phase werden in einer Gesamtbewertung in Kapitel 5.4 diskutiert. Wie bereits erläutert, finden sich die Ergebnisse der Formalisierungsphase der Action Design Research bereits in Kapitel 4 mit dem ‚Service-oriented Business Model-Framework'.

5.3.1 Ausgangslage des Industriepartners

Virta ist eine europäische IT- und Dienstleistungsplattform für Elektromobilität. Sie wurde im Jahr 2013 von achtzehn finnischen Energieversorgern gegründet. Ziel der Unternehmensgründer war es, in einem innovativen und kooperativen Ansatz eine IT-Plattform für das Management von Ladestationen und die Abrechnung von Elektromobilitätsdienstleistungen unter einer eigenständigen Marke zu erschaffen.

Virta, mit Büros in Helsinki, Stockholm und Berlin und Partnerverträgen in insgesamt sieben europäischen Ländern ist einer der führenden Anbieter von Lade- und Managementsystemen für Elektrofahrzeuge und smarte Energiedienstleistungen. Virtas IT-Plattform verwaltet 2017 knapp 900 öffentliche Ladestationen differenter Hersteller in sieben europäischen Ländern und tätigt Abrechnungsdienstleistungen für eine hohe fünfstellige Anzahl an Elektroautofahrern. Als besonderes Merkmal schließt Virta neben Geschäftskunden auch direkte Verträge mit Endkunden und verwaltet diese. Hierdurch entstehen besondere Anforderungen an das Lösungsportfolio von Virta, beispielsweise im Hinblick auf die Entwicklung von mandantenfähigen und mit den Angeboten von Kooperationspartnern und Kunden verbundenen Lösungensangeboten.

5.3.2 Problemstellung und Vorgehensweise

Virta entwickelt Lösungen für den Elektromobilitätsmarkt nach einem ganzheitlichen Ansatz und versteht die Elektromobilität als eine Kopplung von Verkehrs- und Energiesystem. In nationalen Forschungsprojekten werden gemeinsam mit Energieversorgern die Integration von dezentraler Energieerzeugung in Verbindung mit stationären Energiespeichern sowie von Elektrofahrzeugen als mobile Energiespeicher im Hinblick auf ihre kommerzielle Verwertbarkeit analysiert und getestet. Zudem wurden Pilotprojekte zur Steuerung und Abrechnung sowie Servicedienstleistungen zu elektrischen Bussen und im Bereich der elektrifizierten Schifffahrt durchgeführt. Hierbei werden auch die Auswirkung auf die Netzstabilität und Optimierung von Energiebezug betrachtet und über die IT-Plattform der Virta überwacht und gesteuert. Analog zur ersten Fallstudie bei der VKW steht die Entwicklung von Lösungskonzepten für die Elektromobilität daher im engen Zusammenhang mit der Nutzung von Chancen digitaler Technologien. Dies ist auch in der hier beschriebenen Fallstudie durch Verknüpfung von materiellen und immateriellen Systemelementen auf einer digitalen Abstraktionsebene mit dem Ziel der Erhöhung der Ressourcendichte und -verfügbarkeit verbunden.

Zu Beginn des Action-Design-Research-Zyklus im Jahr 2016 befand sich Virta auf einem internationalen Wachstumskurs und stand vor der Herausforderung, unterschiedlich entwickelte Märkte in Europa bedienen zu müssen. Hieraus ergaben sich äußerst variierende Anforderungen von potenziellen Geschäfts- und Endkunden. Zudem mussten länderspezifische Marktanforderungen wie beispielsweise energierechts- und abrechnungsrelevante Aspekte in die Entwicklung von Lösungen aufgenommen werden. Dementsprechend wichtig war es, eine Übersicht zu dem von den bestehenden Geschäftsmodellansätzen erfassten Ökosystem zu erhalten und das bestehende Plattform- und Lösungsportfolio im Hinblick auf die differenten Kundenszenarien und europäischen Marktspezifika zu untersuchen. Methodische Ansätze zur Unterstützung dieses Vorhabens waren bei Virta nicht ausgeprägt. Daher erfolgte die Entwicklung von Lösungen unstrukturiert und ohne Unterstützung von Instrumenten der Geschäftsmodellentwicklung. Die Evaluation des digitalorientierten SoBM-Frameworks für den Einsatz im Unternehmen war daher aus Sicht des Industriepartners wesentlicher Gegenstand der Zusammenarbeit. Daneben sollte als unmittelbares Ergebnis ein Geschäftsmodell für Virta entwickelt werden, das auf den Fähigkeiten der IT-Plattform aufsetzt und mit möglichst geringem Aufwand umgesetzt werden kann.

Im Einklang mit den Zielsetzungen des Industriepartners war der zweite Action-Design-Research-Zyklus darauf ausgerichtet, das im ersten Zyklus entwickelte Geschäftsmodell-Framework zu verproben und bei Bedarf weiterzuentwickeln. Hierbei richtete sich der Fokus darauf, Möglichkeiten zur Optimierung insbesondere im Hinblick auf die Praxistauglichkeit der entwickelten Methoden und Instrumente zu identifizieren und praxisnah weiterzuentwickeln. Der detaillierte Ablauf des Action-Design-Research-Zyklus mit Virta ist in Tabelle 11 dargestellt.

Tabelle 11: **Ablauf des zweiten Action-Design-Research-Zyklus ‚Virta'**
Quelle: eigene Darstellung

Vorbereitung des Zyklus	Ausgestaltung des Service-oriented Business-Model-Ansatzes
Einführung in die Arbeit mit dem	Digitalisierung – Grundlagen und Auswirkungen
	Elektromobilität – Marktteilnehmer und Technologie
	Service-dominant logic – Beispiel Elektromobilität
	Geschäftsmodelle – Vorgehensmodell, Methoden und Instrumente
Modellierung Phase I	Servicedominierte Ökosystemanalyse
	Diskussion einer Layered-Modular-Architecture-Analyse
	Wertwahrnehmungsanalyse I
Reflexion und Lernen	Analyse der Ergebnisse
	Feedback zu Methoden und Instrumenten
Modellierung Phase II	Wertwahrnehmungsanalyse II
	Priorisierung von Geschäftsmodell-Optionen
	Modellierung im Service-oriented Business Model
Reflexion und Lernen	Analyse der Ergebnisse
	Feedback zu Methoden und Instrumenten
Formalisierung	Verallgemeinerung der Erkenntnisse zur Abbildung des prädiktivem Designwissens in Form des Service-oriented Business Model-Frameworks

Der Beginn des Zyklus war von der Ausgestaltung des im ersten ADR-Zyklus vorgestellten Artefakts geprägt. Die im ersten Zyklus entwickelten Methoden wurden daher zunächst entsprechend den in der ‚Reflexion und Lernen'-Phase identifizierten Anforderungen weiterentwickelt. Hierbei flossen Anforderungen an eine vernetzte, ebenenbezogene und serviceorientierte Ausgestaltung des Geschäftsmodells in die Entwicklung des Ansatzes ein. So war insbesondere die Fundierung des Ansatzes auf Basis der SDlogic und die Berücksichtigung der festgestellten Eigenschaften digitaler Technologie im Gestaltungsprozess von Geschäftsmodellen von hoher Relevanz (vgl. Kapitel 2.2, 2.3) bei der Weiterentwicklung des Modellierungsansatzes. Gleichzeitig sollte hiervon ausgehend ein flexibler und dynamischer Gestaltungsprozess mithilfe des Entwicklungsansatzes gewährleistet werden. Das SoBM-Framework wurde daher im Zuge der ‚Entwickeln, Intervenieren und Evaluierungs'-Phase mit einem Metamodell der SDlogic fundiert, um Modellierungsprinzipien aus der SOA erweitert und im Hinblick auf die Erfüllung von Anforderungen digital transformierender Ökosysteme weiterentwickelt. Zudem wurde es mit Blick auf seine Tauglichkeit in der Praxis um Instrumente ausgedehnt. Durch vorangegangene Expertengespräche (siehe Anhang Experteninterviews) sowie eine Veröffentlichung und den damit verbundenen Diskurs (u. a. Pfeiffer und Jarke 2017) konnte im Zyklus auf ein bereits (vor-)evaluiertes Framework zurückgegriffen werden. Die Kernergebnisse der Action Design Research werden im Kapitel ‚Reflexionen und Lernen' diskutiert. Anpassungen und Erweiterungen an den Methoden und Instrumenten des Artefakts werden dort, wo erforderlich, kurz erläutert.

5.3.3 Instanziierung am Beispiel ‚Digitale Werbung beim Laden'

Ergebnisse des zweiten Action-Design-Research-Zyklus finden sich zum einen in der Anwendung der SDlogic bei der Entwicklung von Geschäftsmodellen. Diese konzeptionellen Ergebnisse der Formalisierungsphase wurden bereits im Kapitel 4 mit dem SoBM-Framework als entwickeltem Designartefakt vorgestellt. Zum anderen bildet die Ausgestaltung eines Geschäftsmodells in der Elektromobilität auf Basis der Verwendung digitaler Technologiekomponenten ein weiteres zentrales Ergebnis des Zyklus.

Das vorliegend vorgestellte Geschäftsmodell ‚Digitale Werbung beim Laden' und die abgebildeten Instrumente beschreiben den konkreten Praxisbeitrag des Action-Designzyklus in Form einer serviceorientierten Ökosystembeschreibung, Analyse von Akteursbedürfnissen und eines Geschäftsmodells im Serviceökosystem Elektromobilität. Gleichzeitig stellt es eine Instanziierung des formalen Ansatzes SoBM-Framework (siehe Kapitel 4) zur Entwicklung von Geschäftsmodellen in digital transformierenden Ökosystemen dar.

Im Weiteren wird die Instanziierung entlang des Vorgehensmodells des SoBM-Frameworks vorgestellt (siehe Abbildung 39). Sie beschreibt dabei das (Teil-)Geschäftsmodell ‚Digitale Werbung beim Laden' eines Anbieters von Ladestationsmanagement-Software im Serviceökosystem Elektromobilität. Das Geschäftsmodell setzt auf existierenden Geschäftsmodellen des Anbieters und kooperierender Partner auf. Es erweitert das Leistungsangebot beim Laden von Elektrofahrzeugen durch die Möglichkeit der Kombination von digital-basierten Services.

Hierbei werden durch digitale Werbe-Services auf Basis von etablierten eCommerce-Services (bspw. Google AdWords) zusätzliche Angebotserweiterungen bei der Aktivierung von Ladevorgängen integriert. Diese führen zu einer Erhöhung der Ressourcendichte für Anbieter von Ladestationen und Nutzern dieser Services.

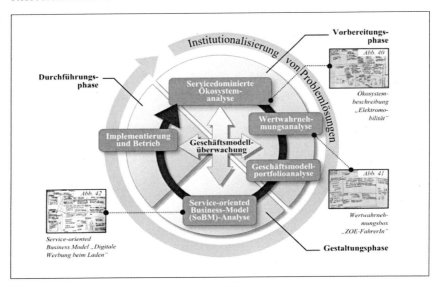

Abbildung 39: Instanziierung des Vorgehensmodells
Service-oriented Business Model-Framework
Quelle: eigene Darstellung

Teil-Ergebnisse der ‚Vorbereitungsphase' des Vorgehensmodells sind eine Ökosystemanalyse und eine exemplarische Wertwahrnehmungsanalyse ‚Fahrer eines Zoe-Elektrofahrzeuges'. Die Darstellung des SoBM „Digitale Werbung beim Laden" bildet das Ergebnis der SoBM-Entwicklungphase ab.[55]

5.3.3.1 Servicedominierte Ökosystemanalyse (Beta-Version): Elektromobilität – Parken, digital Werben, Laden und Zahlen

Die Schaffung einer gemeinsamen Verständnisgrundlage für das zu betrachtende Serviceökosystem wurde bereits im ersten Design-Science-Research-Zyklus als eine erfolgskritische Aufgabe identifiziert. Zum einen wurde im ersten Zyklus darauf

---

[55] Auf die Abbildung der ‚Layered Modular Architecture'-Analyse wird verzichtet, da zu dieser bereits ausführlich in Pfeiffer und Jarke (2017) sowie im Kapitel 5.3.3 berichtet wurde. Auf eine Darstellung der Attraktivitätsanalyse wird aufgrund des umfänglichen Hintergrunds zum Verständnis der Einschätzung der Industriepartner verzichtet.

hingewiesen, dass durch Verwendung einer einheitlichen Beschreibung des Ökosystems eventuelle begriffliche Missverständnisse vermieden werden. Zudem eröffnet die strukturierte und einheitliche Modellierung des Serviceökosystems die Möglichkeit Interdependenzen zwischen den Systemelementen zu identifizieren und für die Entwicklung von Problemlösungsansätzen zu nutzen. Zum anderen wiesen die Ergebnisse des ersten Zyklus darauf hin, dass durch eine formale Modellierung der Systemelemente und ihrer Beziehungen eine erweiterbare Wissensbasis für die weiteren Gestaltungsphasen der Geschäftsmodellentwicklung und angrenzender Ökosysteme bereitgestellt werden kann.

Unter Maßgabe des SoBM-Metamodells und grundlegender Modellierungsprinzipien werden in der servicedominierten Ökosystembeschreibung die Ressourcen, Services und beteiligten Akteure (im Sinne von Rollen) erfasst.

Anwendung und Ergebnis der Ökosystemanalyse

Die in Abbildung 40 dargestellte servicedominierte Ökosystembeschreibung enthält den für das entwickelte Geschäftsmodell relevanten Ausschnitt des Ökosystems Elektromobilität.[56] Die abgebildete Ökosystembeschreibung visualisiert auf der untersten Ebene die wesentlichen operanden Ressourcen. Diese wurden in der in Entwicklungs- und Interventionsphase zur Erhöhung der Verständlichkeit für die Teilnehmer aus der Praxis auch als passive Ressourcen bezeichnet. Zu diesen Elementen gehören neben digitaler Technologie (Sensoren, Ladeinfrastruktur-Systemen, Steuerungssystemen, Smartphones) auch die Elektrofahrzeuge, Straßen, der Parkraum, Anlagen zur Energieerzeugung und -verteilung. Die Modellierung der operanden/passiven Systemelemente weist bereits darauf hin, dass für eine umfassende und verständliche Abbildung der Systemelemente auch auf grafischer Ebene eine möglichst strikte Trennung der digitalen Komponenten von Systemementen hilfreich und erforderlich ist.

Auf der zweiten Ebene der Beschreibung finden sich operante, in der Entwicklungs- und Interventionsphase als aktive bezeichnete Ressourcen. Es handelt sich hierbei beispielsweise um menschliche oder nicht-menschliche Fähigkeiten, die für das Serviceökosystem von Bedeutung sind. So werden Fähigkeiten wie ‚mit Energie versorgen', ‚Ladestation betreiben', ‚Werbung schalten', ‚Elektromobilitätsdienste bereitstellen', ‚Ladung starten', ‚Fahrzeug fahren' in der Übersicht beschrieben. Teilweise stellen diese operanten Ressourcen auch eine Kombination verschiedener operanter Ressourcen dar, die in der Darstellung den Begrifflichkeiten zugeordnet

---

[56] Auf die Darstellung der vollständigen Ökosystembeschreibung, wie sie im Rahmen der Action Design Research entwickelt wurde, wurde aus Gründen der Übersichtlichkeit verzichtet.

werden. So besteht die Fähigkeit ‚Ladestation betreiben' u. a. aus den Teilen ‚Ladestation aufstellen', ‚Ladestation mit Strom versorgen' und ‚Ladestation warten'. Verbindungen zwischen den Systemelementen werden durch grafische Vernetzungen in Form von Pfeilen hergestellt (hier ‚rote' Pfeile).

Auf der dritten Ebene werden die Services im Ökosystem abgebildet. Service wird als „[…] the application of specialized competences (knowledge and skills) through deeds, processes, and performances for the benefit of another entity or the entity itself" (Vargo und Lusch 2004, S. 2) verstanden. Zu Services zählen entsprechend – in abstrahierter Form – u. a. die Energieversorgung, der Ladestations-Betrieb (u. a. Energieeinkauf, der Ladestations-Energiebereitstellung), die Werbeschaltung, die Bereitstellung von Elektromobilitäts-(E-Mob)Diensten (u. a. Ladestationstations-Anzeige, Ladung, Abrechnung), die Elektroautor-Nutzung, die Lade-Vorbereitung. Services ergeben sich hierbei durch die Anwendung und Verbindung der zuvor beschriebenen operanten Ressourcen.

Auf der obersten Ebene finden sich die Akteure im Serviceökosystem: E-Fahrzeug-Nutzer, E-Mobility-Service-Provider, Ladestationsbetreiber, IT-Backend-Betreiber, Werbeplattform-Betreiber, Werbetreibender, Energieversorger.

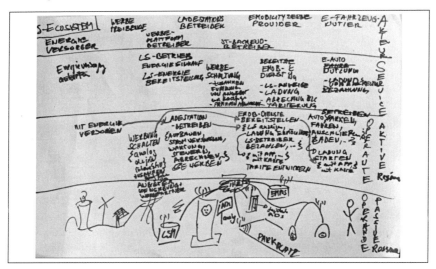

Abbildung 40: Beta-Version der servicedominierte Ökosystembeschreibung ‚Elektromobilität' auf Basis des Workshops Virta I
Quelle: eigene Darstellung

Tabelle 12: Übersicht Systemelemente der servicedominierte Ökosystembeschreibung
Quelle: eigene Darstellung

Systemelement	Typ	Abkürzung	Beschreibung	Beziehungen
Ladestation	Operande	LS	Fix- und Schnittpunkt zwischen Energienetz und Fahrzeug. Bereitstellung von Ladediensten für Elektrofahrzeuge	E-Fahrzeug, Energienetz, LMS, LSB, ...
Elektromobilitätsdienst bereitstellen	Operante	E-Mob-Dienst bereitstellen	Fähigkeit einer Ladestation verschiedene Teildienste bereitzustellen (z. B. LS anzeigen, Ladung ermöglichen)	LS, Smartphone, Ladestation betreiben, Werbung schalten, E-Fahrzeug laden, ...
Werbeschaltung	Service	Werbung	Digitale Schaltung von kundenspezifischer Werbung in Webapplikationen anhand von Kundenprofilen (bspw. Google-AdWords)	E-Mob-Dienst bereitstellen, Smartphone, ...
Ladestationsbetreiber	Akteur	LSB	Betreiber einer Ladestation für Elektrofahrzeuge. Stellt die Ladestation, die Energie sowie zusätzliche Services (z. B. Geo-Informations- und Echtzeit-Services zur Ladestation) über ein Ladestationsmanagement-System (LSM) zur Verfügung.	E-Mobility-Service-Provider, LS, LSM, LS-Betrieb, ...
...	...	...	...	...

Neben der Modellierung des Serviceökosystems in grafisch-textueller Form in der servicedominierten Ökosystembeschreibung werden die Ergebnisse in Tabellen erfasst. Diese umfassen neben den Bezeichnungen der Systemelemente auch eine Beschreibung und die Beziehungen der Systemelemente zueinander (siehe Tabelle 12).

Die servicedominierte Ökosystembeschreibung ermöglicht damit, auch für einen nicht an der Entwicklung beteiligten Betrachter, eindeutig und nachvollziehbar relevante Zusammenhänge im Serviceökosystem zu erfassen. So lässt sich beispielsweise anhand der Beschreibung dokumentieren, dass ein E-Fahrzeugnutzer sein Elektrofahrzeug an einer Ladestation laden kann. Diese Ladung wird von dem E-Fahrzeugnutzer, sofern er über die Fähigkeit zur Nutzung einer Smartphone-App und ein Smartphone verfügt, an einer zu diesem Zweck vernetzten Ladestation gestartet. Ist der Service der Werbeschaltung bei dem E-Mobility-Service-Provider ausgeprägt, so wird bei der Bereitstellung des E-Mobility-Service ‚Ladung' eine entsprechende Werbung angezeigt.

Evaluation der servicedominierte Ökosystemanalyse

Die Anwendung der Methode ‚technologisch-ökonomische Ökosystemanalyse' war zunächst damit verbunden, den Teilnehmern ein Verständnis für die zu modellierenden Systemelement-Typen zu vermitteln. Hierbei stellte sich heraus, dass die Verwendung und Einordnung der Systemelemente operande und operante Ressourcen – so wie sie in der SDlogic verwendet werden – für ungeübte Nutzer zunächst mit Hindernissen verbunden waren. Zunächst mussten Beispiele angeführt werden. Es stellte sich jedoch heraus, dass durch Nutzung der Synonyme passive und aktive Ressourcen die Arbeit mit den Begrifflichkeiten deutlich vereinfacht wurde. Zudem wirkte die Abbildung in grafischer Form (Bilder) unterstützend. Wichtig war es auch, Nutzern ein ganzheitliches und prozessorientiertes Verständnis für den Servicebegriff zu vermitteln[57], sodass diese aus der Ressourcen-Ebene abgeleitet und gebildet werden konnten. Damit war insgesamt eine einführende Vermittlung der zugrunde liegenden SDlogic und der Modellierungsprinzipien eine wichtige Voraussetzung für eine erfolgreiche Umsetzung der Methode – insbesondere auch im Zusammenhang mit der Weiterentwicklung der Ökosystembeschreibung in den weiteren Phasen der Geschäftsmodellentwicklung. Die Dokumentation der Begriffe und zugehörigen Definitionen in einer Tabelle wurde als wichtiger Bestandteil der Ökosystemanalyse identifiziert. Hierdurch kann die nachträgliche Verständlichkeit und eindeutige Definition der Elemente für die weitere Verwendung – auch im unternehmensübergreifenden Kontext – sichergestellt werden.

Die Ökosystemanalyse und die mit ihr verbundenen Instrumente bieten damit eine grafisch-textuelle Wissensbasis für die Entwicklung von Geschäftsmodellen. Die Ergebnisse dieser Geschäftsmodellentwicklungsphase beruhen im Wesentlichen auf dem Wissen und den Fähigkeiten der beteiligten Entwickler dieses Modells. So bietet die Methode eine Strukturierung und unterstützende Hilfsmittel an. Sie ermöglicht durch Anwendung der SDlogic eine transzendierende Darstellung eines Ökosystems und Ableitung von Services durch Rekombination von Ressourcen und existierenden Serviceangeboten. Durch Verwendung grafischer Elemente für operande Ressourcen wird die Entwicklung von Lösungskonzepten für Problemstellungen in Serviceökosystemen für Nutzer erleichtert. Gleichzeitig lassen sich notwendige Ressourcen auch aus der Definition von Serviceangeboten ableiten. Durch die freie – aber dokumentierte – Kombination von Systemelementen, auf differenten Ebenen und in verschiedener Granulariät, ist zudem die Kreation von neuen Problemlösungen unabhängig von existierenden Verständnissen von Angeboten, Akteuren und Ressourcen möglich.

---

[57] Hier musste das Verständnis für Service als „[…] the application of specialized competences (knowledge and skills) through deeds, processes, and performances for the benefit of another entity or the entity itself" (Vargo und Lusch 2004, S. 2) vermittelt werden.

5.3.3.2 Wertwahrnehmungsanalyse: ZOE-FahrerIn mit Ladebedürfnis

Das Ergebnis der Ökosystemanalyse bildet einen Teilausschnitt aus der Beschreibung des Ökosystems Elektromobilität des zweiten Action-Design-Research-Zyklus ab und bildet u. a. mit der Identifikation von Ressourcen, Services und Akteuren eine wichtige Grundlage zur Ableitung möglicher Gebrauchswerte im Serviceökosystem. Diese sind gemäß der SDlogic die zentralen Kernelemente eines Geschäftsmodells, an denen sich der Austausch von Services orientiert. Daher wurden Wertwahrnehmungsanalysen für die identifizierten Akteure – insbesondere mit Fokus auf mögliche Kunden des Industriepartners – durchgeführt. Diese Analysen zielten auf die Identifikation von Gebrauchswerten ab. Akteursbezogene, kontextbezogene Gebrauchswerte wurden dabei durch die Betrachtung von Akteursbedürfnissen, vorhandenen Ressourcen und möglichen Services zur Bedürfnisbefriedigung abgeleitet. Die im Weiteren vorgestellte Wertwahrnehmungsbox für eine(n) ‚ZOE-FahrerIn mit Ladebedürfnis' diente dabei als Grundlage zum Verständnis des Geschäftsmodells ‚Digitale Werbung beim Laden', das nach Vorstellung der Wertwahrnehmungsanalyse als exemplarisches SoBM dargestellt wird.

Anwendung und Ergebnis der Wertwahrnehmungsanalyse

Ausgehend von einer Beschreibung der Persona ‚ZOE-FahrerIn' wurden zunächst bei dieser vorhandene operande und operante Ressourcen im Einklang mit der Beschreibung der Persona identifiziert. Für diese Beschreibung wurde u. a. auch auf die Ökosystembeschreibung zurückgegriffen, die im Zuge der Analyse erweitert und spezifiziert wurde. Anschließend konnten die Bedürfnisse der Persona und die Beschreibung des Gebrauchswerts abgeleitet werden. Davon ausgehend wurden in Verbindung mit der Ökosystembeschreibung die zur Erfüllung des Gebrauchswerts notwendigen Services und zugrunde liegenden Ressourcen erhoben. Hierbei wurde zwischen eigenen und marktseitig einzubeziehenden Services differenziert. Die Busse et al. (2014) zu entnehmende Beschreibung von Ladeservices diente hierbei als Basis der Ideenfindung. Die Beschreibung der Wertversprechen der Services (extern und intern) fungierte als Ausgangspunkt zur Definition des Geschäftsmodells. Die Persona wurde als FahrerIn eines Elektrofahrzeugs beschrieben, die i. d. R. zuhause und beim Arbeitgeber das Elektrofahrzeug mit Strom lädt. Sie nutzt jedoch ebenfalls Lademöglichkeiten in anderen Städten und ist es gewohnt, ein Smartphone hierzu zu verwenden. Sie ist Internet-Shopperin und wird als preissensibel beschrieben. Unter anderem wurden das Elektrofahrzeug, ein Smartphone und die Fähigkeiten zur Beladung von Elektrofahrzeugen an öffentlichen Ladestationen sowie der Umgang mit Smartphone-Applikationen als Ressourcen identifiziert. Hieraus wurden im weiteren Verlauf sowohl externe als auch interne Services abgeleitet, die zur Erreichung eines Gebrauchswerts ‚Lademöglichkeit am Zielort – einfach zu finden, günstig und zuverlässig zu nutzen' führen. Hierzu zählen eigene Services wie die Nutzung des Smartphones und das Anschließen des Fahrzeugs an die Ladeinfrastruktur. Zu den marktbezogenen Services zählt u. a. die Bereitstellung von Elektromobilitätsdiensten als Cluster von Services der Elektromobilitäts-Service-Provider (siehe Abbildung 41).

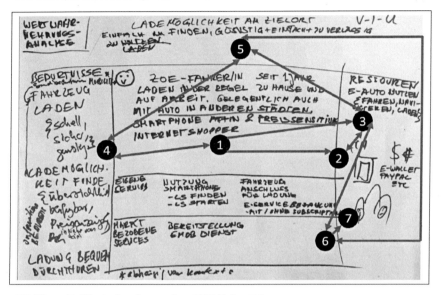

Abbildung 41: Wertwahrnehmungsbox ‚ZOE-FahrerIn'
Quelle: eigene Darstellung

Evaluation der Wertwahrnehmungsanalyse

Als Ergebnis der Wertwahrnehmungsanalyse dokumentiert eine Wertwahrnehmungsbox Annahmen der Modellierer über die Generierung von akteursbezogenen Gebrauchswerten auf dem Kontinuum zwischen Bedürfnissen, zu integrierenden Ressourcen sowie den daraus abgeleiteten Austauschen von eigenen und marktseitigen Services.

Die im zweiten Action-Design-Research-Zyklus eingesetzte Wertwahrnehmungsanalyse war eine Operationalisierung des Value-Sensing-Ansatzes nach Storbacka und Nenonen (2011). Ausgehend von den Akteursbedürfnissen und den in der Ökosystemanalyse erfassten Elementen eines Serviceökosystems ermöglicht die Methode für den Modellierer ein verbessertes Verständnis für Potenziale zur Generierung von kontextbezogenen Gebrauchswerten (Storbacka und Nenonen 2011, S. 251).

Durch Verwendung der Ergebnisse der Ökosystemanalyse konnte sichergestellt werden, dass mit der Wertwahrnehmungsanalyse eine kontextbezogene Betrachtung möglicher Gebrauchswerte von Akteuren vorgenommen wird. In Verbindung mit der Annahme, dass Gebrauchswerte für Akteure auf dem Kontinuum zwischen Bedürfnissen und vorhandenen Ressourcen im Serviceaustausch entstehen (Jacob, Bruns, Sievert 2013, S. 35), bietet die Ökosystembeschreibung eine wichtige Grundlage für die kontextuelle Einordnung, aber auch für die Entwicklung des Verständnisses für die Zusammenhänge kontextueller Gebrauchswerte. Die Modellierer erweitern dabei in der konkreten Ausgestaltung einer Wertwahrnehmungsbox ebenfalls die Wissensbasis zum Serviceökosystem. So werden vor dem Hintergrund der Ermittlung von Bedürfnissen von und der Zuordnung der Ressourcen zu einer Persona, weitere Elemente des Serviceaustauschs (bspw. operante Ressourcen wie die Fähigkeit zur Nutzung von Ladeinfrastrukturen) offenbart. Letztlich ermöglicht diese Herangehensweise auch eine auf den Bedürfnissen und Ressourcen von Akteuren (Kunden) basierte Entwicklung von marktseitig bereitzustellenden Serviceangeboten. Ein Teilnehmer fasste dies prägnant zusammen: „The analysis helps us not to put the cart before the hose". Gleichzeitig vermeidet die Analysemethode eine Beschränkung der Entwicklung von möglichen Serviceangeboten auf die Erbringung einzelner Akteure, indem die zur Erzeugung eines Gebrauchswerts notwendigen Services zwar zwischen betrachtetem Akteur und marktseitig notwendigen Services unterschieden. Durch Anwendung der Modellierungsprinzipien können jedoch Services unabhängig vom Service-Bereitsteller und integrierten (internen und externen) Ressourcen beschrieben werden. Durch diese Abstraktion und Kapselung der unteren Ebenen der Ökosystembeschreibung lässt sich die Komplexität der Leistungsbereitstellung der vom Markt zu beziehenden Ressourcen in der Darstellung deutlich reduzieren. Im Zuge der Durchführung der Analyse zeigte sich, dass insbesondere durch Clusterung von Serviceversprechen der Ökosystembeschreibung eine Formulierung des kontextuellen Gebrauchswerts erleichtert werden kann. Gleichzeitig war es hilfreich, existierende Taxonomien von Elektromobilitäts-Services in die Diskussion einzubringen und auf diese Weise neue Services und Serviceversprechen zu untersuchen (bspw. bei Busse et al. 2014). Es zeigte sich, dass durch Vorabrecherchen in der wissenschaftlichen Literatur die Durchführung von Wertwahrnehmungs- und Ökosystemanalysen verbessert werden kann. Die im Zuge der Durchführung weiterentwickelten Taxonomien und die Anwendung der Modellierungsprinzipien (vgl. Kapitel 4.2) erleichterten die Diskussion und Beschreibung der Elemente der Wertwahrnehmungsbox signifikant. So konnten beispielsweise durch die lose Kopplung der Elemente der unteren Schichten der Ökosystembeschreibung Services aus diesen Elementen gebildet und Gebrauchswerte leichter identifiziert werden. Da Elemente in der Beschreibung nicht fest miteinander verbunden sind, konnten sie unabhängig von Akteuren und beschriebenen Services frei über die Ebenen hinweg kombiniert werden. Erst in der Wertwahrnehmungsbox werden so Services und Ressourcen Akteuren direkt oder ‚dem Markt' zugeordnet.

5.3.3.3 Service-oriented Business-Model-Analyse: Digitale Werbung beim Laden

Die Entwicklung eines SoBM mithilfe der SoBM-Analyse stellt den zentralen Kern des SoBM-Frameworks dar. Bei der Durchführung dieser Analyse werden sämtliche erfassten Informationen über ein Serviceökosystem genutzt, um ein übersichtliches und vernetztes Abbild von Problemlösungen für Fragestellungen in einem Serviceökosystem zu entwickeln. Durch Zusammenführung der Ergebnisse der servicedominierten Ökosystemanalyse sowie der Wertwahrnehmungsanalyse wird hierbei ein strukturiertes und vernetztes Abbild des ökonomischen Austauschs entwickelt. Verbunden mit der Durchführung der SoBM-Analyse wird dabei das SoBM-Metamodell vervollständigt, sodass es die institutionelle Vereinbarung ‚Geschäftsmodell' beschreibt. Diese zeigt aus einer fokalen Perspektive heraus auf, wie sich eine Problemlösung im Sinne der Schaffung von Gebrauchswerten durch den gegenseitigen Austausch von Services durch Anwendung von Ressourcen über Akteursgrenzen hinweg entwickelt.

Anwendung und Ergebnis der Service-oriented Business-Model-Analyse

Die Analyse des Serviceökosystems ‚Elektromobilität' begründet mit der Entwicklung einer gemeinsamen Wissensbasis eine relevante Grundlage für die Entwicklung des Geschäftsmodells ‚Digitale Werbung beim Laden'. Aufbauend auf der dokumentierten Wissensbasis und dem entwickelten Verständnis für die Wahrnehmung von Gebrauchswerten durch die direkten und indirekten Kundengruppen (siehe Beispiel für Endkunden-Bedürfnisse/Gebrauchswerte ‚Zoe-FahrerIn') sollte ein auf digitalen Technologien basiertes Serviceversprechen oder die Verbesserung eines existierenden Serviceversprechens in Form eines Geschäftsmodells entwickelt werden. Die Analyse des ‚Endkunden-Bedürfnisses/Gebrauchswerts' durch die Wertwahrnehmungsanalyse hat auf die Preissensibilität und gleichzeitig weitere Bedürfnisse (z. B. nach akteursbezogenen Informationen, nach Zeitvertreib während des Ladens) hingewiesen. Durch Entwicklung des Geschäftsmodells ‚Digitale Werbung beim Laden' kann die Ressourcendichte für die ‚ZoefahrerIn' erhöht werden, da das Bedürfnis wenig für die Ladung zu zahlen mit dem akteursbezogenen Informationsbedürfnis und einem Zeitvertreib während des Wartens verbunden wird. Dies wird durch die Einbindung eines Akteurs, dem Werbetreibenden, durch die Nutzung digitaler Technologien (digitaler Werbungsplattformen) in digitalen Services ermöglicht.

Abbildung 42 beinhaltet das SoBM ‚Digitales Werben beim Laden' als Ergebnis der im Weiteren beschriebenen SoBM-Analyse.

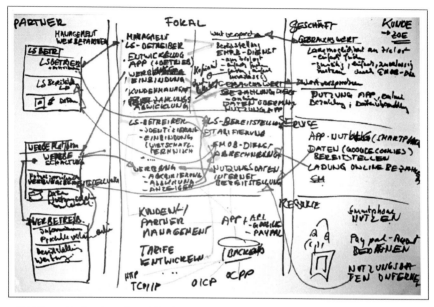

Abbildung 42: Service-oriented Business Model ‚Digitale Werbung beim Laden'
Quelle:　　eigene Darstellung

Entwicklung der Geschäftsschicht

Gemäß dem Vorgehensmodell (siehe Kapitel 4.5.5.2; Abbildung 25 und 26) wurde das Geschäftsmodell zunächst in einer Top-down-Modellierung entwickelt. Hierbei wurde die Persona ‚Zoe-FahrerIn' als Kundensicht definiert. Für diese wurde der in der Wertwahrnehmungsanalyse (siehe Kapitel 5.3.3.2) identifizierte Gebrauchswert ‚Lademöglichkeit finden und nutzen' in der Geschäftssicht als Ausgangspunkt zur Entwicklung des Geschäftsmodells ‚Digitale Werbung beim Laden' gewählt. Dabei wurden auch Wertversprechen seitens der Persona ‚Zoe-FahrerIn' auf Basis der Wertwahrnehmungsbox übernommen. Hierzu zählten die Verwendung einer Smartphone-Applikation durch die Persona, die Onlinebezahlung und die ‚freiwillige' Datenübermittlung (inklusive Cookies und Werbepräferenzen).

Für die fokale Sicht (Virta als Elektromobilitäts-Serviceanbieter) wurden anschließend die korrespondierenden Wertversprechen als möglicher Beitrag zur Erzeugung des Gebrauchswerts der Kundensicht ermittelt. Hierzu konnte auf die Ergebnisse der Wertwahrnehmungsanalyse und der Ökosystembeschreibung zurückgegriffen werden. In der Ableitung des fokalen Wertversprechens stellte die Definition und Clusterung von Services aus der Wertwahrnehmungsanalyse nicht nur einen wichtigen Ausgangspunkt für die Festlegung des Wertversprechens dar. Vielmehr half dies auch bei der Definition der Serviceökosysteme der Mikroebene in der Geschäftssicht.

So wurde zentral die Bereitstellung von ‚E-Mob-Services am Zielort' als fokales Wertversprechen festgehalten. Als Gebrauchswert aufseiten des fokalen Akteurs wurden korrespondierend zu den Wertversprechen der Kundensicht u. a. die Nutzung einer Smartphone-Applikation durch den Kunden, die Bezahlung und die Bereitstellung von Daten identifiziert.

Als Serviceökosysteme der Mikroebene wurden u. a. das Management von Ladestationsbetreibern, die Entwicklung von Smartphone-Applikationen, die Einbindung von Werbeplattformen, die Abwicklung von Zahlungen definiert.

Anschließend erfolgte die Definition von Partnern zur Bereitstellung des Wertversprechens bzw. der Wertversprechen der Serviceökosysteme der Mikroebene. Hierbei wurden die Akteure Ladestationsbetreiber, Werbeplattformbetreiber und Werbetreibender als zentrale Partner für das Geschäftsmodell ‚Digitale Werbung beim Laden' ermittelt. Entsprechend des Beitrags zur Erzeugung von Wertversprechen wurde dabei das für die Abbildung der Serviceökosysteme der Mikroebene notwendige fokale Service-Respository auf der Serviceschicht entwickelt. In der weiteren Ausarbeitung wurden die Partnersichten um die Services dieser Partner zur Erzeugung des kundenbezogenen Wertversprechens in der aus Modelliererperspektive notwendigen Detaillierung ergänzt. Gleichzeitig wurde aufgezeigt, welche Serviceerbringung seitens des Kunden für die Wertkreation bei Partnern notwendig ist.

Entwicklung der Serviceschicht

Ausgehend von der Beschreibung der Wertwahrnehmungsbox ‚ZOE-FahrerIn' konnten zunächst die externen Services (E-Mob-Dienst bereitstellen) in das fokale Service-Repository übernommen werden. Hierbei wurden neu entwickelte Beschreibungen (z. B. Servicebeschreibung, Qualitätsstufen, Preise) und Beziehungen zwischen den Elementen (z. B. Nutzung Smartphone und Datenbereitstellung sowie deren Verbindung zu den Nutzungsdaten im fokalen Service-Repository) in der Wissensbasis dokumentiert. Anschließend wurden – ausgehend von der Ökosystembeschreibung und den abgeleiteten Servicesystemen der Mikroebene – die externen und fokalen Services für die Erzeugung der Wertversprechen und zur Erzeugung von Gebrauchswerten im fokalen Service-Repository bestimmt. Dabei wurden auch Verknüpfungen zwischen den Services (extern und fokal) sowie zu den Serviceökosystemen der Mikroebene grafisch dokumentiert.

Entwicklung der Ressourcenschicht

Zum Abschluss der Top-down-Modellierung wurden basierend auf der erweiterten Ökosystembeschreibung und den Ergebnissen der Wertwahrnehmungsanalyse die notwendigen Ressourcen in der Ressourcenschicht grafisch-textuell abgebildet und mit den angebotenen Services verknüpft. Interdependenzen durch die Integration von externen und fokalen Ressourcen in Services wurden aufgrund der Abbildung von Ressourcen-Eigentümerschaft und Ressourcen-Zugriff durch Services transparent. Demgemäß konnte aufgezeigt werden, dass – insbesondere beim Einsatz digitaler Technologien – der Zugriff auf Ressourcen im wechselseitigen Austausch von Services zunehmend von hoher Bedeutung für die Bereitstellung von Gebrauchswerten ist (bspw. das Vorhandensein und die Fähigkeit zum Einsatz eines Smartphones). Die Eigentümerschaft an solchen Ressourcen ist aus Perspektive eines fokalen Marktakteurs daher weniger von Bedeutung als die Fähigkeit den Ressourceneigentümer über die Einsatzform im wechselseitigen Serviceaustausch zu informieren (bspw. durch institutionelle Vereinbarungen). Hiermit folgt die Modellierung eines SoBM einer ganzheitlichen und akteursübergreifenden Betrachtung des Serviceökosystems (der Makro-Ebene) über die fokale Betrachtungsperspektive hinaus. Gleichzeitig zeigte sich, dass die Identifikation neuer Wertkreationsmöglichkeiten durch die Abkehr von güterdominierten Perspektiven in einer servicedominierten Betrachtungsweise erleichtert wird. So ist es möglich, die eingesetzten Ressourcen des Kunden in der Wertkreation mit Ressourcen von Partnern zu kombinieren (hier: Smartphone und Daten des Kunden; Werbeinformationen von Werbenden; Plattformen von Werbeplattformbetreibern) und auf diese Weise eine Erhöhung der Ressourcendichte für das Serviceökosystem durch die Einbindung weiterer Partner herbeizuführen. Abbildung 43 illustriert die Schritte der Top-down-Modellierung des SoBM. Um die Konsistenz des SoBM zu prüfen, wurde abschließend eine Button-up-Betrachtung entlang der Ressourcen, ihrer Integration in den Serviceaustausch und die Erzeugung von Wertversprechen und Gebrauchswerten vorgenommen. In diesem Zuge wurden die Systemelemente erneut überprüft, spezifiziert und in verschiedener Detaillierung beschrieben.

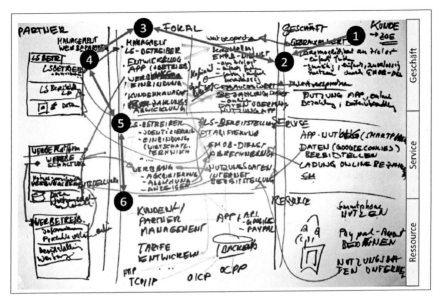

Abbildung 43: Ablauf der Modellierung eines Service-oriented Business Model am Beispiel ‚Digitales Werben beim Laden'
Quelle: eigene Darstellung

Evaluation der Service-oriented Business-Model-Analyse

Im Ergebnis repräsentiert das SoBM ‚Digitale Werbung beim Laden' eine modulare Geschäftsmodell-Erweiterung für den Anbieter von Elektromobilitätsdienstleistungen. Durch die Zusammenführung von Angeboten von Ladestationsbetreibern mit digitalen Werbediensten von Werbetreibenden (bspw. durch Google AdWords) wird dabei der Gebrauchswert für die Persona ‚ZOE-FahrerIn' durch die Anzeige von Werbeanzeigen im Smartphone in Verbindung mit der Preisgabe von persönlichen Daten durch eine Reduktion der Bezugskosten von Elektromobilitätsdiensten erhöht. Daneben führt auch die Befriedigung des Informationsbedürfnisses der ZOE-FahrerIn und des Bedürfnis nach ‚Zeitvertreib beim Laden' zu einer Erhöhung der Ressourcendichte dieses Akteurs.

Die Integration dieses Geschäftsmodells in das Lösungsportfolio der Virta ließ sich aufgrund der Servicebeschreibung und unter Berücksichtigung der Verwendung einer Smartphone-App auf Basis einer plattformübergreifenden Applikation (iOS und Android) bereits in der Entwicklungsphase evaluieren und als mit geringem Aufwand implementierbar bewerten.

In der Evaluierung der Ergebnisse zeigt sich, dass die SoBM-Analyse ein strukturiertes und systematisches Vorgehensmodell zur Verfügung stellt. Ausgehend von Akteursbedürfnissen kann hierbei die Erzeugung von Gebrauchswerten nachvollziehbar entwickelt und beschrieben werden. Durch Bildung von Sichten auf die involvierten Akteure und durch Abstraktion der Systemelemente in miteinander lose verbundenen Schichten kann dabei die Komplexität des Serviceökosystems und des darin abgebildeten ökonomischen Austauschs reduziert werden. Die Abbildung der Zusammenhänge in grafisch-textueller Form im SoBM ermöglicht – insbesondere unter Einbezug der servicedominierte Ökosystembeschreibung – eine leicht verständliche und vernetzte Abbildung eines Geschäftsmodells. Der Beitrag von digitalen Technologien wird hierbei, u. a. aufgrund der gewählten servicedominierten Betrachtungsweise, über die Schichten hinweg als gekapselter Wertbeitrag von Services erfasst. Insbesondere die Einbeziehung digital-basierter Services kann durch Beschreibung und Nutzung des fokalen Service-Portfolios die Lösungsfindung deutlich unterstützen, da in der Lösungsfindung zunächst von der Ressourcen-Ebene und Partnersichten abstrahiert werden kann. Gleichwohl wird der notwendige und relevante Beitrag von Kunden sowie Partnern im reziproken Austausch von Services durch die Abbildung im fokalen Service-Repository sichtbar.

Es zeigte sich ebenfalls, dass im Zuge der Entwicklung der Geschäftsschicht eine Erweiterung der Wissensbasis erfolgte und entsprechend der Ökosystembeschreibung ergänzt werden musste. Dies führte dazu, dass die Ausarbeitung der Service- und Ressourcensicht auf einer erweiterten Wissensbasis erfolgen konnte und unterstreicht die Chancen, die sich durch eine kontinuierliche Weiterentwicklung und Verknüpfung von Geschäftsmodellen im SoBM-Framework ergeben. Insofern können das SoBM und die SoBM-Analyse als Instrument und Methode zur Wissenserfassung und -verteilung verstanden werden. Hierbei kann durch die Bildung von Sichten und Schichten die Komplexität der Wissenserfassung und -darstellung kontextspezifisch reduziert werden. So kann durch die Betrachtung der Serviceschicht eines Ökosystems, von Wertwahrnehmungsboxen und durch anschließende Fokussierung auf die Geschäftsschicht der fokalen und kundenbezogenen Sichten eine erste Bewertung von Geschäftsmodellideen erfolgen, ohne eine detaillierte Beschreibung der Wertkreation vornehmen zu müssen. Gleichwohl kann durch Rückgriff auf die Ökosystembeschreibung bereits in einem sehr frühen Zustand ein einheitliches Verständnis des Geschäftsmodells vermittelt werden.

5.3.4 Zusammenfassung

Der zweite Action-Design-Research-Zyklus stellte den Abschluss der Forschungstätigkeit zur Herleitung eines anforderungsgerechten Ansatzes zur Entwicklung von Geschäftsmodellen in digital transformierenden Serviceökosystemen dar. Aufbauend auf den gesammelten praktischen Erfahrungen und dem Austausch in der wissenschaftlichen Gemeinde wurde mit dem SoBM-Framework ein serviceorientierter und anforderungsgerechter Ansatz entwickelt und evaluiert. An wesentlichen Prinzipien des SOA-Paradigmas orientiert, bietet das Framework eine strukturierte Vorgehensweise zur Entwicklung von Geschäftsmodellen. Damit bietet es die Chance, Geschäftsmodelle in komplexen und inhomogenen Umfeldern flexibel, dynamisch und auf den Chancen digitaler Technologien orientiert zu entwickeln. Das beschriebene Instanziierungsbeispiel verdeutlicht, wie durch die Vernetzung von wirtschaftlichen und technologischen Ressourcen tragfähige Lösungsangebote im Untersuchungsgebiet geschaffen werden, die sich inhärent an den akteursbezogenen Gebrauchswerten orientieren. Das vorgestellte SoBM-Frameworks und das SoBM ‚Digitale Werbung beim Laden' stellt damit auch eine Formalisierung der Ergebnisse der Action Design Research dieser Arbeit dar. Die Evaluation des Modells zeigt auf, dass durch Verwendung eines einheitlichen Metamodells, von serviceorientierten Modellierungsprinzipien und der entwickelten Instrumente die Ausgestaltung von Geschäftsmodellen in digital transformierenden Ökosystemen erleichtert wird.

Durch die Verwendung des auf der SDlogic basierenden Service-Konzepts kann hierbei eine lose Kopplung und die Wiederverwendung von Systemelementen mit dem Ziel einer optimierten Gebrauchswert-Kreation erreicht werden. Diese Konzeption entspricht im besonderen Maße den abgeleiteten Charakteristika digitaler Artefakte und ermöglicht dahingehend eine an den Chancen digitaler Technologie ausgerichtete Transformation von Geschäftsmodellen.

5.4 Reflexion und Lernen

In der Phase des ‚Reflektieren und Lernens' werden die aus der Problemermittlung und der konkreten Lösungsfindung resultierenden Ergebnisse eines Action-Design-Research-Projekts verallgemeinert und auf eine erweiterte Klasse von Problemen übertragen (Sein et al. 2011, S. 44). Die hieraus resultierenden Erkenntnisse werden als Beiträge zur Wissensbasis im Weiteren dargestellt und waren die Basis für die Formalisierung der Ergebnisse der Action Design Research in Form des SoBM-Frameworks (siehe Kapitel 4).

5.4.1 Elektromobilität als ein Serviceökosystem

Das vorliegende Action-Design-Research-Projekt zielte in einem ersten Schritt darauf ab, die in der Literatur dokumentierten Charakteristika der Elektromobilität zu untersuchen und ein Erklärungsmuster zum Verständnis des Einflusses digitaler Technologie auf die Entwicklung von Geschäftsmodellen in diesem Anwendungsgebiet zu ermitteln. Unter anderem wurde dazu eine Analyse von Einflüssen digitaler Technologie auf die Entwicklungsmöglichkeiten und Zukunftsfähigkeit von Geschäftsmodellen sowie auf Spezifika des Untersuchungsgebiets Elektromobilität vorgenommen. Die Ergebnisse des Action-Design-Research-Projekts weisen hierbei zum einen darauf hin, dass die Betrachtung der Elektromobilität aus einer servicedominierten Perspektive als Serviceökosystem möglich und hilfreich ist, um die Ausgestaltung von Geschäftsmodellen ganzheitlich und netzwerk-orientiert durchführen zu können. Zum anderen wurde deutlich, dass die Entwicklungsmöglichkeiten von Geschäftsmodellen in erheblichem Maße von der Auswahl und Implementierung digitaler Technologien abhängen. In diesem Zuge konnten Anforderungen aus einer servicedominierten Betrachtungsweise mit Blick auf die Entwicklung von Geschäftsmodellen untersucht und festgehalten werden.

So wurde im erste Action-Design-Research-Zyklus durch die servicedominierte Ökosystemanalyse (Version Alpha) Systemelemente identifiziert, welche die Übernahme der Perspektive der SDlogic nahelegten. Insbesondere wurde die Existenz von passiven (z. B. Fahrzeuge, Ladestationen, Institutionen) und aktiven Ressourcen (z. B. digitaler Technologie, Know-how) festgestellt und konnte im Verständnis der SDlogic interpretiert werden. Dabei wurde im Zuge der Mehrperiodenbetrachtung eine zunehmende Bedeutung von digitaler Technologie (operanten Ressourcen) in der Wertkreation ermittelt. Nachdem zunächst ‚dumme' Ladestationen, die mit einem Schlüssel geöffnet wurden und über einfache Steckdosen verfügten, verwendet wurden, sind in der letzten Ausbaustufe informations- und kommunikationstechnologisch vernetzte Ladeinfrastrukturen im Einsatz, welche die Anzeige von Echtzeitinformationen und die Integration in E-Commerce-Anwendungen (z. B. paypal.com) ermöglichen. Letzteres gestattet die Abbildung von komplexen Leistungsbündeln zur Erfüllung von Nutzerbedürfnissen, die in der ersten Ausrollphase (2009) nicht bekannt und technisch realisierbar waren. Zunehmend wurde damit auch die Beschreibung von vernetzten Austauschprozessen heterogener Akteure notwendig. Die Tatsache, dass die Akteure diversen Sektoren entstammen, erhöhte aus Sicht der Industriepartner die Herausforderungen in der Gestaltung von Geschäftsmodellen. So konnten aufgrund der Akteurskonstellation Erwartungen von Marktpartnern, wie etwa Automobilherstellern, nicht abgeschätzt werden bzw. waren diese Erwartungen aus technischen oder ökonomischen Gründen nicht erfüllbar. Ursachen für die Fehleinschätzung sind u. a. in fehlerhaften Annahmen der Akteure bezüglich technischer und wirtschaftlicher Voraussetzungen zu sehen. Dies schlug sich auch darin nieder, dass Vereinbarungen über die Gestaltung der Austauschprozesse (im Sinne von Institutionen) erst entwickelt werden mussten. Hierbei wurde allerdings im Rahmen der Periodenbetrachtung konstatiert, dass zunehmend institutionelle Vereinbarung (bspw. die Normung der Ladestecker, Kommunikationsprotokolle, Verständnis über Aufgaben von Ladestationsbetreibern) durch Gremien und Marktakteure entwickelt werden konnten und eine verstärkte Verbreitung im Sinne der Institutionalisierung von ökonomischen Austauschprozessen stattfanden. In diesem Kontext zeigte sich auch, dass die Austauschprozesse inhärent auf relationalen Beziehungen der Akteure beruhen und nicht auf disjunkten Einzeltransaktionen. Zudem wurde deutlich, dass der Wert für den ‚Kunden' bzw. ‚Nutzer' von Elektrofahrzeugen vom jeweiligen Einsatzkontext und der Nutzerperspektive abhängt. Beispielsweise wird der Wertbeitrag aus den Systemdiensten des Fahrzeugs (‚zu- und abschaltbarer Lastträger') aus Perspektive eines Netzbetreibers anders bewertet als aus Perspektive des Nutzers eines Fahrzeugs. Hierbei hängen jedoch beide Betrachtungen reziprok von der Vereinbarung und Bereitschaft zur gemeinsamen Werterzeugung beider Akteure ab. Das Beispiel veranschaulicht hervorragend, dass die Ladung einer Fahrzeugbatterie von zwei (oder mehr) Perspektiven zu betrachten ist und dass Werterzeugung in der Elektromobilität durch reziproke Austauschprozesse gekennzeichnet ist. Hierbei hängt die Vitalität des Ökosystems – insbesondere mit Blick auf eine nachhaltige Integration des Energie- und Mobilitätssektors – von der Bereitschaft der Akteure zur Ausgestaltung einer gemeinsamen Wertkreation durch eine Integration ihrer Ressourcen ab.

Diese Erkenntnisse führten im Action-Design-Research-Projekt dazu, die Betrachtung von Services im Sinne der SDlogic in einem Service Layer in den Mittelpunkt der Betrachtung zu stellen. Von diesen ausgehend konnten Wertversprechen im Business Layer abgeleitet und rekonstruiert werden. Auch wurde durch die Abbildung von Services die Identifikation von immateriellen Leistungsbestandteilen in Wertversprechen vereinfacht. Services sind damit wesentliches Merkmal zur Beurteilung von möglichen Wertbeiträgen durch die Integration von Ressourcen in Austauschprozessen. Dies wurde anhand der Verbindung zu Applikationen auf dem Application Layer besonders deutlich.

Darüber hinaus zeigte sich, dass die Berücksichtigung des jeweiligen Betrachtungs- und Einsatzkontexts des Services für eine Entwicklung von Wertversprechen notwendig ist. Die differenten Systemelemente mussten hierbei jeweils aus Perspektive des Nutzers betrachtet werden, um den für ihn entstehenden Wert in der Nutzung ableiten zu können. Damit wurde bestätigt, dass eine Betrachtungsperspektive, die auf Produkte und Dienstleistungen (im Sinne von Ressourcen) abstellt, die notwendige Ermittlung von Werten für den Kunden (Nutzer) nicht erleichtert. Vielmehr sind eine Berücksichtigung des generellen Betrachtungskontexts sowie eine transzendierende Sicht über die Analyse von Services hilfreich gewesen. Durch diese prozessorientierte Betrachtungsweise, die auf die Integration von Ressourcen zur Werterzeugung abstellt und somit soziotechnische Aspekte berücksichtigt, lässt sich der Wertbeitrag für Kundenutzer leichter und zielgerichteter abbilden. Insofern stellt die Ermittlung von relevanten Ressourcen (z. B. das Elektroauto, die Traktionsbatterie, die Ladestation, des Energienetze, die Windkraftanlage) eine Vorstufe zur Betrachtung von Services dar, die durch die Integration dieser Ressourcen ermöglicht werden (z. B. nachhaltige Mobilität, Systemdienste im Netz durch Traktionsbatterien).

Ausgehend davon wurde ein mehrstufiger Prozess zur Identifikation von Wertversprechen angewendet: a) Abbildung der Systemelemente, b) Ableiten von Services, c) Ableitung des Wertbeitrags durch Services bei den Nutzern, d) Definition von Wertversprechen.

Insgesamt konnte für das Untersuchungsgebiet festgehalten werden, dass die Elemente Wertversprechen, Kontext, Austauschprozess (im Sinne von Service), Netzwerkakteure, Ressourcen und Institutionen zur Beschreibung des Ökosystems notwendig sind. Auch ließ sich – insbesondere aufgrund der Mehrperiodenbetrachtung – die Bedeutung von Institutionen und institutioneller Arbeit als gestaltende Aktivitäten der Marktakteure in der Entwicklung des Ökosystems bestätigen. Hierbei wurde eine hohe Dynamik des Ökosystems (im Vergleich zur Energiewirtschaft) durch die Industriepartner konstatiert und die Notwendigkeit, die eigenen Aktivitäten flexibel dem Marktumfeld anzupassen, als erfolgskritisch angesehen. Damit zeigte sich, dass die soziotechnische Betrachtungsweise der SDlogic für das Untersuchungsgebiet Anwendung finden kann.

Insbesondere vor dem Hintergrund der, über mehrere Sektoren hinweg stattfindenden, digitalen Transformation im Untersuchungsgebiet kann die SDlogic bei der Ausgestaltung ökonomischen Austauschs hilfreiche Gestaltungshinweise geben. So ist es möglich durch Betrachtung von operanden und operanten Ressourcen von der physischen oder digitalen Materialität einer Technologie zu transzendieren und so auf den eigentlichen Wertbeitrag im reziproken Serviceaustausch abzustellen. Insbesondere im Hinblick auf die gemeinsame Wertkreation als zentrale Basis des ökonomischen Austauschs kann in der Ausgestaltung von Geschäftsmodellen auf die Optimierung der Ressourcendichte eines Serviceökosystems durch das, von digitaler Technologie bereitgestellte, Potenzial zur Verbesserung der Wertkreation fokussiert werden. So kann eine serviceorientierte Modellierung von Wertversprechen, unabhängig von der Eigentümerschaft an Ressourcen, erfolgen. Die Realisierung von Vorteilen digitaler Technologie bleibt dabei nicht im klassischen Sinne auf Kunden beschränkt, sondern wird für das Serviceökosystem ganzheitlich erfasst. Damit gilt auch für die Elektromobilität, dass

> „market innovation and technological innovation not as separate sequential processes, but rather, view the innovation of both technology and markets as occurring through a single, ongoing process of institutionalization. In this view, value co-

creation and innovation occur through institutional, combinatorial evolution in a massively collaborative, ongoing creation of new institutional arrangements" (Vargo et al. 2015, S. 70).

Insbesondere in der Durchführung des zweiten Action-Design-Research-Zyklus zeigte sich allerdings ebenfalls, dass die Übertragung der paradigmatischen Sichtweise der SDlogic zunächst für die Teilnehmer aus der Industrie schwierig gewesen ist. Hier bewährte sich die Verwendung von konkreten Beispielen und Anpassung der akademischen Begrifflichkeiten hin zu Definitionen und Begriffen des täglichen Gebrauchs[58].

5.4.2 Digitale Technologie und ihre Wirkung auf Serviceökosysteme

Neben der grundsätzlichen Möglichkeit, das Ökosystem Elektromobilität aus Perspektive der SDlogic zu betrachten und die hierfür notwendigen Elemente systematisch zu erfassen, wurde im Action-Design-Research-Projekt untersucht, welche Wirkung digitale Technologie und ihre Einführung auf ein Serviceökosystem und Geschäftsmodelle hat. Die Erkenntnisse, beispielsweise aus den servicedominierten Ökosystemanalysen, weisen auf eine hohe Anzahl technologischer Artefakte in der Elektromobilität hin, die über einen hohen Anteil digitaler und digital vernetzter Bestandteile verfügen. Da diese im Ökosystem Elektromobilität zudem über Ökosysteme hinweg vernetzt werden, kann von einer digitalen Kopplung der Sektoren Mobilität und Energie in der Elektromobilität gesprochen werden. Dies hat Auswirkungen auf die Ausgestaltung von Geschäftsmodellen, wie die weiteren Ausführungen verdeutlichen.

Die Mehrperiodenbetrachtung der Geschäftsmodellentwicklung bei der VKW seit 2009 hat beispielsweise gezeigt, dass sich die Ladeinfrastruktur zunächst mit keinen oder kaum digitalen Anteilen[59], zu einer vollständig vernetzten, an digitalen Markplätzen, Navigationssysteme in Fahrzeugen und Energiemanagement-System angebundenen Ladeinfrastruktur entwickelt hat.

Im Zuge des ersten Action-Design-Research-Zyklus wurden mithilfe der LMA-Analyse Kenntnisse zur Digitalisierung und ihrer Auswirkung auf die Entwicklung

---

[58] So diente ein einführender Vortragsteil mit einer Illustration eines Fahrzeugs und des kontextuellen Gebrauchswerts im Vergleich zum Austauschwert und der Nutzung von passiven (operanden) und aktiven (operanten) Ressourcen zur Verdeutlichung der Grundideen der SDlogic. Unter anderem wurde auch Abbildung 40 verwendet, um den Teilnehmern die Entstehung eines Serviceökosystems anhand eines konkreten Beispiels zu verdeutlichen.
[59] So waren Ladestationen in der ersten Ausbaustufe lediglich Steckdosen, die in einem mit einem Schlüssel verschließbaren Metallkasten untergebracht waren. Die Pflege von Ladestationsverzeichnissen erfolgte manuell über eine Webseite.

von Geschäftsmodellen gewonnen. Durch Einsatz dieser Methode ließ sich zum einen das Potenzial digitaler Technologie in Geschäftsmodellen strukturiert und nachvollziehbar ermitteln. Hierbei wurde digitale Technologie als Komposition von materiellen und immateriellen Systemelementen modelliert und das Potenzial aus i. d. R. immateriellen und informationsbezogenen Wertbeiträgen abgeleitet. So wurde Ladeinfrastruktur als Komposition von u. a. Ladesteckern, Ladestation, Kommunikationseinrichtungen, Managementsystemen, Geo-Informations-Systemen, Abrechnungssystemen und Verbrauchsdaten verstanden. Ausgehend von Elementen der servicedominierten Ökosystemanalyse konnten so beispielsweise Servicebestandteile durch die Strukturierung in den Ebenen der LMA direkt in die Geschäftsmodelle als Applikation und Service überführt werden. Hiermit konnte u. a. die Bedeutung von Geopositionen von Ladeinfrastruktur in Navigationsgeräten für den Nutzer von Elektrofahrzeugen als Informationsdienst mit Wert für den Nutzer identifiziert werden. Abbildung 44 gibt eine Übersicht zu den identifizierten Zuordnungen in Wertkreation und Wertaneignung aus Perspektive eines Ladestationsbetreibers.

Neben diesen Potenzialen wurde zum anderen ausgehend von dieser Analyse auf Basis der Mehrperiodenbetrachtung der Geschäftsmodelle der VKW (2009-2015) fünf generische Geschäftsmodelltypen abgeleitet und mit Blick auf die Wirkung digitaler Transformation analysiert (siehe hieraus ausführlich bei Pfeiffer und Jarke 2017, S. 33 ff.). Es zeigte sich, dass grundlegende Serviceversprechen durch alle Geschäftsmodellansätze erfüllt werden können. Allerdings steigt durch die Verwendung digitalisierter EVSE-Geräte nicht nur die Qualität der angebotenen Services im Hinblick auf Verfügbarkeiten und Ausfallzeiten. Es werden auch zusätzliche Mehrwertservices (z. B. Echtzeit-Geoinformation, Einbindung von E-Commerce-Anwendung) sowie die Abbildung von kundenspezifischen Zahlungs- und Vertragsmodellen möglich. Diese Effekte sind ceteris paribus begleitet von höherem CAPEX für Investitionen in digitale Technologie (EVSE und IT-Backend-Systeme). Weiterhin kann durch die Implementierung von EVSE-Typ 4 und höherer Technologie ein niedrigerer OPEX durch digital optimierte manuelle Prozesse, z. B. durch vorbeugende Wartung oder Fernunterstützung, erreicht werden.

business model	simple	simple+	medium	high	high+
charge point technology	Type 1	Type 2	Type 3	Type 4	Type 5
ict application	www	www	www, CPMngmt	www, EVSE mngmt, intraconnected, dsm	www, EVSE mngmt, interconnected, dsm

value creation							
physical service	charging	+	+	+	++	+++
	charging type 2 & CCS	-	+	+	++	+++
	EVSE deployment	+++	+++	+++	+++	+++
	maintenance	+	+	+	++	+++
	customer handling	+	+	+	++	+++
ICT related basic services	geo-Information	+	+	+	+	+++
	digital authorization	-	-	+	++	+++
	webservice Interaction	-	-	-	+	+++
	digital guided maintenance	-	-	-/+	++	+++
	reservation	-	-	-	+	++
	market place connectivity	-	-	-	-	+++
	real time Info (CP/ charging)	-	-	+	+	+
ICT related comfort services	payment model flexibility	-	-	+	++	+++
	legal informational require.	-	-	+	+	+++
	remote control	-	-	+	+	+++
	dynamic pricing	-	-	-	+	+++
	smart grid integration	-	-	-	+	+++
	demand side mngmt	-	-	-	+	+++
	V2G	-	-	+	+	+++
	seamless customer handling	-	-	+	++	+++

value capture							
	revenue model	flat	flat	flat, usage-based	flat, usage-based	flat, usage-based, direct, 3rd-party
	revenue model flexibility	low	low	medium	high	high
	business scaleability	low	low	low	medium	high
	business scopeability	close	close	medium	medium	high
	CAPEX (EVSE / location / ICT)	-/-/-	+/-/-	+/-/+	+/-/+	+/-/++
	OPEX (EVSE / location / ICT)	+/+/-	+/+/-	+/+/+	-/-/+	-/-/+

+ fulfillment
++ 3rd party no direct interaction
+++ direct handling 3rd party

inflexibility of business model → integrativity
fulfillment of customers needs

Abbildung 44: Digitale Technologie und ihre Wirkung in Geschäftsmodellen
Quelle: Pfeiffer und Jarke 2017, S. 34

Die Analyse verdeutlicht in Verbindung mit den Erfahrungen der Industriepartner, dass beispielsweise höhere Investitionen in digitale EVSE-Technologie und IT-Backend-Systeme durch die Minimierung von manuellen Services (Betrieb und Wartung) erheblich kompensiert werden können. Neben den eben erwähnten Werten im Kontext des Nutzers aufgrund von Qualitäts- und Flexibilitätsverbesserungen können durch Einführung digitaler Technologien weitere Vorteile generiert werden. So werden eine höhere Flexibilität des Umsatzmodells (z. B. nutzungsbasierte Tarife, Geoinformationsdienste für Dritte), eine höhere Skalierbarkeit des Geschäftsmodells sowie der Einsatz von Geschäftsmodell-Komponenten in angrenzenden Einsatzfeldern bzw. Ökosystemen möglich. Es bietet sich also die Möglichkeit Services von Geschäftsmodellen der Elektromobilität, im Verkehrs- und Energiemarkt anzubieten. Dies bestätigt die Annahme, dass aufgrund der digitalen Natur Produkt- und Dienstleistungsgrenzen transzendieren (Yoo et al. 2010a, S. 728 ff.). Im vorgestellten Fall ermöglichen zum Beispiel ‚EVSE Typ 5' (‚Ladesystem')-Möglichkeiten, für Produkt- und Dienstleistungsinnovationen, z. B. durch die Förderung von Dienstleistungen im Energie- und Transportsystem (z. B. Informationsdienste in Form von Echtzeit-Navigationsinformationen und Smart-Grid-Diensten in Form von abschaltbaren Lasten). Die späteren Stadien der Entwicklung von ‚Typ-5 – Technologie' ermöglichen eine Bereicherung der ‚EMSP'-Geschäftsmodelle durch die Förderung neuer Services auf der Basis bereits bestehender Technologie in diesem Bereich.

Die Untersuchungergebnisse belegen, dass digitale Technologie, die auf den Prinzipien einer LMA beruht, die Erweiterbarkeit und Anpassungsfähigkeit von Geschäftsmodellen positiv unterstützt. So weisen die Analysen digitaler Technologie in der Elektromobilität und der Mehrperiodenvergleiche von Geschäftsmodell-Varianten bei Industriepartnern nach, dass durch lose Kopplung, modulare sowie granulare Strukturen eine flexible und dynamische Einbindung in Geschäftsmodellerweiterungen – auch in neuen Anwendungsgebieten – ermöglichen. Durch Einbindung der digitalen Serviceebene in die Geschäftsmodellentwicklung können daher Potenziale digitaler Technologien leichter identifizierbar und strukturiert einbindbar gemacht werden. Hierdurch lassen sich für bereits identifizierte Kundenbedürfnisse Lösungen erleichtert finden (z. B. ‚Ist die Ladestation, die sich mir zur Verfügung stellt, verfügbar?', ‚Ich möchte eine ‚pay-as-you-go'-Bezahlung vornehmen und wünsche daher keine vertragliche Dauerverbindung mit einem Anbieter!'). Zudem können aber auch neue Bedürfnisse von Kunden, bspw. in anderen Anwendungsdomänen, erkannt und durch Rekombination von Services gelöst werden (z. B. ‚Energiepreisoptimierung durch energiemarktoptimierte Aufladung').

Darüber hinaus weisen die Untersuchungsergebnisse darauf hin, dass die digitale Transformationsfähigkeit von Geschäftsmodellen auf der Architektur der akteursübergreifenden eingesetzten digitalen Technologien und ihrer soziotechnischen Integrationsfähigkeit in den reziproken Serviceaustausch beruht. So zeigt eine Analyse von Einsatzmöglichkeiten von Ladeinfrastruktur der Typen 1 bis 3 und die mit ihr verbundene geringe Transformationsfähigkeit der Geschäftsmodelle, dass eine Erweiterung der Geschäftsaktivitäten aufgrund der Architektur der digitalen Technologie von hohen zusätzlichen Aufwendungen und damit verbundenen zeitlichen Einschränkungen begleitet wird. Beispielsweise musste von einer kurzfristigen Erweiterung und Verbesserung von Wertversprechen gegenüber den Kunden abgesehen werden, da die technologische Architektur kein digital-unterstütztes Servicepotenzial auswies. So waren eine Echtzeit-Statusanzeige von Ladestationsdaten und die von Kunden geforderte Umstellung von pauschalen auf leistungsabhängige Preismodelle aufgrund der Notwendigkeit eines flächendeckenden und aufwendigen kompletten Hardwaretauschs nicht umsetzbar. Die Verwendung von vernetzten und lose gekoppelten Komponenten hätte hier eine deutlich günstigere und schnellere Anpassung des Angebots ermöglicht. Der Einsatz vernetzter, digitaler Technologie beispielsweise durch die Möglichkeit zur nachträglichen, rein softwareseitigen Veränderung von Services hätte eine höhere Markteintrittsgeschwindigkeit (engl. time-to-market) für Geschäftsmodell-Erweiterungen bedeutet und dergestalt eine digitale Transformation von Geschäftsmodellen nachhaltig zu vereinfacht.

Im Zuge der Analyse wurde jedoch auch deutlich, dass das Vorhandensein und die Fähigkeit zur Nutzung von digitaler Technologie aufseiten von Austauschpartnern für die erfolgreiche Umsetzung von Geschäftsmodellen von Bedeutung sind. So ist bei der Ausgestaltung von Geschäftsmodellen zu berücksichtigen, welche technologischen Ressourcen aufseiten der Austauschpartner vorhanden sind und dass die Bereitschaft und Fähigkeiten besteht, diese einzusetzen. So erfordern beispielsweise Geschäftsmodelle, die auf eine Bezahlung mit Onlinedirektbezahldiensten setzen, dass Kunden ein onlinefähiges Smartphone besitzen. Zudem müssen sie bereit sein, die Kommunikationskosten zu tragen und die Fähigkeit besitzen, die Applikation auf dem Smartphone zu nutzen.

5.4.3 Geschäftsmodellentwicklung in digital transformierenden Serviceökosystemen

Neben der Analyse des Ökosystems Elektromobilität aus Perspektive der SDlogic und der Rolle von digitaler Technologie in Geschäftsmodellen stellte die Entwicklung sowie Erprobung eines Geschäftsmodell-Frameworks zur Ausgestaltung von Geschäftsmodellen den dritten und zentralen Schwerpunkt des Action-Design-Research-Projekts dar.

Bereits in der Vorbereitung des ersten Action-Design-Research-Zyklus ist auf Grundlage vorhandenen Erfahrungswissens und des Stands der wissenschaftlichen Diskussion deutlich geworden, dass aufgrund des hohen digitalen Anteils im Untersuchungsgebiet und der Notwendigkeit einer netzwerk- und serviceorientierten Betrachtung die Anwendung der klassischen ‚Business Model Canvas (BMC)'-Frameworks nicht ausreichen würde (siehe Kapitel 3). So lässt sich die Elektromobilität als ein Ökosystem, das von einem hohen Anteil digitaler und immaterieller Leistungsbestandteile gekennzeichnet ist, beschreiben. Die Wertkreation findet in Akteursnetzwerken statt und basiert auf dem wechselseitig abhängigen Austausch von Services. Dieser findet durch die Integration von eigenen und fremden Ressourcen statt.

Im Verlauf des ersten Action-Design-Research-Zyklus (Modellierung Phase I) zeigte sich, dass die Erarbeitung des ‚Enhanced Business Model Canvas' für das Produktportfolio 2015 aufgrund des inhaltlichen und methodischen Vorwissens der Teilnehmer sowie durch Einführung der servicedominierten Ökosystemanalyse zielorientiert und ohne größere Probleme durchgeführt werden konnte. Mithilfe der Ökosystemanalyse konnte das vorhandene Vorwissen abgeglichen und ein gemeinsames Verständnis für Begrifflichkeiten und Zusammenhänge im Untersuchungsgebiet geschaffen werden. Zudem konnten die Methoden durch Aufnahme eines Ist-Zustands leicht erlernt und direkt angewendet werden. Im zweiten Action-Design-Research-Zyklus wurden mit dem gleichen Vorgehen ebenfalls gute Ergebnisse erzielt, sodass zum einen empfohlen wird, die Methoden des SoBM-Frameworks zunächst in einem vertrauten Umfeld zu nutzen. Zum anderen wurde aufbauend auf den Erfahrungen des ersten Zyklus das Framework um ein Vorgehensmodell zur Geschäftsmodellentwicklung erweitert. Ausgehend von den Erfahrungen wurde zudem die Verwendung eines Metamodells der Geschäftsmodellelemente entschieden, um die Verknüpfung der Methoden im Sinne der Weiterverwendung von Teilergebnissen sicherzustellen. Gleichzeitig zeigte sich, dass mithilfe des Metamodells eine gemeinsame Wissensbasis dokumentiert und weiterentwickelt werden kann.

Die Ergebnisse der Action Design Research haben gezeigt, dass eine umfassende und strukturierte Beschreibung der Systemelemente im Vorlauf zu einer Geschäftsmodellentwicklung erforderlich ist. Die in Ansätzen entwickelte servicedominierte Ökosystemanalyse scheint hierzu ein probates Mittel darzustellen. Die Fundierung dieser Methode auf dem Metamodell SoBM und Einführung der Betrachtungsebenen half dabei, die Weiterverwendung und Ergänzung in der Geschäftsmodellentwicklung mit einer Nomenklatur und einer Systematisierung im Sinne einer komplexitätsreduzierenden Strukturierung zu verbessern.

Die Anwendung der servicedominierten LMA-Analyse bewährt sich in zweierlei Hinsicht für die Entwicklung von Geschäftsmodellen. So kann zum einen der mögliche Wertbeitrag von digitaler Technologie strukturiert und systematisch auf der Serviceebene ermittelt werden. Zum anderen kann sie angewandt werden, um zu zeigen, wie digitale Technologie, die in der servicedominierten Ökosystemanalyse identifiziert wird, in einem Ökosystem durch ihren Einsatz Wirkung entfaltet und Wertbeiträge für Geschäftsmodelle liefern kann. Hierbei wurde festgestellt, dass die Übernahme der Prinzipien Modularität, Granularität und ‚lose Kopplung' (wie sie sich u. a. auch in der LMA wiederfinden) die Entwicklung von Geschäftsmodellen durch Optionen zur Realisierung von generativen Lösungen unterstützen können.

Da in der digitalen Transformation – und unter Einnahme der Perspektive der SDlogic – im Allgemeinen die Entwicklung von institutionalisierten Marktlösungen sowohl von technologischer als auch von marktseitiger kombinatorischer Evolution ausgeht (siehe hierzu im Detail Kapitel 2), erscheint die Übernahme dieser Prinzipien auf die Geschäftsmodellentwicklung stimmig. Gleichwohl führt diese Annahme in ihrer Konsequenz auch dazu, dass digital transformierende Geschäftsmodelle ebenfalls die spezifischen Eigenschaften einer digitalen Natur aufweisen. Entsprechend sind sie von einer nachträglichen Veränderbarkeit, Interaktivität, Offenheit und einem Netzwerkcharakter geprägt. Eben genau diese Eigenschaften können für Geschäftsmodell Typ 5 nachgewiesen werden, sofern die Architektur durch eine konsequente Serviceorientierung, also beispielsweise einer Entkoppelung der Komponenten, Flexibilität, Dynamik sowie Berücksichtigung des Netzwerkcharakters der gemeinsamen Wertkreation, diese Generativität unterstützt (Pfeiffer und Jarke 2017).

Damit sind, in Übereinstimmung mit der aus der Literatur erarbeiteten Natur des Digitalen, Flexibilität, ‚lose Kopplung' von Elementen, Granularität und Modularität wichtige Schlüsselkonzepte, die in die Gestaltung von Geschäftsmodellen einfließen müssen. So lässt die Anwendung der ebenenbezogenen Entwicklung und Darstellung der Geschäftsmodelle der VKW in Verbindung mit der Berücksichtigung der Erkenntnisse aus der servicedominierten LMA-Analyse eine Bestätigung von Annahmen der der SDlogic zu. Die Ausgestaltung von Wertversprechen als modulare und granulare Plattform für den reziproken Serviceaustausch in Ökosystemen (Lusch und Nambisan 2015, S. 166 f.) erscheint aufgrund der erleichterten Integration digitaler Servicepotenziale, insbesondere bei der Betrachtung digital transformierender Ökosysteme, vorteilhaft zu sein.

Ein modulares und granulares Design sowie die ‚lose Kopplung' der Ebenen des ‚Enhanced Business Model Canvas' erlauben es, Leistungsangebote in der Kombination existierender Ressourcen und Praktiken konzeptionell einheitlich zu gestalten. Dies wurde eindrucksvoll am Beispiel @VKW 2015+ als Weiterentwicklung von @VKW 2015 sowie in der Entwicklung von @VKW 2009 auf @VKW 2015 nachgewiesen. Es zeigte sich aber auch, dass eine Erweiterung des Ansatzes durch eine akteursübergreifende Berücksichtigung von Kombinationsmöglichkeiten erforderlich ist. Hierdurch können die Voraussetzungen bei Austauschpartnern (ähnlich wie in der servicedominierten Ökosystemanalyse ermittelt) im Rahmen der Geschäftsmodellentwicklung bereits berücksichtigt werden. Dies ermöglicht neben der Prüfung der Umsetzbarkeit bereits während der Erstellung von Geschäftsmodellen die Identifikation von weiteren kombinatorischen Weiterentwicklungsmöglichkeiten. Diese Erkenntnisse wurden in die Entwicklung des SoBM-Frameworks überführt und um eine Komplexitätsreduktion durch Betrachtung von Teilaspekten in lose gekoppelten Ebenen erweitert.

So erlaubt das SoBM und die Durchführung der SoBM-Analyse die notwendige Fokussierung auf Teilaspekte der Geschäftsmodellentwicklung beispielsweise durch Betrachtung der Wertversprechen und ihrer korrespondierenden kontextuellen Gebrauchswerte bei Partnern. Gleichwohl kann aber auch eine Gesamtbetrachtung des Geschäftsmodells und seiner Abhängigkeiten ebenen- und sichtenübergreifend vorgenommen werden. Hierbei hat sich die sichtenbezogene Betrachtung als hilfreich erwiesen, da sie der netzwerk-orientierten und interdependenten Struktur digital transformierender Ökosysteme gerecht wird.

Hiermit wird das SoBM-Framework insgesamt der Notwendigkeit gerecht, eine flexible und dynamische Integrierbarkeit der Ressourcen durch eine modulare und granulare Architektur des SoBM zu gewährleisten. Flexibilität bezieht sich hierbei auf die Möglichkeit neue Ressourcenkombinationen möglichst zeitnah und mit möglichst geringen Änderungen an den Ressourcen und institutionellen Rahmenbedingungen vornehmen zu können. Die Dynamik stellt darauf ab, dass neue Ressourcenkombinationen nicht nur flexibel ermöglicht werden, sondern auch dynamisch aus anderen Kontexten (fremde Ressourcen anderer Akteuren, anderen Ökosystemen) aufgrund bspw. der Verwendung von gemeinsamer institutioneller Vereinbarung (z. B. Kommunikationsstandards) eingebunden werden können.

Aufgrund der Übernahme einer mit der LMA kompatiblen Architektur ermöglicht der SoBM die Integration digitaler Ressourcen in Geschäftsmodelle. Durch Verwendung eines gemeinsamen Metamodells und durch Übersetzung der ‚digitalen Abstraktionsschicht' in die Serviceebene lassen sich im SoBM Wertkreationen mit optimierter Ressourcendichte entwickeln. Die Liquifikation und/oder Entbündelung von Ressourcen lässt sich hierbei über die Schichten- und Sichtenbildung in die Geschäftsmodellentwicklung einbinden. Gleichzeitig werden so generative Elemente digitaler Technologien über die Serviceebene identifizier- und nutzbar. In ihrer Einbindung in Geschäftsmodelle können sie dann ihre Wirkung in wirtschaftlichen Austauschprozessen entfalten und darüber hinaus einen neuen Grad an Flexibilität und Dynamik im Gesamtsystem erzeugen.

Neben der Verwendung eines Vorgehensmodells, eines einheitlichen Metamodells und der darauf aufbauenden schichten- und sichtenbezogenen Architektur des SoBM wurde das Paradigma der SOA in Form von Modellierungsprinzipien in die Geschäftsmodellentwicklung überführt. Zum einen sind dies praxiserprobte Designprinzipien, die als Richtlinien zur Analyse, Entwicklung und Ausführung von Geschäftsmodellen in digital transformierten Ökosystemen verwendet werden können. Zum anderen liegt der SDlogic und dem SOA-Konzept eine gemeinsame serviceorientierte Denkweise zugrunde, die sowohl aus architektonischen als auch funktionalen Gründen die Entwicklung von Geschäftsmodellen mit einem hohen digitalen Anteil unterstützen.

Im zweiten Action-Design-Research-Zyklus konnte durch konsequente Anwendung der ausgewählten Designprinzipien die Umsetzung einer serviceorientierten, bedarfsorientierten und modularen Gestaltung von Geschäftsmodellen in einem komplexen, vernetzten, technologieorientierten Umfeldern nachweislich unterstützt werden. So konnte das Metamodell entlang des Vorgehensmodells mit allen relevanten Informationen befüllt werden. Neben der Wiederverwendbarkeit von Teilergebnissen wird dabei durch Anwendung der Richtlinien ebenfalls die Anpassungsfähigkeit des SoBM sichergestellt. Dies beruht u. a. darauf, dass die Integration von vor allem auf digitalen Ressourcen beruhenden Services transparent und aufgrund der strukturellen Kompatibilität nachvollziehbar ermöglicht wird. Durch Anwendung der ausgewählten Gestaltungsprinzipien der SOA, denen die Modularität und Granularität von Servicesystemen zugrunde liegen, erfahren Eigenschaften digitaler Artefakte (Interaktivität, Interoperabilität, Vernetzung, leichte Kombinierbarkeit) nicht erst in der Umsetzung digitaler Technologien Berücksichtigung, sondern werden zu einem frühen Zeitpunkt in die Konzeption von Problemlösungen einbezogen. Gleichzeitig bietet die Anwendung der Prinzipien die Voraussetzung für eine flexible und dynamische Überführung von Anforderungen in die Realisierung von Informationssystemen während der Geschäftsmodellimplementierung[60]. Weiterhin bietet die Anwendung der Prinzipien die Möglichkeit, die gemeinsame Wertkreation in Netzwerkpartnerschaft durch die Identifikation und Einbindung von einheitlich beschriebenen Serviceangeboten der Netzwerkpartner zu optimieren. Letztlich führen die Richtlinien dazu, dass durch hohe Wiederverwendbarkeit von Services und die modulare Systemgestaltung das Management und damit die (Weiter-)Entwicklung von Geschäftsmodellen, beispielsweise über Systemgrenzen hinweg, vereinfacht wird. Insgesamt zeigen die Ergebnisse des Action Design Research, dass die Anwendung des serviceorientierten Paradigmas der Informatik in der Geschäftsmodellentwicklung möglich ist und dabei hilft, Komplexität der Systemgestaltung zu reduzieren sowie die Flexibilität und Dynamik in der Ausgestaltung von Geschäftsmodellen zu erhöhen.

---

[60] Die Überführung in die Implementierung- und den Betriebsphase ist nicht Gegenstand dieser Arbeit, sondern wurde als ein zukünftiges Forschungsgebiet identifiziert.

6 Schlussbetrachtung

Dieses Kapitel inkludiert eine Zusammenfassung der Ergebnisse dieser Arbeit, an die sich die, insbesondere mit dem Forschungsansatz verbundenen, Limitationen anschließen. Die Arbeit endet mit einem Ausblick auf weitere relevante Forschungsaspekte, die sich im Zusammenhang mit der Forschungsfragestellung und den gesammelten Erkenntnissen in der Entwicklung von Geschäftsmodellen in digital transformierenden Serviceökosystemen ergeben haben.

Die praktische und wissenschaftliche Beschäftigung mit Geschäftsmodellen im Serviceökosystem Elektromobilität hat gezeigt, dass die Ausgestaltung unternehmerischer Aktivitäten in diesem Umfeld von einer hohen Akteursvielfalt, einer bisher nicht ausreichend definierten, interdependenten und komplementären Wertschöpfungsarchitektur sowie einem hohen Anteil immaterieller und digitalisierter Artefakte geprägt ist (siehe Kapitel 5). Dies macht das Serviceökosystem Elektromobilität zu einem idealen Untersuchungsgebiet für Fragestellungen rund um die Entwicklung von Geschäftsmodellen in einer digital-vernetzten physischen Welt. Ausgehend von der identifizierten Problemstellung rund um die Entwicklung von Geschäftsmodellen wurde mit dem SoBM-Framework ein Managementinstrument praxisnah entwickelt und erprobt. Dieses Framework berücksichtigt die, sich aus einer digital transformierenden Ökosystem ergebenden, Anforderungen an die Entwicklung von Geschäftsmodellen. Hierzu greift es mit der SDlogic auf ein mentales Modell und mit den Prinzipien der SOA auf erprobte Gestaltungsleitlinien zurück, die idealerweise die Abbildung der digitalen Natur in der Geschäftsmodellentwicklung ermöglichen. Zudem gestattet das SoBM-Framework eine flexible und dynamische Entwicklung von Geschäftsmodellen unter Berücksichtigung der erforderlichen netzwerkbezogenen und ganzheitlichen Sichtweise auf den ökonomischen Austausch in einer digital transformierenden Welt.

Zur Erzielung dieser zentralen Ergebnisse wurde der Betrachtungsfokus in der vorliegenden Arbeit auf die Rolle der digitalen Technologie für die Ausgestaltung von Geschäftsmodellen in der Elektromobilität ausgerichtet und in einem Action-Design-Research-Projekt praxisnah untersucht (Kapitel 5). Es zeigte sich, dass der Einsatz von digitaler Technologie insbesondere dann positiven Einfluss auf die Entwicklungsmöglichkeiten und Anpassungsfähigkeit von Geschäftsmodellen hat, wenn digitale Technologie gemäß einer LMA konzipiert und in Geschäftsmodellen verwendet wird.

Gleichzeitig konnte auf Basis der vorhandenen Literatur und am Beispiel der Elektromobilität gezeigt werden, dass für die Ausgestaltung und Umsetzung von unternehmerischen Aktivitäten in digital transformierenden Ökosystemen keine geeigneten Managementinstrumente i. S. v. Geschäftsmodell-Frameworks existieren. Unter Rückgriff auf die Perspektive der SDlogic wurden diese Erkenntnisse verallgemeinert. Hierbei konnten zentrale Anforderungen an ein Managementinstrument zur Gestaltung von Geschäftsmodellen in drei Bereichen formuliert werden. Erstens betrafen diese die zu beschreibenden Systemelemente und ihre Beziehungen zueinander. Zweitens die strukturellen und funktionalen Eigenschaften eines solchen Instruments. Unter Rückgriff auf den Stand der Geschäftsmodellforschung wurden zudem die notwendigen Komponenten eines vollständigen Geschäftsmodell-Frameworks identifiziert. Der Abgleich mit existierenden Geschäftsmodell-Frameworks bestätigte die Existenz einer Forschungslücke.

Unter Einbezug des Geschäftsmodellkonzepts, das als Mittler zwischen technologischer Innovation und ökonomischem Erfolg verstanden wird, wurde daher mit dem SoBM-Framework ein anforderungsgerechtes Managementinstrumentarium entwickelt.

Das auf der paradigmatischen Sichtweise der SDlogic beruhende Framework umfasst ein Metamodell, das die Elemente eines Geschäftsmodells und deren Beziehung zueinander beschreibt. Daneben umfasst es ein Vorgehensmodell und die notwendigen Methoden und Instrumente, um existierende Geschäftsmodelle zu verbessern und neue Geschäftsmodelle zu entwickeln. Um die Umsetzung einer serviceorientierten Geschäftsmodellentwicklung zu gewährleisten, wurde das Framework zudem um Prinzipien der Modellierung erweitert. Diese wurden dem Paradigma der SOA entlehnt und gewährleisten eine modulare, serviceorientierte und am geschäftlichen Bedarf orientierte Modellierung von Geschäftsmodellen über Serviceökosystemgrenzen hinweg.

Im Gegensatz zu existierenden Vorschlägen beruht das SoBM-Framework damit auf einem Metamodell der SDlogic und repräsentiert in seiner Umsetzung ein servicedominiertes Verständnis der kooperativen Entwicklung von Geschäftsmodellen: die institutionelle Arbeit. Unter anderem wird durch die Aufnahme von serviceorientierten Modellierungsprinzipien zudem eine auf die digitale Transformation abgestellte Entwicklung von Geschäftsmodellen unterstützt. Im Kern orientiert sich das SoBM-Framework an dem Grundsatz, Geschäftsmodelle als Serviceplattformen für die gemeinschaftliche Wertkreation zu konzipieren (Lusch und Nambisan 2015, S. 166 f.). Die gewählten Methoden und Instrumente, aber insbesondere auch die Modellierungsprinzipien sind darauf ausgerichtet, ebendiese Konzeption zu ermöglichen. Die SoBM-Analyse berücksichtigt dabei mit ihrer modularen und am Geschäftsbedarf orientierten, granularen Entwicklung von Geschäftsmodellen in den SoBM-Ebenen (Geschäft, Service, Ressource) und SoBM-Akteurssichten alle Anforderungen an die Entwicklung von Geschäftsmodellen in netzwerk-, informations-

und serviceorientierten Ökosystemen. Insbesondere durch die transzendierende Betrachtung von digitaler Technologie und die durch sie bereitgestellten Potenziale für den Serviceaustausch erlaubt der Ansatz eine zeitgemäße Modellierung von Geschäftsmodellen in einer digital-vernetzten physischen Welt.

Das Framework basiert in Teilen aus Vorschlägen der bestehenden Literatur und wurde zudem empirisch durch die Action Design Research in mehreren Zyklen praxisnah entwickelt. Im rekursiven Verfahren der Design-Science Research wurden Zwischenergebnisse der Forschungstätigkeit wissenschaftlich publiziert und auf wissenschaftlichen Kongressen sowie Tagungen mit hohem Praktikeranteil präsentiert und diskutiert. Durch Einzelgespräche und Gruppendiskussionen mit Gesprächspartnern aus Wissenschaft und Praxis wurde das Framework schließlich verifiziert und optimiert. Obwohl das Framework damit sowohl die vorhandene Literatur aus der Geschäftsmodellforschung und der – zugegebenermaßen – noch jungen SDlogic berücksichtigt, wird nicht der Anspruch erhoben, dass sinnvolle Anpassungen und Erweiterungen am Konzept nicht möglich wären. Vielmehr sind die entwickelten Methoden und Instrumente als Vorschläge zu verstehen, die im Rahmen des Praxiseinsatzes, aber auch der wissenschaftlichen Forschung weiter verbessert werden sollten.

6.1 Wissenschaftlicher Beitrag

Der zentrale wissenschaftliche Beitrag dieser gestaltungsorientierten Arbeit besteht in der Übertragung der paradigmatischen Sichtweise der SDlogic auf das Konzept von Geschäftsmodellen sowie der Bereitstellung von prädiktivem Designwissen zur Gestaltung von Geschäftsmodellen in digital transformierenden Serviceökosystemen. Damit leistet die Arbeit einen Beitrag dahingehend, die konzeptionelle Lücke zwischen dem theoretischen Konstrukt der SDlogic und ihrer praxisorientierten Operationalisierung zu schließen (Vargo und Lusch 2017, S. 50). Das an der Schnittstelle zwischen Strategie und operativer Praxis eingesetzte Managementinstrument wurde nicht nur auf einem Metamodell in der SDlogic fundiert, sondern es wurde auch um Prinzipien des SOA-Paradigmas ergänzt, um mit einem Regelwerk zur Konstruktion von Geschäftsmodell-Komponenten eine serviceorientierte Modellierung von Geschäftsmodellen in digital transformierenden Ökosystemen zu gewährleisten. Diese Überführung von bewährten Konzepten der Wirtschaftsinformatik in die Geschäftsmodellentwicklung bildet den zweiten wissenschaftlichen Beitrag der vorliegenden Arbeit. Als dritten Beitrag liefert das SoBM-Framework Methoden und Instrumente zur Identifikation und Konzeption von Wertbeitragspotenzialen digitaler Technologie auf Basis des Konzeptes LMA. Durch Aufnahme dieser Potenziale in die servicedominierte Ökosystemanalyse könnten sie dergestalt modelliert werden, dass eine kontextbezogene Übertragung in Gebrauchswerte für verschiedene Akteursgruppen möglich ist.

Insgesamt liefert das SoBM-Framework damit einen auf der SDlogic fundierten service-, netzwerk- und informationsorientierten Ansatz zur Entwicklung von Geschäftsmodellen.

Als vierten und letzten wissenschaftlichen Beitrag präsentiert die Arbeit Beiträge in der Wissensdomäne Elektromobilität. So wurden in den Action-Design-Research-Zyklen wichtige Erkenntnisse über die Marktentwicklung sowie Geschäftsmodell-Potenziale durch die Digitalisierung der Ladeinfrastruktur gewonnen. Das Instanziierungsbeispiel in Kapitel 5.3.3 kann hierbei als Geschäftsmodell der Elektromobilität beschrieben werden, das mit sehr geringem Aufwand und gegen null strebenden Grenzkosten als Beispiel für ein digitales Geschäftsmodell der Elektromobilität herangezogen werden kann.

6.2 Praktischer Beitrag

Für Praktiker stellt das Geschäftsmodell-Framework eine Sammlung von Methoden und Werkzeug für die Beschreibung, Analyse und Implementierung von Geschäftsmodellen bereit. Als Geschäftsmodell-Framework bietet es nicht nur eine Darstellungsform zur Beschreibung von Geschäftsmodellen, sondern mit einem Vorgehensmodell und konkreten Instrumenten zur Entwicklung der notwendigen Wissensbasis in einer Domäne ein praxisorientiertes Umsetzungsinstrument. Da die Geschäftsmodellentwicklung mit dem SoBM-Framework eine Erweiterung um eine serviceorientierte Konzeption der Geschäftstätigkeit erfährt, erhalten Praktiker ein Managementinstrument, das Analyse, Konzeption und Management von Geschäftsmodellen in komplexen, netzwerk- und informationsorientierten Serviceökosystemen unterstützt. So erlaubt die servicedominierte LMA-Analyse beispielsweise bereits während der Geschäftsmodellentwicklung die Abbildung des möglichen Wertbeitrags digitaler Technologien in der Service-Bereitstellung. Die servicedominierte Ökosystemanalyse gestattet darüber hinaus eine umfassende und unternehmensübergreifende Sicht auf die Wertschöpfungslogik. Dies erleichtert auch Diskussionen innerhalb möglicher Partnerschaften: erstens, weil eine gemeinsame Weltanschauung erarbeitet werden kann. Zweitens, weil unterschiedliche Dienstleistungsbeschreibungen für alle relevanten Aspekte dargestellt werden und drittens, weil diese Beschreibungen modular und granular sind. Daher können Information abstrahiert – beispielsweise nur über die Geschäftsschicht – bereitgestellt werden. Hierdurch kann in ersten Diskussionen mit möglichen Partnern ein Überblick über mögliche Formen der Zusammenarbeit (z. B. über Wertversprechen) vermittelt werden, ohne einen potenziellen Konkurrenten vollständig informieren zu müssen.

6.3 Limitationen und Forschungsausblick

Die vorliegende Arbeit basiert im Wesentlichen auf Erkenntnissen und Annahmen der SDlogic und der Geschäftsmodellforschung. Insofern muss angemerkt werden, dass der wissenschaftliche und praktische Diskurs zu beiden Konzepten noch nicht als abgeschlossen betrachtet werden kann. Infolgedessen basiert das Framework zum einen auf einer Arbeitsdefinition des Geschäftsmodellkonzepts, die ein häufig verwendetes Verständnis widerspiegelt, jedoch aufgrund des Forschungsstands eben nicht als allgemein akzeptiert bezeichnet werden kann. Daher wurde eine abstrakte und generische Definition (Fielt 2013, S. 92) gewählt, die sich leicht für den serviceorientierten Kontext und die Verwendung innerhalb dieser Arbeit anpassen ließ. Auch wurde eine Repräsentationsform gewählt, die bewusst ganzheitlich orientiert ist und eine abstrakte Darstellung von Geschäftsmodellen mit seinen Elementen und deren Beziehungen zueinander ermöglicht. Dergestalt wurde bewusst eine Perspektive gewählt, die eher erklärt, wie ein Unternehmen Wert schafft und erfasst (Chesbrough und Rosenbloom 2002; Osterwalder 2004; Zott et al. 2011), als dass der Prozess des Wertaustauschs abgebildet wird (wie beispielsweise bei Gordijn 2002; de Kinderen und Gordijn 2008).

Weiter ist die Verallgemeinerbarkeit der Erkenntnisse durch die Tatsache begrenzt, dass sie zunächst nur auf Action-Design-Research-Zyklen in den Bereichen Elektromobilität basieren. Diese zeichnen sich durch eine spezifische Marktsituation aus. Insofern können Rückschlüsse auf die Geschäftsmodellierung in anderen Anwendungsfeldern begrenzt sein. Jedoch wurden im Zuge von Expertengesprächen Erweiterungs- und Anpassungsmöglichkeiten beispielsweise in den Themenfeldern Smart Home sowie Fashion Management eingehend diskutiert. Eine Erweiterung des empirischen Umfangs ist daher, z. B. durch weitere Expertengespräche und die Einbeziehung einer höheren Anzahl von Fallstudien möglich. Die bereits offengelegten beruflichen Vorerfahrungen und das Vorverständnis des Autors in der Elektromobilität können zudem eine subjektive Prägung bezüglich der gewonnenen Erfahrungen bzw. eine Einschränkung hinsichtlich der objektiv erzielbaren Ergebnisse durch die Geschäftsmodellierungen im SoBM-Framework nach sich ziehen.

Darüber hinaus hat die gewählte Betrachtungsperspektive der SDlogic noch nicht den Zustand einer Theorie erreicht und befindet sich in einem Weiterentwicklungsprozess (Vargo und Lusch 2016, Vargo und Lusch 2017). Dies hat auch Auswirkungen auf die in dieser Arbeit betrachtete Diskussion des Geschäftsmodellkonzepts in der SDlogic. Insbesondere die neueren Diskussionen im Kontext der Institutionalisierung von Marktlösungen (u. a. bei Wieland et al. 2016) üben wesentlichen Einfluss auf die Ausgestaltung des SoBM-Frameworks aus. Insofern leistet das Framework einen Beitrag, der auf einem noch nicht als abgeschlossen zu betrachtenden Forschungsgebiet geleistet worden ist. Darüber hinaus wurden die Action-Design-Research-Zyklen jeweils nur bis zur Definition eines Geschäftsmodells durchgeführt. Daher können keine Aussagen über den tatsächlichen Erfolg der Geschäftsmodelle und die von der entwickelten Wissensbasis ausgehenden Weiterentwicklungen getroffen werden. So ist im Verständnis der vorliegenden Arbeit die Entwicklung von Geschäftsmodellen ein kontinuierlicher Prozess, der mithilfe des Frameworks begleitet wird. Ebendiese Entwicklung wurde jedoch nicht abschließend durchgeführt, da die Geschäftsmodelle nicht bis in die Überführung in die Implementierungsphase begleitet wurden. Die Verwendung eines SoBM und der weiteren Instrumente im Sinne der kontinuierlichen Weiterentwicklung von Geschäftsmodellen sollte daher in weiteren Forschungsarbeiten Erkenntnisse über die Vorteile der Frameworks für die Geschäftsmodellentwicklung in Unternehmen liefern. Auch konnte das Framework bisher nicht in seinem Einsatz mit Partnerunternehmen (Kunden, Zulieferern) analysiert werden. Auch hieraus könnten weitere Erkenntnisse zur Einsetzbarkeit des SoBM-Frameworks im Rahmen einer kooperativen Geschäftsmodellentwicklung gewonnen werden.

7 Anhang

7.1 Literaturverzeichnis

Abdelkafi et al. 2013	Abdelkafi, N., Makhotin, S., & Posselt, T. (2013): Business model innovations for electric mobility—what can be learned from existing business model patterns?. International Journal of Innovation Management, 17(01), 1340003.
Agsten 2011	M. Agsten (2011). Einfluss gesteuerten Ladens von Elektrofahrzeugen auf die Netzbetriebsführung bei volatilerWindeinspeisung. Ilmenau University of Technology.
Ahrend 2002	Ahrend, C. (2002): Mobilitätsstrategien zehnjähriger Jungen und Mädchen als Grundlage städtischer Verkehrsplanung. Waxmann. Münster/New York/München/Berlin.
Ahrend 2016	Ahrend, K. M. (2016): Geschäftsmodell Nachhaltigkeit: Ökologische und soziale Innovationen als unternehmerische Chance. Springer-Verlag.
Akaka und Vargo 2014	Akaka, M. A., & Vargo, S. L. (2014): Technology as an operant resource in service (eco) systems. Information Systems and e-Business Management, 12(3), S. 367-384.
Akram 2013	Akram, A. (2013): The Influence of Generativity on Value Creation – A Study of Digitized Products. Accepted for IADIS International Conference on Information Systems, March 2015, Madeira, Portugal.
Akram 2016	Akram, A. (2016): Value Network Transformation–Digital Service Innovation in the Vehicle Industry.
Al-Debei und Avison 2010	Al-Debei, M., Avison, D. (2010): Developing a unified framework of the business model concept. European Journal of Information Systems 19, S. 359-376.
Ardolino et al. 2016	Ardolino, M., Saccani, N., Gaiardelli, P., & Rapaccini, M. (2016): Exploring the key enabling role of digital technologies for PSS offerings. Procedia CIRP, 47, S. 561-566.
Arnould et al. 2006	Arnould, E., Price, L., Malshe, A. (2006): Toward a Cultural Resource-Based Theory of the Customer, in: Lusch, R. und Vargo, S. (Hrsg.): The Service-Dominant Logic of Marketing. Dialog, Debate, and Directions, Armonk, New York, S. 91-104.
Arthur 2009	Arthur, W. B. (2009): The nature of technology: What it is and how it evolves. Simon and Schuster.
Augenstein 2015	Augenstein, A. (2015): E-Mobility as a Sustainable System Innovation. Insights from a Captured Niche. Dissertationsschrift in der Schriftenreihe der Reiner-Lemoine-Stiftung. Aachen: Shaker.
Aversa et al. 2015	Aversa, P., Haefliger, S., Rossi, A., & Baden-Fuller, C. (2015): From Business Model to Business Modelling: Modularity and Manipulation. In:

	Business models and modelling (S. 151-185): Emerald Group Publishing Limited.
Barile et al. 2016	Barile, S., Lusch, R., Reynoso, J., Saviano, M., & Spohrer, J. (2016): Systems, networks, and ecosystems in service research. Journal of Service Management, 27(4), S. 652-674.
Barney 1991	Barney, J. (1991). Firm resources and sustained competitive advantage. Journal of management, 17(1), S. 99-120.
Barrett et al. 2015	Barrett, M., Davidson, E., Prabhu, J., & Vargo, S. L. (2015): Service innovation in the digital age: key contributions and future directions. MIS quarterly, 39(1), S. 135-154.
Becker 2011	Becker, A. (2011): Nutzenpotenziale und Herausforderungen serviceorientierter Architekturen. Gabler Verlag/Springer Fachmedien Wiesbaden GmbH, Wiesbaden.
Berman 2012	Berman (2012): „Digital transformation: opportunities to create new business models", Strategy & Leadership, Vol. 40 Iss 2, S. 16-24.
Bettencourt et al. 2014	Bettencourt, L.A., Lusch, R.F. & Vargo, S.L. (2014): A Service Lens on Value Creation: Marketing's Role in Achieving Strategic Advantage, in: California Management Review, Vol. 57 (1), S. 44-66.
Bharadwaj et al. 2013	Bharadwaj, A., El Sawy, O. A., Pavlou, P. A., & Venkatraman, N. (2013): Digital business strategy: toward a next generation of insights. Mis Quarterly, 37(2), S. 471-482.
Bieger et al. 2011	Bieger, T., zu Knyphausen-Aufseß, D., & Krys, C. (Herausgeber). (2011): Innovative Geschäftsmodelle. Springer-Verlag.
Blank 2013	Blank, S. (2013): Why the lean start-up changes everything. Harvard business review, 91(5), S. 63-72.
Böhmann et al. 2014	Böhmann, T., Leimeister, J. M., & Möslein, K. (2014): Service-Systems-Engineering. Wirtschaftsinformatik, 56(2), S. 83-90.
Bohnsack et al. 2014	Bohnsack, R., Pinkse, J., & Kolk, A. (2014): Business models for sustainable technologies: Exploring business model evolution in the case of electric vehicles. Research Policy, 43(2), S. 284-300.
Boland et al. 2007	Boland Jr, R. J., Lyytinen, K., & Yoo, Y. (2007): Wakes of innovation in project networks: The case of digital 3-D representations in architecture, engineering, and construction. Organization Science, 18(4), S. 631-647.
Borges et al. 2004	Borges, B., Holley, K., Arsanjani, A. (2004): Service-Oriented Architecture Components and modeling can make the difference, http://webservices.sys-con.com/read/46175.htm. Letzter Abruf: 17.11.2017.
Bounfour 2016	Bounfour, A. (2016): Digital Futures, Digital Transformation.

Brand et al. 2015	Brand, A., Iacob, M. E., & van Sinderen, M. J. (2015, May): Interoperability architecture for electric mobility. In: International IFIP Working Conference on Enterprise Interoperability. S. 126-140. Springer Berlin Heidelberg.
Breidbach und Maglio 2015	Breidbach, C. F., & Maglio, P. P. (2015, May): A service science perspective on the role of ICT in service innovation. In: Proceedings of the 23rd European Conference on Information Systems (ECIS).
Brent 2007	Brent, R. J. (2007): Applied cost-benefit analysis. Edward Elgar Publishing.
Bresnahan und Trajetenberg 1995	Bresnahan, T. F., & Trajtenberg, M. (1995): General purpose technologies 'Engines of growth'?. Journal of econometrics, 65(1), S. 83-108.
Brown et al. 2002	Brown, A., Johnston, S., & Kelly, K. (2002): Using service-oriented architecture and component-based development to build web service applications. Rational Software Corporation (6).
Bruhn und Hadwich 2016	Bruhn, M., & Hadwich, K. (Eds.) (2016): Servicetransformation: Entwicklung vom Produktanbieter zum Dienstleistungsunternehmen. Forum Dienstleistungsmanagement. Springer-Verlag.
Brynjolfsson und McAfee 2014	Brynjolfsson, E., & McAfee, A. (2014): The second machine age: Work, progress, and prosperity in a time of brilliant technologies. WW Norton & Company.
Burkhart et al. 2011	Burkhart, T., Krumeich, J., Werth, D., & Loos, P. (2011): Analyzing the business model concept—a comprehensive classification of literature.
Busse et al. 2014	Busse, S., Runge, S., Jagstaidt, U., & Kolbe, L. M. (2014): An ecosystem overview and taxonomy of electric vehicle specific services. MKWI Tagungsband, S. 908-920.
Canzler und Knie 1998	Canzler, W., & Knie, A. (1998): Möglichkeitsräume: Grundrisse einer modernen Mobilitäts- und Verkehrspolitik. Böhlau Verlag Wien.
Canzler und Knie 2011	Canzler, W., & Knie, A. (2011): Einfach aufladen. Neue Beweglichkeit durch Elektromobilität. München.
Cardoso et al. 2014	Cardoso, J., Lopes, R., & Poels, G. (2014): Service Systems-Concepts, Modeling, and Programming (S. 1-91). Springer
Caridà et al. 2017	Caridà, A., Melia, M., & Colurcio, M. (2017): Business Model Design and Value Co-creation: Looking for a New Pattern. In: Innovating in Practice, S. 339-361. Springer International Publishing.
Chandler und Vargo 2011	Chandler, J. D., & Vargo, S. L. (2011): Contextualization and value-in-context: How context frames exchange. Marketing theory, 11(1), S. 35-49.
Chen 2008	Chen, H. M. (2008): Towards service engineering: service orientation and business-IT alignment. In: Hawaii International Conference on System Sciences, Proceedings of the 41st Annual, S. 114-114. IEEE.

Chen 2011	Chen, H. (2011): Design science, grand challenges, and societal impacts. ACM Transactions on Management Information Systems (TMIS), 2(1).
Chesbrough 2006	Chesbrough, H. W. (2006): Open innovation: The new imperative for creating and profiting from technology. Harvard Business Press.
Chesbrough und Rosenbloom 2002	Chesbrough, H., Rosenbloom, R.S. (2002): The role of the business model in capturing value from innovation: evidence from Xerox Corporation's technology spin-off companies. Industrial and corporate change 11, S. 529-555.
Clauß et al. 2014	Clauß, T., Laudien, S. M., & Daxböck, B. (2014): Service-dominant logic and the business model concept: toward a conceptual integration. International Journal of Entrepreneurship and Innovation Management, 18(4), S. 266-288.
Curedale 2013	Curedale, R. (2013): Design thinking: process and methods manual. Design Community College.
Daxböck 2013	Daxböck, B. (2013): Value Co-Creation as Precondition for the Development of a Service Business Model Canvas. Studia Universitatis Babes-Bolyai, Negotia, 58(4), S. 23-51.
De Kinderen und Gordijn 2008	De Kinderen, S., & Gordijn, J. (2008): E3-Service-A Model-Based Approach for Generating Needs-Driven E-Service Bundles in a Networked Enterprise. In ECIS. S. 350-361.
Ebel und Leimeister 2016	Ebel, P., & Leimeister, J. M. (2016): Gemeinschaftliche Geschäftsmodellentwicklung – Wie in heterogenen Teams innovative Geschäftsmodelle geschaffen werden können. In: Innovieren im demografischen Wandel (S. 99-125). Springer Fachmedien Wiesbaden.
Edvardsson et al. 2014	Edvardsson, B., Kleinaltenkamp, M., Tronvoll, B., McHugh, P., & Windahl, C. (2014): Institutional logics matter when coordinating resource integration. Marketing Theory, 14(3), S. 291-309.
Erl 2008	Erl, T. (2008): SOA-Studentenausgabe: Entwurfsprinzipien für serviceorientierte Architektur. Pearson Deutschland GmbH.
Faulkner und Runde 2013	Faulkner, P., & Runde, J. (2013): Technological objects, social positions, and the transformational model of social activity. Mis Quarterly, 37(3), S. 803-818.
Fielt 2011	Fielt, E. (2011): Business service management: understanding business models.
Fielt 2012	Fielt, E. (2012): A 'service logic' rationale for business model innovation. EURAM Annual Conference 2012. Rotterdam.
Fielt 2013	Fielt, E. (2013): Conceptualising business models: Definitions, frameworks and classifications. Journal of Business Models, 1(1), S. 85-105.
Finger und Razaghi 2017	Finger, M., & Razaghi, M. (2017). Conceptualizing "Smart Cities". Informatik-Spektrum, 40(1), S. 6-13.

Flügge 2016	Flügge, B. (Ed.) (2016): Smart Mobility: Trends, Konzepte, Best Practices für die intelligente Mobilität. Springer-Verlag.
Fluhr 2014	Fluhr, J. (2014): Beschreibung und Gestaltung eines Informationssystems zur Integration von Elektrofahrzeugen in das Stromversorgungssystem. Apprimus Verlag.
Fritz 2004	Fritz, F.-J. (2004): An Introduction to the Principles of Enterprise Services Architecture (ESA). SAPInsider April-June 2004.
Frow et al. 2014	Frow, P., McColl-Kennedy, J. R., Hilton, T., Davidson, A., Payne, A., & Brozovic, D. (2014): Value propositions A service ecosystems perspective. Marketing Theory, 1470593114534346.
Frow et al. 2015	Frow, P., Nenonen, S., Payne, A., & Storbacka, K. (2015): Managing Co-creation Design: A Strategic Approach to Innovation. British Journal of Management, 26(3), 463-483.
Frow und Payne 2011	Frow, P., & Payne, A. (2011): A stakeholder perspective of the value proposition concept. European journal of marketing, 45(1/2), 223-240.
Gabler 2017	Wirtschaftslexikon, G.: http://wirtschaftslexikon.gabler.de. Letzter Abruf am 18.11.2017
Gassmann et al. 2013	Gassmann, O., Csik, M., & Frankenberger, K. (2013a): Geschäftsmodelle entwickeln: 55 innovative Konzepte mit dem St. Galler Business Model Navigator. München: Hanser.
Gassmann et al. 2014	Gassmann, O., Frankenberger, K., & Csik, M. (2014): The business model navigator: 55 models that will revolutionise your business. Pearson UK.
Göcke 2016	Göcke, L. (2016): Geschäftsmodellentwicklung im Spannungsfeld multinationaler Unternehmen: Fallstudie zur Elektromobilität in der Automobilindustrie. Springer-Verlag.
Gordijn 2002	Gordijn, J. (2002): E-Business ontology. Free University of Amsterdam, Holanda.
Gordijn et al. 2000	Gordijn, J., Akkermans, H., Vliet, H.V. (2000): What's in an Electronic Business Model?. In: Knowledge Engineering and Knowledge Management – Methods, Models, and Tools, 12th International Conference, Springer-Verlag. Springer, S. 257-273.
Gordijn et al. 2005	Gordijn, J., Osterwalder, A., & Pigneur, Y. (2005): Comparing two business model ontologies for designing e-business models and value constellations. BLED 2005 Proceedings, 15.
Gordijn und Akkermanns 2003	Gordijn, J., & Akkermans, J. M. (2003): Value-based requirements engineering: exploring innovative e-commerce ideas. Requirements engineering, 8(2), S. 114-134.
Greer et al. 2016	Greer, C. R., Lusch, R. F., & Vargo, S. L. (2016): A service perspective. Organizational Dynamics, 1(45), S. 28-38.

Gregor 2006	Gregor, S. (2006): The nature of theory in information systems. MIS quarterly, S. 611-642.
Gregor und Hevner 2013	Gregor, S., & Hevner, A. R. (2013): Positioning and Presenting Design Science Research for Maximum Impact. MIS quarterly, 37(2), 337-355.
Gregor und Jones 2007	Gregor, S., & Jones, D. (2007): "The Anatomy of a Design Theory," Journal of the Association for Information Systems (8:5), S. 312–335.
Grönroos 1978	Grönroos, C. (1978): *The Nature of Service Marketing*. Swedish School of Economics and Business Administration.
Grönroos 1997	Grönroos, C. (1997): „Keynote paper From marketing mix to relationship marketing - towards a paradigm shift in marketing", Management Decision, Vol. 35 Issue: 4, S. 322-339,
Grönroos 2006	Grönroos, C. (2006): Adopting a service logic for marketing. Marketing theory, 6(3), S. 317-333.
Gummerson und Grönroos 2012	Gummesson, E., & Grönroos, C. (2012): The emergence of the new service marketing: Nordic School perspectives. Journal of Service Management, 23(4), S. 479-497.
Haase und Kleinaltenkamp 2011	Haase, M., & Kleinaltenkamp, M. (2011): Property rights design and market process: Implications for market theory, marketing theory, and SD Logic. Journal of Macromarketing, 31(2), S. 148-159.
Hakanen und Murtonen 2015	Hakanen, T., & Murtonen, M. (2015): Service Business Model Canvas: A Boundary Object Operating as a Business Development Tool. World Academy of Science, Engineering and Technology, International Journal of Social, Behavioral, Educational, Economic, Business and Industrial Engineering, 9(8), S. 2687-2692.
Hanelt et al. 2015a	Hanelt, A., Nastjuk, I., Krüp, H., Eisel, M., Ebermann, C., Brauer, B., ... & Kolbe, L. M. (2015): Disruption on the Way? The Role of Mobile Applications for Electric Vehicle Diffusion. In: Wirtschaftsinformatik, S. 1023-1037.
Hanelt et al. 2015b	Hanelt, A., Piccinini, E., Gregory, R. W., Hildebrandt, B., & Kolbe, L. M. (2015): Digital Transformation of Primarily Physical Industries-Exploring the Impact of Digital Trends on Business Models of Automobile Manufacturers.
Havey 2005	Havey, M. (2005): Essential business process modeling. „O'Reilly Media, Inc.".
Hennings und Linssen 2015	Hennings, W., & Linssen, J. (2015): Elektromobilität. In: Energietechnologien der Zukunft (S. 447-473). Springer Fachmedien Wiesbaden.
Herterich et al. 2016	Herterich, M. M., Buehnen, T., Uebernickel, F., & Brenner, W. (2016, January): A Taxonomy of Industrial Service Systems Enabled by Digital Product Innovation. In: 2016 49th Hawaii International Conference on System Sciences (HICSS), S. 1236-1245. IEEE.
Herterich und	Herterich, M. M., & Mikusz, M. (2016): Looking for a few good concepts and theories for digitized artifacts and digital innovation in a material

Mikusz 2016	world. Conference: International Conference on Information Systems (ICIS), At Dublin, Ireland, Volume: Proceedings of the 37th International Conference on Information Systems
Hess et al. 2006	Hess, A., Humm, B., Voß, M.: Regeln für serviceorientierte Architekturen hoher Qualität. Informatik Spektrum Heft 6/2006, Springer Verlag. Dezember 2006, S. 395-411.
Heutschi 2007	Heutschi, R. (2007): Prinzipien serviceorientierter Architekturen. Serviceorientierte Architektur: Architekturprinzipien und Umsetzung in die Praxis, S. 21-62.
Hevner et al. 2004	Hevner, Alan R.; March, Salvatore T.; Park, Jinsoo; Ram, Sudha: Design Science in Information Systems Research. In: MIS Quarterly 28 (2004) 1, S. 75-105.
Hildebrandt et al. 2015	Hildebrandt, B., Hanelt, A., Piccinini, E., Kolbe, L., & Nierobisch, T. (2015): The Value of IS in Business Model Innovation for Sustainable Mobility Services-The Case of Carsharing. In: Wirtschaftsinformatik, S. 1008-1022.
Høyer 2008	Høyer, K. G. (2008): The history of alternative fuels in transportation: The case of electric and hybrid cars. Utilities Policy, 16(2), S. 63-71.
Huang und Choi 2015	Huang, S., & Choi, C. (2015, November): Review of Service Dominant Logic in Service Management Research. In INTERNATIONAL INTERDISCIPLINARY BUSINESS-ECONOMICS ADVANCEMENT CONFERENCE, S. 34.
Hunt 2002	Hunt, S. D. (2002): Marketing as a profession: on closing stakeholder gaps. European Journal of Marketing, 36(3), S. 305-312.
Iansiti und Lakhani 2014	Iansiti, M., & Lakhani, K. R. (2014): Digital Ubiquity: How Connections, Sensors, and Data Are Revolutionizing Business (Digest Summary). Harvard Business Review, 92(11), 91-99.
Jacob et al. 2013	Jacob F., Bruns K., Sievert J. (2013): Value in Context – Eine ressourcendynamische Perspektive. In: Schmitz G. (Eds.) Theorie und Praxis des Dienstleistungsmarketing. Fokus Dienstleistungsmarketing. Springer Gabler, Wiesbaden
Joachim 2012	Joachim, N. (2012): Service-Oriented Architecture (SOA): An Empirical Evaluation of Characteristics, Adoption Determinants, Governance Mechanisms, and Business Impact in the German Service Industry.
Johnson und Suskewicz 2009	Johnson, M. W., & Suskewicz, J. (2009). How to jump-start the clean economy. Harvard business review, 87(11), S. 52-60.
Kallinikos et al. 2013	Kallinikos, J., Aaltonen, A., & Marton, A. (2013): The ambivalent ontology of digital artifacts. Mis Quarterly, 37(2), S. 357-370.
Kane et al. 2016	Kane, G.C. (2016): Predicting the Future: How to Engage in Really Long-Term Strategic Digital Planning. http://sloanreview.mit.edu/article/

	predicting-the-future-how-to-engage-in-really-long-term-strategic-digital-planning.
Keichel und Schwedes 2013	Keichel, M., & Schwedes, O. (Eds.) (2013): Das Elektroauto: Mobilität im Umbruch. Springer-Verlag.
Kirsch 1997	Kirsch, W. (1997): Strategisches Management Unternehmen: die geplante Evolution von Unternehmen.
Kjellberg et al. 2012	Kjellberg, H., Storbacka, K., Akaka, M., Chandler, J., Finch, J., Lindeman, S., ... & Nenonen, S. (2012): Market futures/future markets: Research directions in the study of markets. Marketing theory, 12(2), S. 219-223.
Kjellberg et al. 2015	Kjellberg, H., Azimont, F., & Reid, E. (2015): Market innovation processes: Balancing stability and change. Industrial Marketing Management, 44, S. 4-12.
Kjellberg und Helgesson 2006	Kjellberg, H., & Helgesson, C. F. (2006): Multiple versions of markets: Multiplicity and performativity in market practice. Industrial Marketing Management, 35(7), S. 839-855.
Kjellberg und Helgesson 2007	Kjellberg, H., & Helgesson, C. F. (2007): On the nature of markets and their practices. Marketing theory, 7(2), S. 137-162.
Kleinaltenkamp 2016	Kleinaltenkamp, M. (2016): A. 1.3 Dienstleistungsmanagement und Service-dominant Logic. In: Handbuch Dienstleistungsmanagement, S. 45-67.
Kleinaltenkamp et al. 2012	Kleinaltenkamp, M., Brodie, R. J., Frow, P., Hughes, T., Peters, L. D., & Woratschek, H. (2012): Resource integration. Marketing Theory, 12(2), S. 201-205.
Kley 2011	Kley, F (2011): Neue Geschäftsmodelle zur Ladeinfrastruktur. Working paper sustainability andinnovation, No S5/2011. https://www.econstor.eu/dspace/bitstream/10419/48664/1/664238092.pdf. Abgerufen am 06.03.2013.
Kley et al. 2011	Kley, F., Lerch, C., & Dallinger, D. (2011): New business models for electric cars—A holistic approach. Energy Policy, 39(6), S. 3392-3403.
Klör et al. 2014	Klör, B., Bräuer, S., Beverungen, D., & Matzner, M. (2014): IT-basierte Dienstleistungen für die Elektromobilität-Konzeptioneller Rahmen und Literaturanalyse.
Kotler 1977	Kotler, P. (1977): Marketing Management: Analysis, planning, implementation and control (3rd ed.) Upper Saddle River, NJ: Prentice Hall.
Kuechler und Vaishnavi 2012	Kuechler, W., & Vaishnavi, V. (2012): A framework for theory development in design science research: multiple perspectives. Journal of the Association for Information systems, 13(6), S. 395-423.
Kuehl et al. 2015	Kuehl, N., Walk, J., Stryja, C., & Satzger, G. (2015): Towards a serviceoriented business model framework for e-mobility. In: Proceedings of the European Battery, Hybrid and Fuel Cell Electric Vehicle Congress, Brussels, Belgium.

Lawrence et al. 2009	Lawrence, T. B., Suddaby, R., & Leca, B. (Eds.). (2009): Institutional work: Actors and agency in institutional studies of organizations. Cambridge university press.
Lindgren et al. 2004	Lindgren, R., Henfridsson, O., & Schultze, U. (2004): Design principles for competence management systems: a synthesis of an action research study. MIS quarterly, S. 435-472.
Löbler 2016	Löbler, H. (2016). A. 1.6 Die Dienstleistung der Natur und die Natur der Dienstleistung. In: Handbuch Dienstleistungsmanagement, S. 95-120.
Lovelock und Gummesson 2004	Lovelock, C., & Gummesson, E. (2004): Whither services marketing? In search of a new paradigm and fresh perspectives. Journal of service research, 7(1), S. 20-41.
Lucas et al. 2013	Lucas, H. C., Agarwal, R., Clemons, E. K., El Sawy, O. A., & Weber, B. (2013) : Impactful research on transformational information technology: An opportunity to inform new audiences. Mis Quarterly, 37(2), S. 371-382.
Lusch et al. 2007	Lusch, R. F., Vargo, S. L., & O'Brien, M. (2007): Competing through service: Insights from service-dominant logic. Journal of retailing, 83(1), S. 5-18.
Lusch et al. 2010	Lusch, R. F., Vargo, S. L., & Tanniru, M. (2010): Service, value networks and learning. Journal of the academy of marketing science, 38(1), S. 19-31.
Lusch et al. 2016	Lusch, R. F., Vargo, S. L., & Gustafsson, A. (2016): Fostering a trans-disciplinary perspectives of service ecosystems. Journal of Business Research, 69(8), S. 2957-2963.
Lusch und Nambisan 2015	Lusch, R. F., & Nambisan, S. (2015): Service Innovation: A Service-Dominant Logic Perspective. Mis Quarterly, 39(1), S. 155-175.
Lusch und Vargo 2006	Lusch, R. F., & Vargo, S. L. (2006) : Service-dominant logic: reactions, reflections and refinements. Marketing theory, 6(3), S. 281-288.
Lusch und Vargo 2014	Lusch, R. F., Vargo, S.L. (2014): Service-dominant Logic: Premises, Perspectives, Possibilities, Cambridge.
Lyytinen und Yoo 2002	Lyytinen, K., & Yoo, Y. (2002): Ubiquitous computing. Communications of the ACM, 45(12), S. 63-96.
Maglio und Spohrer 2008	Maglio, P. P., & Spohrer, J. (2008): Fundamentals of service science. Journal of the academy of marketing science, 36(1), S. 18-20.
Marks und Bell 2008	Marks, E. A., & Bell, M. (2008) : Service Oriented Architecture (SOA): a planning and implementation guide for business and technology. John Wiley & Sons.
Markus et al. 2002	Markus, M. L., Majchrzak, A., & Gasser, L. (2002):"A Design Theory for Systems that Support Emergent Knowledge Processes," MIS Quarterly (26:3), S. 179-212.

Masak 2007	Masak, D. (2007): SOA?: Serviceorientierung in Business und Software. Springer-Verlag.
Maurya 2012	Maurya, A. (2012): Why lean canvas vs business model canvas. Available in: http://practicetrumpstheory.com/why-leancanvas. Letzter Abruf: 17.11.2017
McGrath 2010	McGrath, R. G. (2010): Business models: A discovery driven approach. Long range planning, 43(2), S. 247-261.
Metzger et al. 2016	Metzger, J., Kraemer, N., & Terzidis, O. (2016). A Systematic Approach to Business Modeling Based on the Value Delivery Modeling Language. In Complexity in Entrepreneurship, Innovation and Technology Research, Springer International Publishing. S. 245-266.
Möller 2008	Moeller, S. (2008) : Customer integration—a key to an implementation perspective of service provision. In: Journal of Service Research, 11(2), S. 197-210.
Morris et al. 2005	Morris, M., Schindehutte, M., & Allen, J. (2005): The entrepreneur's business model: toward a unified perspective. Journal of business research, 58(6), S. 726-735.
Nenonen und Storbacka 2010	Nenonen, S., & Storbacka, K. (2010): Business model design: conceptualizing networked value co-creation. International Journal of Quality and Service Sciences, 2(1), S. 43-59.
Normann 2001	Normann, R. (2001): Reframing business: When the map changes the landscape. John Wiley & Sons.
Normann und Ramirez 1993	Normann, R., & Ramirez, R. (1993): From value chain to value constellation: Designing interactive strategy. Harvard business review, 71(4), S. 65-77.
Nykvist und Whitmarsh 2008	Nykvist, B., & Whitmarsh, L. (2008): A multi-level analysis of sustainable mobility transitions: Niche development in the UK and Sweden. Technological forecasting and social change, 75(9), S. 1373-1387.
Ojasalo und Ojasalo 2015a	Ojasalo, J., & Ojasalo, K. Using Service Logic Business Model Canvas in Lean Service Development. http://www.naplesforumonservice.it/uploads/files/jukka.pdf letzter Abruf: 18.11.2017.
Ojasalo und Ojasalo 2015b	Ojasalo, K., & Ojasalo, J. (2015): Adapting business model thinking to service logic: an empirical study on developing a service design tool. THE NORDIC SCHOOL, 309.
Orlikowski 1992	Orlikowski, W. J. (1992) : The duality of technology: Rethinking the concept of technology in organizations. Organization science, 3(3), S. 398-427.
Österle et al. 2011	Österle, H., Becker, J., Frank, U., Hess, T., Karagiannis, D., Krcmar, H., ... & Sinz, E. J. (2011): Memorandum on design-oriented information systems research. European Journal of Information Systems, 20(1), S. 7-10.

Osterwalder 2004	Osterwalder, A. (2004): The business model ontology: A proposition in a design science approach. Academic Dissertation, Universite de Lausanne, Ecole des Hautes Etudes Commerciales 2.
Osterwalder et al. 2005	Osterwalder, A., Pigneur, Y., & Tucci, C. L. (2005). Clarifying business models: Origins, present, and future of the concept. Communications of the association for Information Systems, 16(1). S. 1-40.
Osterwalder und Pigneur 2010	Osterwalder, A., Pigneur, Y. (2010): Business Model Generation: A Handbook for Visionaries, Game Changers, and Challengers. John Wiley & Sons.
Ostrom et al. 2015	Ostrom, A. L., Parasuraman, A., Bowen, D. E., Patricio, L., & Voss, C. A. (2015): Service research priorities in a rapidly changing context. In: Journal of Service Research, 18(2), S. 127-159.
Papazoglou 2003	Papazoglou, M. P. (2003): Service-oriented computing: Concepts, characteristics and directions. In Web Information Systems Engineering, 2003. WISE 2003. Proceedings of the Fourth International Conference, S. 3-12.
Payne und Holt 2001	Payne, A., & Holt, S. (2001): Diagnosing customer value: integrating the value process and relationship marketing. British Journal of management, 12(2), S. 159-182.
Peffers et al. 2008	Peffers, K., Tuunanen, T., Rothenberger, M., and Chatterjee, S. (2008): A Design Science Research Methodology for Information Systems Research, Journal of MIS, (24:3), S. 45-77.
Peinel et al. 2010	Peinel, G, Jarke, M, Rose, T (2010): Business models for eGovernment services. Electronic Government, an International Journal, 7(4), S. 380-401.
Penrose 1959	Penrose, E. T. (1959): The theory of the growth of the firm. New York: Sharpe.
Peters et al. 2016	Peters, C., Maglio, P., Badinelli, R., Harmon, R. R., Maull, R., Spohrer, J. C., ... & Griffith, T. L. (2016): Emerging digital frontiers for service innovation. Communications of the Association for Information Systems, 39(1).
Pfeiffer 2016	Pfeiffer, Andreas (2016): Generating Business Models for Digitalized Ecosystems – Service-oriented Business Modeling (SoBM) – A Structured Modeling Approach, Smartgreens – doctoral consortium, S. 19-31.
Pfeiffer et al. 2017	Pfeiffer, A., Krempels, K-H., Jarke, M. (2017): Service-oriented Business Model Framework – A Service-dominant Logic based Approach for Business Modeling in the Digital Era, 19th International Conference on Enterprise Information Systems (ICEIS).
Pfeiffer und Jarke 2017	Pfeiffer A., Jarke M. (2017): Digital Transformation Within the Emobility Market–Learnings and Insights from Early Market Development. In: Derksen C., Weber C. (Eds.) Smart Energy Research. At the Crossroads of Engineering, Economics, and Computer Science. SmartER Europe 2016,

	SmartER Europe 2017. IFIP Advances in Information and Communication Technology, vol 495. Springer, Cham.
Pfisterer 2017	Pfisterer, L. (2017): Wertkreation in Kundennutzungsprozessen. Springer Fachmedien Wiesbaden.
Picot et al. 2017	Picot, A, Hopf, S., & Sedlmeir, J. (2017): Digitalisierung als Herausforderung für die Industrie – Das Beispiel der Automotive Branche. In: Technologie, Strategie und Organisation. S. 87-112. Springer Fachmedien Wiesbaden.
Piller et al. 2014	Piller, Frank Thomas; Gülpen, Christian; Lüttgens, Dirk (2014): Planvoll, nicht (nur) zufällig: Erfolgreiche Geschäftsmodell-Innovation in Unternehmen. In: IM + io: das Magazin für Innovation, Organisation und Management, 29 (1), S. 42–48
Plattner et al. 2009	Plattner, H., Meinel, C., & Weinberg, U. (2009). Design Thinking. Innovation lernen, Ideenwelten öffnen. München: Finanzbuch Verlag.
Pozzi et al. 2016	Pozzi, G., Pigni, F., Vitari, C., Buonanno, G., & Raguseo, E. (2016): Business model in the IS discipline: a review and synthesis of the literature. In: Organizational Innovation and Change. S. 115-129. Springer International Publishing.
Prahalad und Ramaswamy 2004	Prahalad, C. K., & Ramaswamy, V. (2004): The future of competition: Co-creating unique value with customers. Harvard Business Press.
Rai und Sambamurthy 2006	Rai, A., & Sambamurthy, V. (2006): Editorial notes—the growth of interest in services management: opportunities for information systems scholars.
Rammler und Sauter-Servaes 2013	Rammler, S., & Sauter-Servaes, T. (2013): Innovative Mobilitätsdienstleistungen (No. 274). Arbeitspapier.
Rehme et al. 2015	Rehme, M., Lindner, R., & Götze, U. (2015): Perspektiven für Geschäftsmodelle der Fahrstrombereitstellung. In: Entscheidungen beim Übergang in die Elektromobilität (S. 409-428). Springer Fachmedien Wiesbaden.
Reichwald und Piller 2009	Reichwald, R.; Piller, F.(2009): Interaktive Wertschöpfung: Open Innovation, Individualisierung und neue Arbeitsteilung. 2. Auflage. Gabler, Wiesbaden.
Remane et al. 2016	Remane, G., Hanelt, A., Hildebrandt, B., & Kolbe, L. (2016): Changes in Digital Business Model Types–A Longitudinal Study of Technology Startups from the Mobility Sector.
Rodríguez-Sánchez et al. 2015	Rodríguez-Sánchez, R., Madina, C., & Zabala, E. (2015): EV integration in smart grids through interoperability solutions. Internet: http://dsp.tecnalia.com/handle/11556/237 Abruf: 12.11.2017.

Rust 2004	Rust, R. T. (2004): "If Everything is Service, Why Is This Happening Now, and What Difference Does it Make?". In: "Invited Commentaries" on "Evolving to a New Dominant Logic for Marketing"," Journal of Marketing (68). S. 23–24.
Schallaböck et al. 2012	Schallaböck, K. O., Carpantier, R., Fischedick, M., Ritthoff, M., Wilke, G., Bauhaus, W., & Schröder, S. (2012): Modellregionen Elektromobilität: Umweltbegleitforschung Elektromobilität (No. 6). Wuppertal Report, Wuppertal Institut für Klima, Umwelt, Energie.
Schallmo 2013	Schallmo, D. R. A. (2013): Geschäftsmodell-Innovation – Grundlagen, bestehende Ansätze, methodisches Vorgehen und B2B-Geschäftsmodelle. Springer Gabler, Berlin, Heidelberg.
Scheer 2016	Scheer, A. W. (2016): Thesen zur Digitalisierung. In: Was treibt die Digitalisierung?. S. 49-61. Springer Fachmedien Wiesbaden.
Scheer et al. 2003	Scheer, C., Deelmann, T., & Loos, P. (2003): Geschäftsmodelle und internetbasierte Geschäftsmodelle-Begriffsbestimmung und Teilnehmermodell. ISYM.
Schumpeter 1939	Schumpeter, J. A. (1939): Business cycles: A Theoretical, Historical and Statistical Analysis of the Capitalist Process. New York: McGraw-Hill.
Schwedes 2013	Schwedes, O. (2013): Objekt der Begierde. In: Das Elektroauto, S. 45-71. Springer Fachmedien Wiesbaden.
Sein et al. 2011	Sein, M. K., Henfridsson, O., Purao, S., Rossi, M., & Lindgren, R. (2011): Action design research. MIS quarterly, S. 37-56.
Stampfl 2015	Stampfl, G. (2015): The process of business model innovation: an empirical exploration. Springer.
Storbacka et al. 2012	Storbacka, K., Frow, P., Nenonen, S., & Payne, A. (2012): Designing business models for value co-creation. Review of Marketing Research, 9(2012), S. 51-78.
Storbacka und Nenonen 2011	Storbacka, K., & Nenonen, S. (2011): Markets as configurations. European Journal of Marketing, 45(1/2), S. 241-258.
Storbacka und Nenonen 2015	Storbacka, K., & Nenonen, S. (2015): Learning with the market: Facilitating market innovation. Industrial Marketing Management, 44, S. 73-82.
Stryja et al. 2015a	Stryja, C., Fromm, H., Ried, S., Jochem, P., & Fichtner, W. (2015, February): On the Necessity and Nature of E-Mobility Services–Towards a Service Description Framework. In: International Conference on Exploring Services Science (S. 109-122). Springer International Publishing.
Stryja et al. 2015b	Stryja, C., Schüritz, R., Kühl, N., Hottum, P., & Satzger, G. (2015): Entwicklung eines Frameworks zur Beschreibung von Geschäftsmodellen für Elektromobilitätsdienstleistungen. Konferenzband der, 9, S. 1-17.
Teece 2010	Teece, D.J. 2010. Business models, business strategy and innovation. Long Range Planning (43), S. 172-194.

Tilson et al. 2010	Tilson, D., Lyytinen, K., & Sørensen, C. (2010): Research commentary-digital infrastructures: the missing IS research agenda. Information systems research 21(4), S. 748-759.
Timmers 1998	Timmers, P. (1998): Business Models for Electronic Markets. In: Electronic Markets, Vol. 8, S. 3-8.
Tolkamp 2015	Tolkamp, J. (2015): User-centred Business Model Innovation for Energy Efficiency: A Literature Review. http://www.duneworks.nl/wp-content/uploads/2015/10/Tolkamp_2015_Literature-review-User-centred-business-model-innovation-for-energy-efficiency.pdf Letzer Abruf 17.11.2017.
Turber et al. 2014	Turber, S., vom Brocke, J., Gassmann, O., & Fleisch, E. (2014): Designing business models in the era of internet of things. In: Advancing the Impact of Design Science: Moving from Theory to Practice, S. 17-31. Springer International Publishing.
Uhl et al. 2014	Uhl, Axel and Alexander Gollenia, Lars, eds. Business Transformation Essentials: Case Studies and Articles 2014.
Uhl et al. 2016	Uhl, A., Born, M., Koschmider, A., Janasz, T, A. K. (2016): The importance of technological trends and how to exploit them for business excellence. Digital Enterprise Transformation: A Business-Driven Approach to Leveraging Innovative IT, 1.
Ulaga und Reinartz 2011	Ulaga, W., & Reinartz, W. J. (2011) : Hybrid offerings: how manufacturing firms combine goods and services successfully. Journal of marketing, 75(6), S. 5-23.
Vaishnavi und Kuechler 2015	Vaishnavi, V. K., & Kuechler, W. (2015). Design science research methods and patterns: innovating information and communication technology. Crc Press.
Van de Ven 2007	Van de Ven, A. H. (2007): Engaged scholarship: A guide for organizational and social research. Oxford University Press on Demand.
Vargo 2016	Vargo, S. L. (2016): Transforming Business Models with Technology and Innovations, Frontiers in Service Conference, Bergen, Norway June 26, 2016, http://www.sdlogic.net/uploads/3/4/0/3/34033484/frontiers_2016_pres2.short.pdf Letzter Abruf: 18.11.2017.
Vargo et al. 2008	Vargo, S. L., Maglio, P. P., & Akaka, M. A. (2008): On value and value co-creation: A service systems and service logic perspective. European management journal, 26(3), S. 145-152.
Vargo et al. 2010	Vargo, S. L., Lusch, R. F., & Akaka, M. A. (2010): Advancing service science with servicedominant logic. Handbook of service science, S. 133-156.
Vargo et al. 2015	Vargo, S. L., Wieland, H., & Akaka, M. A. (2015): Innovation through institutionalization: A service ecosystems perspective. Industrial Marketing Management, 44, S. 63-72.

Vargo und Akaka 2009	Vargo, S. L., & Akaka, M. A. (2009): Service-dominant logic as a foundation for service science: clarifications. Service Science, 1(1), S. 32-41.
Vargo und Akaka 2012	Vargo, S. L., & Akaka, M. A. (2012): Value cocreation and service systems (re) formation: A service ecosystems view. Service Science, 4(3), S. 207-217.
Vargo und Lusch 2004	Vargo, S. L., & Lusch, R. F. (2004): Evolving to a new dominant logic for marketing. Journal of marketing, 68(1), S. 1-17.
Vargo und Lusch 2008	Vargo, S. L., & Lusch, R. F. (2008): Service-dominant logic: continuing the evolution. Journal of the Academy of marketing Science, 36(1), S. 1-10.
Vargo und Lusch 2011a	Vargo, S. L., & Lusch, R. F. (2011): Service-Dominant Logic Foundations of E-Novation. Chapter, 1, S. 1-15.
Vargo und Lusch 2011b	Vargo, S. L., & Lusch, R. F. (2011): It's all B2B… and beyond: Toward a systems perspective of the market. Industrial Marketing Management, 40(2), S. 181-187.
Vargo und Lusch 2016	Vargo, S. L., & Lusch, R. F. (2016): Institutions and axioms: an extension and update of servicedominant logic. Journal of the Academy of Marketing Science, 44(1), S. 5-23.
Vargo und Lusch 2017	Vargo, S. L., & Lusch, R. F. (2017): Service-dominant logic 2025. International Journal of Research in Marketing, 34(1), S. 46-67.
Veit et al. 2014	Veit, D., Clemons, E., Benlian, A., Buxmann, P., Hess, T., Kundisch, D., … & Spann, M. (2014): Business models. Business & Information Systems Engineering, 6(1), S. 45-53.
Viljakainen et al. 2013	Viljakainen, A., Toivonen, M., & Aikala, M. (2013): Industry transformation towards service logic: A business model approach. The Cambridge Service Alliance working paper series (December). University of Cambridge.
Vom Brocke 2011	Vom Brocke, J. (2011): Serviceorientierte Architekturen-SOA: Management und Controlling von Geschäftsprozessen. Vahlen.
Wallentowitz und Freialdenhoven 2011	Wallentowitz, H. & Freialdenhoven, A. (2011): Strategien zur Elektrifizierung des Antriebsstrangs. Technologien, Märkte und Implikationen, 2., überarbeitete Auflage, Wiesbaden, S. 71–89.
Webster und Watson 2002	Webster, J., & Watson, R. T. (2002): Analyzing the past to prepare for the future: Writing a literature review. MIS quarterly, S. xiii-xxiii.
Weimann und Beul 2016	Weimann, S., & Beul, S. (2016). Serviceorientierte innovative Entwicklung neuer Geschäftsmodelle für Banken. In: Banking & Innovation 2016. S. 211-226. Springer Fachmedien Wiesbaden.
Weiner et al. 2010	Weiner, N., Renner, T. & Kett, H. (2010): Geschäftsmodelle im "Internet der Dienste": Aktueller Stand in Forschung und Praxis. THESEUS. Stuttgart: Fraunhofer-Verl.

Weiß et al. 2016	Weiß, P., Kölmel, B., & Bulander, R. (2016): Digital Service Innovation and Smart Technologies: Developing Digital Strategies based on Industry 4.0 and Product Service Systems for the Renewal Energy Sector. In: Russo-Spenaand, T., Mele, C. (2016) 26th Anual Reser Conference, S. 274-291.
Wells und Nieuwenhuis 2015	Wells, P., & Nieuwenhuis, P. (2015): EV Business Models in a Wider Context: Balancing Change and Continuity in the Automotive Industry. In: Electric Vehicle Business Models, S. 3-16. Springer International Publishing.
Westphal et al. 2013	Westphal, J., Nehls, I. und K.-D. Thoben (2013): „Steigerung der Attraktivität von Elektroautomobilen durch neue Produkt-Service-Kombinationen", Industrie Management (29), S. 19-24.
Wieland et al. 2015	Wieland, H., Koskela-Huotari, K., & Vargo, S. L. (2015): Extending actor participation in value creation: an institutional view. Journal of Strategic Marketing, 24(3-4), S. 210-226. Webdokument Seite 1- 17 – Researchgate.
Wieland et al. 2016	Wieland, H., Vargo, S. L., & Akaka, M. A. (2016): Zooming Out and Zooming In: Service Ecosystems as Venues for Collaborative Innovation. In: Service Innovation, S. 35-50. Springer Japan.
Wilde und Hess 2006	Wilde, T., & Hess, T. (2006): Methodenspektrum der Wirtschaftsinformatik: Überblick und Portfoliobildung (No. 2/2006). Arbeitsbericht, Institut für Wirtschaftsinformatik und Neue Medien, Fakultät für Betriebswirtschaft, Ludwig-Maximilians-Universität.
Wildevuur et al. 2014	Wildevuur, S. E., van Dijk, D., & Schot, M. (2014): Enhancing the Value of Social Innovation : Introducing the 'People Value Canvas' to Support Designers in Value Creation. In : The 9th International Conference on Design & Emotion, S 301-307.
Wirtz 2010	Wirtz, B. (2010): Business Model Managment – Design – Instrumente – Erfolgsfaktoren von Geschäftsmodellen. Gabler Verlag, Wiesbaden, 2010.
Wirtz et al. 2016	Wirtz, B. W., Pistoia, A., Ullrich, S., & Göttel, V. (2016): Business models: Origin, development and future research perspectives. Long Range Planning, 49(1), S. 36-54.
Yoo 2010	Yoo, Y. (2010): Computing in Everyday Life: A Call for Research on Experiential Computing. Mis Quarterly, 34(2), S. 213-231.
Yoo 2013	Yoo, Y. (2013): The tables have turned: How can the information systems field contribute to technology and innovation management research? Journal of the Association for Information Systems, 14(5), S. 227-236.
Yoo et al. 2010a	Yoo, Y., Henfridsson, O., & Lyytinen, K. (2010): Research commentary-The new organizing logic of digital innovation: An agenda for information systems research. Information Systems Research, 21(4), S. 724-735.
Yoo et al.	Yoo, Y., Lyytinen, K. J., Boland, R. J., & Berente, N. (2010): The Next Wave of Digital Innovation: Opportunities and Challenges: A Report on

2010b	the Research Workshop 'Digital Challenges in Innovation Research'. Available at SSRN 1622170.
Yoo et al. 2010c	Yoo, Y., Lyytinen, K., Thummadi, B.V., and Weiss, A. (2010): „Unbounded innovation with digitalization: A case of digital camera", 2010 Annual Meeting of the Academy of Management, S. 1-22.
Yoo et al. 2012	Yoo, Y., Boland Jr, R. J., Lyytinen, K., & Majchrzak, A. (2012): Organizing for innovation in the digitized world. Organization Science, 23(5), S. 1398-1408.
Zhao et al. 2008	Zhao, J. L., Hsu, C., Jain, H. K., Spohrer, J. C., Tanniru, M., & Wang, H. J. (2008): ICIS 2007 Panel report: bridging service computing and service management: how MIS contributes to service orientation. Communications of the Association for Information Systems, 22(1).
Zittrain 2006	Zittrain, J. L. (2006): The generative internet. Harvard Law Review, S. 1974-2040.
Zittrain 2008	Zittrain, J. (2008): The future of the internet--and how to stop it. Yale University Press.
Zollenkop 2014	Zollenkop, M. (2014): Management des Geschäftsmodell-Portfolios–Konzept, Fallbeispiele, Erfolgsfaktoren. In Kompendium Geschäftsmodell-Innovation, S. 137-178. Springer Fachmedien Wiesbaden.
Zolnowski 2015	Zolnowski, A. (2015): Analysis and Design of Service Business Models. Phd. Thesis.
Zolnowski et al. 2011	Zolnowski, A., Schmitt, A. K., & Böhmann, T. (2011): Understanding the impact of remote service technology on service business models in manufacturing: from improving after-sales services to building service ecosystems.
Zolnowski und Böhmann 2011	Zolnowski, A.; Böhmann, T. (2011): Business modelling for services – Current state and research perspectives. In: AMCIS 2011 Proceedings – All Submissions. Paper 394.
Zolnowski und Böhmann 2013	Zolnowski, A.; Böhmann, T. (2013): Customer integration in service business models. 46th Hawaii International Conference on System Sciences (HICSS-46). Hawaii.
Zott et al. 2011	Zott, C., Amit, R., Massa, L. (2011): The Business Model: Recent Developments and Future Research. Journal of Management 37, S. 1019-1042.
Zott und Amit 2010	Zott, C., & Amit, R. (2010): Business model design: an activity system perspective. Long range planning, 43(2), S. 216-226.

7.2 Liste der Veröffentlichungen

Pfeiffer, A., Krempels, K.-H., Jarke, M. (2017): Service-oriented Business Model Framework – A Service-dominant Logic based Approach for Business Modeling in the Digital Era, 19th International Conference on Enterprise Information Systems (ICEIS).

Pfeiffer, A., & Jarke, M. (2017): Digital transformation within the emobility market– Learnings and insights from early market development. In: Derksen C., Weber C. (Eds.) Smart Energy Research. At the Crossroads of Engineering, Economics, and Computer Science. SmartER Europe 2016, SmartER Europe 2017. IFIP Advances in Information and Communication Technology, vol 495. Springer, Cham.

Pfeiffer, A. (2016): Generating Business Models for Digitalized Ecosystems – Service-oriented Business Modeling (SoBM) – A Structured Modeling Approach. In: Smartgreens Conference 2016.

Pfeiffer, A. (2014): Accelerating the Electric Mobility Market Through New Services and an Efficient Market Mode. In: Keynote Lecture at Webist Conference 2014. Barcelona.

Pfeiffer, A. (2013): Hubject – Connecting Emobility Networks. In: Keynote Lecture at Smartgreens Conference 2013. Aachen.

Pfeiffer, A., & Bach, M. (2012): An E-Clearinghouse for Energy and Infrastructure Services in E-Mobility. In: Operations Research Proceedings 2012 (S. 303-308). Springer International Publishing.

Günther, M., & Pfeiffer, A. (2012): Anforderungen an eine Software für den Betrieb von Ladeinfrastruktur aus Sicht eines Stadtwerkes. In: Multikonferenz Wirtschaftsinformatik (S. 1421-1432).

Pfeiffer, A. (2012): Stadtwerke und ihre Infrastrukturen als Basis der Elektromobilität. In: Zukunftschancen der Elektromobilität (S. 87-98).

Pfeiffer, Andreas (2011): Einstieg in das Elektromobilitätsthema für Stadtwerke – Jetzt handeln! Mannheim: Kongress für Fahrzeug, Energie, Mobilität und Informations- und Kommunikationstechnologien.

Pfeiffer, A. (2010): E-Mobility 1.0-Informationstechnologie für nachhaltige Mobilitätskonzepte. In: Wirtschaftsinformatik & Management 2010(2), 18-22.

Pfeiffer, A. (2009): Verträge richtig managen. In: Wirtschaftsinformatik & Management 2009(3), 68-73.

7.3 Experteninterviews

Neben den in den Kapiteln 5.2 und 5.3 durchgeführten Action-Design-Research-Zyklen mit Industriepartnern wurden Interviews mit Experten differenter Anspruchsgruppen durchgeführt. Hierzu wurden die Experten entweder über existierende wissenschaftliche Veröffentlichungen (Pfeiffer 2016; Pfeiffer und Jarke 2017; Pfeiffer et al. 2017) oder vorbereitende Unterlagen über den aktuellen Stand des Artefakts informiert. Zwischen den Interviews wurden die Anregungen bereits in die Entwicklung des Artefakts einbezogen. Hiermit führten Verbesserungsvorschläge bereits zu einer frühen Phase zu entsprechenden Anpassungen und Optimierung des Konzepts. Leitende Fragestellungen in den Gesprächen waren:

Bildet das Konzept die Anforderungen der Digitalisierung ab?

Sind alle Elemente des Serviceökosystems und relevanten Beziehungen zwischen den Elementen berücksichtigt?

Unterstützen die beschriebenen Methoden und Instrumente die Entwicklung von Geschäftsmodellen?

Die Ergebnisse der Arbeit spiegeln nicht notwendigerweise die Sichtweise und inhaltliche Übereinstimmung der in Tabelle 13 aufgeführten Personen oder Organisationen wider. Sie dokumentieren die durchgeführten Interviews und den Versuch eine möglichst interdisziplinäre und weitgefasste Entwicklung des Lösungsansatzes durch die Aufnahme von Impulsen aus Wissenschaft und Praxis zu gewährleisten.

Tabelle 13: Befragte Experten aus den Bereichen Elektromobilität, Service-dominant logic und Geschäftsmodellforschung
Quelle: eigene Darstellung

Name	Vorname	Unternehmen / Organisation	Rolle im Unternehmen / Organisation	Themenschwerpunkt
Alter	Steven	University of San Francisco	Professor	Service-dominant logic; Work System Theory
Bachmann	Rainer	Datacom	Geschäftsführer	Digitalisierung, Elektromobilität
Beckers	Torsten	TU Berlin	Professor	Energiewirtschaft
Boedecker	Alexander	MHP Management- und IT-Beratung GmbH	Unternehmensberater	Automobilwirtschaft, Elektromobilität
Derksen	Christian	Uni Essen	Researcher	Smart Services, Energiewirtschaft
Gehle	Michael	EBC Hochschule	Professor	Geschäftsmodelle, Wissensmanagement
Göcke	Lutz	Volkswagen AG	Agile Product Owner	Geschäftsmodelle, Elektromobilität, Automobilwirtschaft
Herterich	Matthias	Universität St. Gallen	Doktorand	Service-dominant logic
Janssen	Axel	SAP	Senior Director Innovation Architecture	Digitalisierung
Knie	Andreas	WZB, Innoz	Professor, Geschäftsführer	Elektromobilität
Krempels	Karl-Heinz	RWTH Aachen University	Abteilungsleiter	Service orientierte Architekturen, Digitalisierung, Elektromobilität
Krumpholz	Michael	Datacom	Unternehmensberater	Digitalisierung, Smart Energy
Reinhardt	Andreas Michael	ART Reinhardt	Unternehmensberater	Elektromobilität, Geschäftsmodelle
Thiemann	Ralf	PROenergy Consult	Unternehmensberater	Elektromobilität, Geschäftsmodellentwicklung